AF557154

Tilmann Haberer

Kirche am Ende

16 Anfänge für das Christsein von morgen

Inhalt

Einführung

Kirche am Ende – ein harter Satz. Aber eine notwendige Einsicht. Mittlerweile wird diese von immer mehr Menschen geteilt, auch von Menschen in leitender Funktion in der Kirche. Einer sagt: »Ich gebe der katholischen Kirche in ihrer jetzigen Form noch fünf Jahre, ... maximal zehn Jahre, dann kollabiert dieses System.«[1] Ein anderer konstatiert: »Wir hatten ja lange die Rolle der alten Erbtante inne, die zwar keiner mehr so recht ernst nimmt, die aber bei bestimmten familiären Anlässen immer noch dabei sein darf und dann halb höflich, halb widerwillig respektiert wird. Selbst das ist mittlerweile vorbei.«[2] Nicht nur die immer mehr zunehmende Zahl der Kirchenaustritte spricht eine deutliche Sprache, es gibt auch kaum noch theologischen Nachwuchs. Selbst wenn es viele noch nicht glauben können oder es nicht hören wollen: Die Kirche ist am Ende.

Worum es in diesem Buch nicht geht

Ich möchte mich hier nicht mit Kirchenkritik aufhalten, und ich habe nicht vor, die Gründe für den Untergang des Systems Volkskirche darzulegen. Das haben andere zur Genüge getan. Wenn Sie sich dafür interessieren, *weshalb* die Kirche am Ende ist, lesen Sie etwa die scharfsinnigen Analysen von Markus Beile[3] oder Heinzpeter Hempelmann[4]. Ich gehe davon aus: Die Diagnose ist gestellt.

Ich lege auch kein Programm zur Rettung der Kirche vor. Kein: »Die Kirche müsste ...«, »die Kirche sollte ...« Keine Reanimationsversuche. »Lass die Toten ihre Toten begraben; du aber geh hin und verkündige das Reich Gottes!« (Lukas 9,60)

Worum es stattdessen geht: Die Chance des Weizenkorns

Zugegeben: Es ist ein schmerzhafter Verlust, wenn die Kirche aus dem Dorf und aus den Städten verschwindet. Eine anderthalbtausend Jahre währende Kultur kommt damit an ein Ende. Das ist zum Weinen, einerseits. Doch andererseits liegt in diesem Sterben die Chance des Weizenkorns. »Wenn das Weizenkorn nicht in die Erde fällt und stirbt, bleibt es allein. Wenn es aber stirbt, bringt es viel Frucht«, sagt der Herr der Kirche (Johannes 12,24). Das sterbende Korn gibt dem Keimling, der das Neue bringt, Kraft und Nahrung.[5] Und wie bei manchem umgestürzten Baum, so scheint es mir auch bei der Kirche zu sein: Sobald die alte Krone gefallen ist und das Licht wieder den Boden erreicht, können junge Sprösslinge wachsen, gedeihen und Früchte bringen. Auf diese neuen Ideen, Initiativen und Projekte richte ich mein Augenmerk. Denn mag die Kirche, wie wir sie kennen, auch untergehen, die Botschaft des Evangeliums bleibt. Um diese Botschaft geht es, um das Reich Gottes, und nicht um eine bestimmte, tradierte Gestalt und Sozialform.

FreshX, Erprobungsräume, MUT

Ich habe viel von Initiativen wie Fresh Expressions of Church (FreshX)[6], von den Erprobungsräumen[7] und MUT-Projekten[8] gelernt. Diese Initiativen und die Prinzipien, nach denen sie aufgestellt werden, finde ich sehr hilfreich und wegweisend. Ihre Arbeit beruht auf sehr sympathischen Grundsätzen, allen voran auf Kontextualität: Sie denken und handeln von den Menschen, nicht von der Kirche her, auch wenn all diese Initiativen von der Kirche ausgehen und zum guten Teil auch von ihr finanziert werden. Aber so ist es mit den jungen Schösslingen: Sie gewinnen ihre Lebenskraft aus der Stärke des alten Baumes, mag dieser auch an das Ende seiner Zeit gekommen sein.

So gibt es viele Initiativen, die gewissermaßen auf der Grenze existieren. Die Erprobungsräume in der Evangelischen Kirche in Mitteldeutschland haben das sogar in ihre DNA eingeschrieben. Sie sollen »die volkskirchliche Logik an mindestens einer der folgenden Stellen [überschreiten]: Parochie, Hauptamt, Kirchengebäude«, und sie »erschließen alternative Finanzquellen«[9]. Die Konsequenz ist: »Die Erprobungsräume erhalten nur eine Teilförderung.«[10]

Vor den Mauern

Das ist schon ein wichtiger Schritt auf dem Weg, den ich in diesem Buch beschreibe: der Weg einer Christenheit, die den schützenden, aber auch einengenden Mantel verfasster Kirchlichkeit und damit die Finanzierung aus Kirchensteuermitteln ablegt und das Christentum weiterträgt, ohne gleich eine bestimmte Form von Kirche mitzumeinen.

Ich berichte von Gemeinschaften und Projekten, die aus der Initiative Einzelner oder kleiner Gruppen entstehen, oft an unauffälligen Orten, getragen von Menschen, die auf die eine oder andere Weise von der heiligen Geistkraft bewegt sind. Und ich versuche zu begreifen, welche Lebensprinzipien solchen Aufbrüchen zugrunde liegen. Denn diese Christinnen und Christen kehren zurück zu den Anfängen, sie sind Teil einer Bewegung ohne den Schutz und ohne die Fesseln, die die große Institution bereithält.

Die FreshX-Bewegung verwendet ein schönes Bild, um das Verhältnis der innovativen Gemeinschaften und Projekte zur verfassten Kirche zu beschreiben. Die Kirchen, sagen sie, sind wie große Seen, die jede Menge Wasser speichern und so den Landschaften, in denen sie liegen, Fruchtbarkeit und Leben spenden. Doch ein stehendes Wasser kann auch versumpfen und faul werden, wenn es nicht durch Zu- und Abflüsse lebendig gehalten wird. Bäche und Flüsse spenden den Seen frisches Wasser und werden ihrerseits von den Seen gespeist. So werden die Ortsgemeinden, die »stehenden Gewässer«, von den FreshX, den frischen Ausdrucksformen von Kirche mit lebenswichtigem Sauerstoff versorgt und geben diesen wiederum ihr Wasser, ihre Ressourcen mit auf den weiteren Weg. So gelangt das »Wasser« auch in Gegenden, die von den Seen nicht versorgt und belebt werden können. Kontinuität und Beweglichkeit werden ins Gleichgewicht gebracht.[11]

Ein schönes Bild. Ich möchte es ergänzen: Ich sehe Quellen, die abseits der vertrauten Seen- und Flusslandschaften sprudeln. Aus ihnen fließen Bäche, die sich ihr eigenes Bett graben, gespeist aus dem großen, unerschöpflichen Reservoir, aus dem sämtliche Gewässer, stehend oder fließend, ihre Lebendigkeit beziehen.

Das Christentum von morgen, wie es mir hier vorschwebt, entsteht aus all diesen Initiativen. In unterschiedlicher Nähe zur Kirche, wie wir sie kennen, leben sie an jeweils ihrem Ort, inspiriert allein vom Evangelium und von dem Wunsch der Beteiligten, gemeinsam »was Schönes« zu machen (um das Motto von Polylux, einer der unabhängigen Gründungen, zu zitieren).

Kirche von morgen?

Die Initiativen, Gemeinschaften und Aktivitäten, die ich in diesem Buch vorstelle (und viele, die ich nicht kennengelernt habe, die aber auf ähnlichen Bahnen unterwegs sind), sind natürlich Kirche Jesu Christi, denn es geht ihnen darum, das Evangelium zu leben und das Reich Gottes mit Wort und Tat – meistens mehr mit Taten als mit Worten – zu verkünden. Aus Gründen der sprachlichen und sachlichen Klarheit bezeichne ich die Gruppen, die unabhängig von der Institution Kirche leben, nicht als Kirche, sondern als Christentum, Christenheit oder einfach Christinnen und Christen von morgen.

Damit will ich nicht das eine gegen das andere ausspielen. Aber ich möchte in diesem Buch zeigen, dass das Christentum eine Zukunft hat, auch wenn wir aufhören, die Kirche, wie man sie kennt, retten zu wollen.

Zu diesem Buch und seinen 16 Kapiteln

Immer wieder wurde mir beim Schreiben bewusst, wie sehr die Themen der einzelnen Kapitel miteinander zusammenhängen. Sie alle sind Elemente eines Gesamtraums. Die 16 Anfänge, die ich hier vorstelle, sind allesamt Aspekte eines einzigen Anfangs. Der Übersichtlichkeit halber und um eine gewisse Systematik herzustellen, habe ich diese einzelnen Aspekte aber jeweils einzeln ins Zentrum gestellt. Das hat zur Folge, dass ich an vielen Stellen auf andere Kapitel vor- oder rückverweise. Auch eine gewisse Redundanz in der Darstellung ist auf diesem Hintergrund unvermeidlich: Gedanken, die in einem Kapitel ausführlicher behandelt werden, werden in einem früheren Kapitel schon angerissen oder später noch einmal aufgegriffen. Ich hoffe aber, dass dies die Lesbarkeit des Buches nicht mindert, sondern im Gegenteil eher erhöht.

München, im Sommer 2023 *Tilmann Haberer*

1.
Das Christentum von morgen zieht keine Steuer ein

Die Kirchensteuer ist ein Unikum. Dass der Staat für die großen Kirchen die Mitgliedsbeiträge einzieht, gibt es, weltweit gesehen, fast nur in Deutschland. Einigermaßen vergleichbare Arrangements gibt es noch in einigen anderen europäischen Ländern wie Österreich oder Schweden – in Gegenden also, in denen das Christentum eine jahrhundertealte Tradition hat. In diesen Ländern galt lange Zeit das Staatskirchenrecht, das in seinem Kern schon beim römischen Kaiser Theodosius im 4. Jahrhundert n. Chr. angelegt ist. Der Landesherr – Fürst oder König – war gleichzeitig Oberhaupt der Kirche und finanzierte diese aus dem Staatshaushalt, entweder direkt durch Bezahlung oder indem er der Kirche ein Stück Land zur Verfügung stellte, die sogenannte Pfründe. Der Ertrag dieser Pfründe finanzierte den Lebensunterhalt des Pfarrers und die Sachkosten des kirchlichen Lebens. Dafür hatte die Kirche staatstragende Funktion zu erfüllen sowie für Sitte, Anstand und eine ordentliche patriotische Gesinnung in der Bevölkerung zu sorgen. Mit dem Ende dieses Systems in der Weimarer Republik wurde die direkte staatliche Finanzierung der Kirchen abgeschafft und durch die Kirchensteuer ersetzt. Durch diese Steuer nahmen die Kirchen in Deutschland im Jahr 2021 insgesamt mehr als zwölf Milliarden

Euro ein: Die katholische Kirche kam auf rund 6,7 Milliarden, die evangelische auf knapp 6 Milliarden.[1]

Nur wer einkommensteuerpflichtig ist, wird von der Kirche direkt veranlagt, dazu unterhalten die großen Kirchen eigene Kirchensteuerämter. Bei den meisten Mitgliedern wird die Kirchensteuer jedoch mit der Lohnsteuer vom Finanzamt eingezogen, wie man auf der Lohnsteuerkarte sehen kann. Diese staatliche Dienstleistung ist allerdings nicht umsonst, zwischen zwei und vier Prozent des Kirchensteueraufkommens behalten die Finanzämter als Vergütung für ihren Aufwand ein.[2]

Einige wenige Länder, etwa Griechenland, kennen noch das Staatskirchentum, die überwiegende Mehrheit der Kirchen weltweit finanziert sich aber durch Beiträge und Spenden ihrer Mitglieder. Dasselbe gilt für Freikirchen in Deutschland, die nicht den Status einer öffentlich-rechtlichen Körperschaft haben und stattdessen ihre Mitglieder um den »Zehnten« bitten (oder ihn einfordern), offiziell also ein Zehntel des Nettoeinkommens.

Segen und Fluch

Die Kirchensteuer gewährt eine große Freiheit. Pfarrpersonen müssen nicht auf die Zahlen schauen. Während Gemeindeleitungen in anderen Ländern einen Teil ihrer Arbeitskraft, Phantasie und Initiative dafür einsetzen müssen, die notwendigen Mittel zu akquirieren, können sich die Kirchen in Deutschland auf ein berechenbares, planbares Budget verlassen. Und damit tun sie, unbestritten, auch viel Gutes. »Keines der anderen in Europa eingeführten Systeme der Kirchenfinanzierung ist in der Lage, den Dienst der Kirchen auf dem in Deutschland gewohnten und weiterhin sinnvollen Niveau zu garantieren«, schreibt die Evangelische Kirche in Deutschland (EKD) stolz.[3]

Pfarrerinnen und Pfarrer ziehen einen weiteren Vorteil unmittelbar aus diesem System: Sie werden nicht erfolgsabhängig besoldet. Sie brauchen sich also nicht am Applaus der Mitglieder zu orientieren und kommen nicht in die Verlegenheit, den großzügigsten Spendern nach dem Mund reden zu müssen. Sie könnten beispielsweise prophetisch reden, das heißt theologische oder gesellschaftspolitische Kritik an ihrer Gemeinde oder an der Gesellschaft anbringen, ohne von der Gemeinde dafür finanziell sanktioniert zu werden.

Aber die leistungsunabhängige Besoldung und die pauschale Finanzierung des Gemeindelebens durch »Schlüsselzuweisungen« aus Kirchensteuermitteln hat auch eine Kehrseite. Denn egal, ob die Gemeindewebsite platzt vor attraktiven Veranstaltungen, ob Kirche und Gemeindehaus die Interessierten und Engagierten nicht mehr fassen können – oder ob im Gottesdienst drei Personen sitzen und das Gemeindeleben mehr tot als lebendig vor sich hindümpelt: Das Geld fließt, gespeist von der Kirchensteuer. Es gibt also keinerlei Druck, irgendetwas zu verändern. Im Gegenteil, in vielen Gemeinden scheint eher Angst vor jeglichem Wandel zu herrschen. Wenn wir etwas an den Gottesdienstzeiten, der Liturgie, der vertrauten Sprache ändern, wenn wir die Orgel schweigen und den Seniorenkreis sterben lassen, dann bleiben auch noch die Wenigen weg, die uns bisher die Treue gehalten haben. Also werden die Ressourcen in die Pflege dieser letzten Getreuen gesteckt, in diesen »heiligen Rest«, wie der Politikberater und Autor Erik Flügge sie nennt.[4] Wohl wird ein bisschen mit neuen Formen experimentiert, nur sind die auch schon lange nicht mehr neu. Jugend- und Familiengottesdienste entstanden in den 1960er-, das Feierabendmahl in den 70er-Jahren. Das »Neue geistliche Liedgut« stammt überwiegend aus den 1970er-

und 1980er-Jahren. Und zeitgemäße Worship-Musik habe ich in einer volkskirchlichen Gemeinde noch so gut wie nie gehört. Aber wenn wir Rap und R'n'B oder aber Musik im Stil von Helene Fischer oder Andreas Gabalier – also das, was junge und nicht mehr ganz junge Menschen heute hören – in die Kirche ließen, würden wir den »heiligen Rest« damit nur verschrecken. Es bleibt bei einzelnen Experimenten und Projekten. Im Großen und Ganzen ändert sich nichts an den kirchlichen Formen und an der Sprache, an der die Kirche »verreckt«, um noch einmal Erik Flügge zu zitieren.[5]

Das Problem dabei: Die Kirchen bedienen mit ihrem Programm noch maximal zwei bis drei der zehn gesellschaftlichen Milieus und davon hauptsächlich das traditionelle. Gerade dieses traditionelle Milieu jedoch schrumpft dramatisch. »Vor etwa zehn Jahren war es noch das stärkste Milieu in unserer Gesellschaft mit über 20 Prozent, und die Voraussagen kündigen an, dass wir in etwa fünf Jahren bei vier oder fünf Prozent der Bevölkerung liegen«, so der Theologe und Religionssoziologe Heinzpeter Hempelmann im Jahr 2021[6]. Wer weiter ungebrochen und nahezu ausschließlich auf dieses Milieu setzt, »der verurteilt Kirche wirklich zum Untergang«.

Es ist nicht nur ein gängiges Vorurteil, sondern traurige Realität: In vielen Kirchengemeinden nehmen nur noch Angehörige der Generation 60 plus am »Gemeindeleben« teil; Ausnahmen bestätigen die Regel. Die meisten Gemeinden sind aber mit dem Problem konfrontiert, dass für die sterbenden Alten keine »jungen Alten« mehr nachkommen. Wenn die Generation, die jetzt noch in den Gottesdienst geht, ausgestorben ist, ist das kirchliche Leben perdu.

Aber das macht nichts, meint man, die Kirchensteuer fließt ja immer noch. Die 95 Prozent der Kirchenmitglieder, die das kirchliche Angebot nicht wahrnehmen (abgesehen vielleicht von Hochzeit, Taufe, Beerdigung und dem Gottesdienst an Heiligabend)[7], zahlen immer noch für die fünf Prozent, für die das Programm gemacht wird. So ist es für nicht wenige Hauptamtliche einfach bequemer, im alten Trott zu bleiben. Dabei ist mir wichtig, zwischen Bequemlichkeit und Faulheit zu unterscheiden. Ich kenne keine Pfarrerin und keinen Pfarrer, die faul wären. Viele arbeiten sich regelrecht auf – aber eben im alten Trott. Auch die Versorgung von dreißig Getreuen kann einen Pfarrer, eine Pfarrerin rund um die Uhr in Anspruch nehmen. Und es kostet viel mehr Mühe, sich von bestehenden Ansprüchen abzugrenzen, um Kopf und Terminkalender freizubekommen für neue, innovative Ansätze, als sich im Altbekannten totzuarbeiten.

Es lässt sich scheinbar auch trefflich rechtfertigen, wenn nur wenige erreicht werden. »Uns ist nicht die große Zahl verheißen«, heißt es dann gerne. Ich kann diesen Satz nicht mehr hören. Ja, in einer Verfolgungssituation, bei Untergrundkirchen in autoritären, religionsfeindlichen Systemen, da mag eine solche Aussage gerechtfertigt sein. In unserer freiheitlichen Gesellschaft aber, in der Religionsausübung vielleicht belächelt, aber ganz gewiss nicht verfolgt wird, zählt diese Ausrede nicht. Pfarrpersonen bekommen ein stattliches Gehalt von Menschen, die sie mit ihrem Angebot größtenteils gar nicht erreichen. Da klingt ein solcher Satz, mit Verlaub, viel eher nach Arbeitsverweigerung als nach prophetischer Ansage. Da sollten wir doch eher auf Jesus hören, der sich im Gleichnis vom großen Abendmahl wünscht, »dass mein Haus voll werde« (Lukas 14,23).

Projekte, Projekte

Allmählich aber scheint es sich herumzusprechen, dass neue Zielgruppen angesprochen werden müssen, damit die Kirche eben nicht ausstirbt. Gänzlich neue Ansätze müssen her. So entstehen innovative Projekte, die seit einiger Zeit an vielen Stellen aus dem Boden sprießen und die darauf abzielen, neue und alternative Formen von Kirche zu entwickeln. Etliches darunter ist durchaus originell und zukunftsweisend. Das FreshX-Netzwerk etwa, ein übergemeindlicher Zusammenschluss von entsprechenden Initiativen und neuen Gemeindeformen, bietet eine Fundgrube von nachhaltigen und weiterführenden Anfängen.[8]

Das Problem dabei: Diese Projekte funktionieren in der Regel nur, wenn sich Hauptamtliche dafür einsetzen. Häufig heißt das: Es werden eigene Projektstellen geschaffen. Das wirft aber wieder neue Probleme auf. Denn entweder ist das Projekt befristet, die Stelle läuft nach drei oder fünf Jahren aus und das Ganze sackt in sich zusammen. Oder es läuft so gut, dass es verstetigt wird. Das heißt, es wird in die Regelförderung überführt, die Stelle wird im Landesstellenplan abgesichert und das Ganze bekommt so eine langfristige Perspektive. Damit konkurriert aber dieses Projekt mit den bestehenden Strukturen, namentlich den Kirchengemeinden. Eine neue Stelle bedeutet in Zeiten schwindender Ressourcen ja zwingend, dass anderswo eine Stelle eingespart werden muss. Und die Ressourcen schwinden, wie ich gleich zeigen werde.

Wenn Projekte aus Bereichen wie FreshX, MUT (Bayern) oder Erprobungsräume (Mitteldeutschland, Rheinland) nachhaltig die Zukunft des Christentums sichern sollen, müssen sie von vornherein so angelegt werden, dass sie sich mittelfristig, also etwa innerhalb von fünf Jahren selbst finanziell tragen können.[9] Ein realistischer Fundraising-Plan ist da mindestens ebenso wichtig wie ein inhaltlicher Projektplan. Und wir dürfen uns nichts vormachen: Einfach wird das nicht.

Die Freiburger Studie

Es wird sogar eher noch schwieriger. Das Forschungszentrum Generationenverträge an der Uni Freiburg hat im Auftrag der EKD und der Deutschen Bischofskonferenz im Jahr 2019 eine Prognose angefertigt zur Entwicklung der Mitgliederzahlen und des Kirchensteueraufkommens für die nächsten vierzig Jahre. Diese sogenannte Freiburger Studie liefert niederschmetternde Ergebnisse. Bis 2060, so haben die Forschenden berechnet, wird sich die Zahl der Kirchenmitglieder in Deutschland um die Hälfte verringern. Und Anfang 2023 stellt der Bertelsmann-Religionsmonitor fest, dass die Mitgliederzahlen eher noch rascher abnehmen, als die Studie von 2019 prognostiziert. Das liegt nicht nur daran, dass die Mehrzahl der Kirchenmitglieder den älteren Generationen angehört, die bis dahin voraussichtlich gestorben sein werden. Es wird auch die Zahl der Austritte weiterhin die der Neuaufnahmen übersteigen, und nicht alle Eltern, die (noch) der Kirche angehören, lassen ihre Kinder taufen.

Das führt natürlich auch dazu, dass die Einnahmen aus der Kirchensteuer rapide zurückgehen. Den Kirchen wird im Jahr 2060 nur noch die Hälfte der benötigten Finanzen zur Verfügung stehen, wobei die anzunehmende Veränderung der Kaufkraft schon einberechnet ist.

Diese Entwicklung hat auch etwas mit der Lebenseinstellung, mit dem Mindset der postmodernen Gesellschaft zu tun. Betrachten wir das Phänomen Kirchensteuer einmal aus dieser Perspektive.

Lästiges Abonnement

Die Kirchensteuer ist ein Unikum. Und für viele ist sie ein Ärgernis. Unter den Gründen, die für einen Kirchenaustritt genannt werden, nimmt die Kirchensteuer einen prominenten Platz ein. Auch bei Menschen, die sich der Kirche verbunden fühlen, findet sie zunehmend weniger Akzeptanz. Lange Zeit wurde die Kirche als etwas betrachtet wie die Krankenkasse oder die Feuerwehr: Es ist gut, dass es sie gibt – aber hoffentlich brauche ich sie nie! Deswegen finanziert man sie, auch wenn man ihr Angebot nur äußerst selten in Anspruch nimmt. Dieses Bild ist im Schwinden. Aus »Nutzersicht« entspricht die Kirchensteuer heute eher einem Abo-Modell, für das man lebenslang zahlen muss, um im Lauf des Lebens ein paar Leistungen in Anspruch nehmen zu können.

Im Winter 2021 erschien auf dem Streaming-Portal Disney Plus die Dokumentation »Get Back« über die Arbeit der Beatles im Studio an ihrem Album »Let It Be« und das berühmte »Rooftop Concert«. Als eingefleischter Beatles-Fan musste ich diese achtstündige Doku natürlich sehen. Also löste ich ein Monatsabo für den Kanal und schaute den Beatles acht Stunden lang beim Komponieren, Musizieren, Blödeln und Streiten zu. Danach kündigte ich das Abonnement umgehend. Natürlich hätte ich mir noch Tausende anderer Filme anschauen können, etwa sämtliche Episoden von »Star Wars« und jede Menge Marvel-Actionfilme. Aber wollte ich das? Mich interessierte einzig und allein diese Dokumentation. Und ich hätte mich ganz schön geärgert, wenn ich allein für diese Doku, sagen wir mal, ein ganzes Jahr Disney Plus hätte abonnieren müssen – geschweige denn lebenslänglich! Ich hätte wohl seufzend und zähneknirschend darauf verzichtet, mit den Beatles im Studio zu sitzen.

Ähnlich ticken zunehmend mehr Menschen im Blick auf das Abo-Modell Kirchensteuer. Den stimmungsvollen Weihnachtsgottesdienst kann ich ja auch erleben, ohne Mitglied zu sein. Und für die Rituale an den Wendepunkten des Lebens werden zunehmend Alternativen angeboten, von freien Rednerinnen und Ritualgestaltern. Wozu also noch jeden Monat einer Institution ziemlich viel Geld überlassen, von der ich nichts mitbekomme außer Skandalmeldungen in den Nachrichten? Und damit auch noch Dinge finanzieren, die ich für überflüssig halte – je nach Geschmack könnte man Religionsunterricht oder Militärseelsorge nennen, die Pflege von Orgeln und Messgewändern, vielleicht auch »zu viel« Flüchtlings- oder Umweltarbeit oder aber ausufernde Bürokratie in aufwändigen Landeskirchenämtern. Wer keinen Sinn in diesen Aktivitäten und Institutionen erkennt, sieht bald auch keinen Grund mehr, sich ein paar hundert Euro jährlich dafür abbuchen zu lassen. Und wenn es gar nicht anders geht, trete ich eben vor der Trauung in die Kirche ein und gleich anschließend wieder aus.

In der postmodernen Gesellschaft, vor allem in den jungen Generationen Y und Z, steht langfristige Bindung nicht mehr hoch im Kurs. Arbeitsverhältnisse, Wohnorte, Mobilfunkverträge oder Mitgliedschaften im Fitnessstudio werden häufig gewechselt. Die lebenslange Bindung an eine bestimmte Organisation ergibt für junge – und nicht nur junge – Menschen keinen Sinn mehr (mehr dazu in Kapitel 7).

Dies alles zusammengenommen erhärtet die Diagnose, dass die Kirche in Deutschland in ihrer bisherigen Form an ein Ende gelangt. Ich bin mir allerdings nicht sicher, ob diese Perspektive den Verantwortlichen in den Großkirchen bewusst ist. Immer noch scheinen viele von ihnen daran zu glauben, dass sich die Krise mit herkömmlichen Mitteln bewältigen lässt. Die Lösung wird in der Subtraktion gesucht: hier eine Stelle streichen, dort eine Einrichtung schließen und da zwei oder drei Gemeinden oder Kirchenkreise zusammenlegen, um so ein paar Hunderttausend Euro im Jahr einzusparen.

So lässt sich der gegenwärtige Betrieb auf Dauer aber nicht aufrechterhalten, die wenigen verbleibenden Hauptamtlichen werden reihenweise in den Burnout stürzen, wenn die Strukturen nicht grundlegend transformiert werden. Ausgebrannte Hauptamtliche und ein stark ausgedünnter Service lassen auch die Menschen im Regen stehen, die bisher treu zur Kirche gehalten haben.

Niedergang und Chance

Das alles hört sich möglicherweise sehr bedrohlich an. Und ja, für die bestehenden kirchlichen Strukturen wird es ungemütlich werden. Nicht nur die Zahl der Mitglieder, nicht nur die Kirchensteuereinnahmen, nicht nur die Menge der Ehrenamtlichen gehen zurück, auch die Planstellen für Pfarrerinnen und Pastoren werden sich um die Hälfte reduzieren. Trotzdem werden nicht Massen von arbeitslosen Theologen ihr Bürgergeld beantragen müssen. Denn die Zahl der jungen Menschen, die heute Theologie studieren, reicht nicht einmal aus, um die verbleibenden 50 Prozent der Stellen zu besetzen. Die Kirche, wie wir sie heute kennen, ist am Ende, so oder so.

Und das ist keine Katastrophe. Es ist sogar ein Grund zur Hoffnung.

Es ist ja nicht so, dass sich nur zwischen Kirchenmauern Christen fänden. Im Gegenteil, auch wenn es unwahrscheinlich klingt: Die spannendsten Aufbrüche und Neuansätze in der weiten christlichen Landschaft kommen oft ohne Kirchensteuermittel aus. Die interessantesten Pflänzchen wachsen irgendwo außerhalb der Mauern des Gartens Kirche und bekommen nichts ab aus der Gießkanne der kirchlichen Finanzen. Sie brauchen das auch nicht. Oft verstehen sie sich selbst nicht einmal als Kirche, und doch sind es nach meiner Überzeugung gerade diese Bewegungen, Initiativen oder unorganisierten Zusammenschlüsse, die einen Ausweg aus der Krise weisen, in der die Christenheit hierzulande steckt.

Karsamstag der Kirche

»Wenn das Weizenkorn nicht in die Erde fällt und stirbt, bleibt es allein. Wenn es aber stirbt, bringt es viel Frucht«, sagt der Herr der Kirche (Johannes 12,24). Wir könnten diesen Satz ja probehalber auf die Kirche anwenden. Dazu müssen wir uns erst einmal auf den Gedanken einlassen, die Kirche könnte tatsächlich sterben. Damit befinden wir uns im Gedankenspiel in der Situation des Karsamstags. Die Jüngerinnen und Jünger Jesu hatten keine Ahnung, was nun geschehen würde, nachdem ihr Meister und Freund tot war. Vor allem hatten sie keinerlei Hoffnung. Und dann wurden sie vom Osterereignis überrumpelt, völlig überraschend.

Wenn eine Raupe ans Ende ihres Raupenlebens gekommen ist, spinnt sie sich in einen Kokon ein. Wir wissen natürlich: Sie wird zum Schmetterling. Nun ist es jedoch nicht so, dass der Raupe einfach Beine und Flügel wachsen, und schon ist sie verwandelt. Vielmehr löst sich ihre Gestalt im Kokon völlig auf und setzt sich ganz neu zusammen. Auch wenn der Rumpf des Schmetterlings Ähnlichkeit mit dem der Raupe aufweist, führt kein direkter Weg vom Kriech- zum Flatterwesen.

Ähnlich sehe ich den Vorgang, wenn die Kirche stirbt. Vielleicht verpuppt sie sich – doch was im Inneren der Puppe vorgeht, lässt sich nicht im Voraus planen. Die Gestalt löst sich auf, etwas völlig Neues, bislang vielleicht sogar Unvorstellbares wächst heran.

Alternativen

Trotzdem gibt es schon Ansätze des Neuen, erkennbare Anfänge eines Christentums von morgen. Darum geht es in diesem Buch. In diesem Kapitel bewege ich zunächst die Frage: Wie können sich Christen organisieren, wenn das System Kirchensteuer wegfällt und die Institution, die von der Kirchensteuer gelebt hat, stirbt? Die Antwort liegt auf der Hand: Die meisten Kirchen weltweit und auch die Freikirchen hierzulande leben ohne Kirchensteuer, und manche leben sehr gut. Vielleicht sogar besser als mit dem verkrusteten Steuersystem, von dem ich behaupte, dass es Transformation und Neuanfang eher verhindert.

Ich mache die Beobachtung, dass in (manchen) Freikirchen oder freikirchlichen Gemeinden viel modernere Formen gepflegt werden. Natürlich gibt es auch sehr konservative und regelrecht verkrustete Freikirchen. Aber wenn es irgendwo einen Kirchenraum gibt, in dem eine moderne Soundanlage und vielleicht sogar professionelles Bühnenlicht installiert sind und teilweise mehrere Bands die Gottesdienste musikalisch gestalten, dann ist das eine Freikirche, oft auch eine Neugründung. Als einzige Ausnahme können die etablierten Großkirchen vereinzelte Jugendkirchen vorweisen, die ähnlich ausgestattet sind. Das sind nur scheinbar Äußerlichkeiten. Es ist ein Hinweis auf eine innere Einstellung, eine einladende Haltung, von der sich so manche volkskirchliche Gemeinde eine gute Scheibe abschneiden könnte.

Selbst auf theologischem Gebiet scheint mir bei freikirchlichen Pastorinnen und Pastoren nicht selten mehr an moderner, postmoderner oder integraler Einstellung vorhanden zu sein als bei den meisten volkskirchlichen Kolleginnen und Kollegen. In den integral-christlichen Kreisen, soweit ich sie überblicke, sind beispielsweise Baptisten zu einem deutlich höheren Prozentsatz vertreten, als dem prozentualen Anteil von Baptisten an der Bevölkerung entspräche. Ich versuche, mir das so zu erklären, dass Freikirchen sich selbst finanzieren müssen, durch Beiträge und Spenden wie den »Zehnten«. Das Prinzip einer leistungsorientierten Vergütung liegt ihnen dadurch wesentlich näher als den abgesicherten Volkskirchen. Sie müssen sich mehr nach der Decke strecken und das heißt: mehr nach den tatsächlichen Wünschen und Bedürfnissen der Menschen fragen, die sie bezahlen. Da können dann auch leichter mal alte Zöpfe abgeschnitten werden.

Natürlich hat auch dieses System seine Schattenseiten. Finanzstarke Mitglieder, die große Beiträge zahlen, können inhaltlich Einfluss nehmen. Sie können ihre Spenden zurückhalten, wenn die Pastorin oder der Pastor etwas sagt oder tut, was ihnen missfällt. Dann gibt es mehrere Möglichkeiten: Der Pastor, die Pastorin fügt sich und ändert seine oder ihre Haltung, um die Finanzierung der Gemeinde (und das eigene Einkommen) nicht zu gefährden. Oder die Mehrheit der Gemeinde ermutigt und bestärkt ihre theologische Leitung in ihrer Haltung, dann muss die Finanzierung anders sichergestellt werden. Die dritte Möglichkeit: Der Pastor, die Pastorin verlässt die Gemeinde, manchmal gründet er oder sie mit einigen Mitgliedern, die mit ihnen austreten, eine neue Gemeinde. Gerade in den USA ist auf diese Weise eine Unzahl von Kirchen und Gemeinden entstanden, die teilweise sehr selbstständig und (finanziell wie religiös) autark sind.

In der transformierten Christenheit von morgen spielt dieses Problem allerdings keine große Rolle, weil es in ihr keine verbeamteten, fest angestellten Pfarrpersonen gibt (siehe nächstes Kapitel). Wer nicht aus dem Gemeindehaushalt finanziert wird, ist auch finanziell nicht erpressbar.

Es geht ja auch gar nicht darum, einfach die Freikirchen zu kopieren. Es geht darum, neue Formen für die alten Inhalte zu finden, neue Schläuche für den alten Wein, nachdem die alten Schläuche mürbe und rissig geworden sind. Experimente sind angesagt, und sie werden gewagt. Schon jetzt lässt sich ein buntes Sammelsurium von Bottom-up-Initiativen beobachten, Zusammenschlüsse von Menschen, bewegt von einem gemeinsamen Ziel oder einer geteilten Vision. Sie werden nicht »von oben« eingesetzt, per Synodenbeschluss oder auf Initiative der Diözese, sondern sie wachsen »von unten«. Statt der Großinstitution gibt es zunehmend kleine, unabhängige, unterschiedliche, teils miteinander vernetzte, teils ganz unabhängig agierende Zellen (siehe Kapitel 5). Die meisten dieser Zellen haben mit einer gängigen Ortskirchengemeinde nicht mehr viel Ähnlichkeit, weder in Bezug auf die Mitgliederstruktur noch auf das Profil ihrer Aktivitäten. Ortsfeste »Gemeinden« werden eher die Minderheit sein.

Ein Traum von Auferstehung

Trotzdem wird es auch mehr oder weniger stabile Zellen vor Ort geben, schon existierende Beispiele sind etwa die Polylux-Initiative in Neubrandenburg[10] oder das Pixel-Sozialwerk in Erfurt[11]. Daneben möchte ich einen Traum stellen, wie eine solche Zelle aussehen könnte; ich habe ihn schon am Schluss meines Buches »Von der Anmut der Welt« skizziert. Es handelt sich um einen Traum, eine Vision, vielleicht aber sogar um ein Modell, wie ein auferstandenes Christentum (auch) aussehen könnte.

Ich stelle mir vor: Eine Gruppe von Menschen, die als Christen leben wollen, betreibt eine Einrichtung, die aus drei Teilen besteht. Das Zentrum ist ein offenes Ladencafé, im besten Fall so etwas wie ein Quartierswohnzimmer. Es wird professionell betrieben, das heißt, es gibt hervorragenden Kaffee und eine reiche Auswahl an Teesorten, kleine gesunde Snacks, Zeitungen und Magazine zum Lesen vor Ort, und es herrscht eine einladende, gemütliche Atmosphäre. Nebenan befindet sich ein Raum der Stille: schlicht eingerichtet, mit Teppichen ausgelegt; Meditationskissen, Schemel und einige Stühle sind darauf verteilt. Eine Kerze brennt, vielleicht gibt es eine Gebetswand, an die alle, die wollen, Zettel mit persönlichen Gebeten heften können. Der Raum ist interreligiös ausgestattet: Eine aufgeschlagene Bibel liegt vor einer Christusikone, eine Menora, der siebenarmige Leuchter der jüdischen Religion, steht neben einer Shiva-Statuette und einer Buddha-Figur; ein Gebetsteppich und eine Nische, die genau in Richtung Mekka weist, ein Traumfänger und eine Trommel gehören ebenfalls dazu – aber keine weiteren bildlichen Darstellungen etwa von biblischen Szenen. Dieser Raum ist untertags ständig zugänglich für alle, die einen Moment der Stille suchen, zu bestimmten Zeiten finden gemeinsame Gebete statt und regelmäßig werden Meditationskurse oder angeleitete Zeiten der Stille angeboten.

Und schließlich, als drittes Element, gibt es eine niederschwellige Beratungsstelle: einen Ort, den jedermann und jedefrau ohne Terminvereinbarung und ohne Anmeldung betreten kann. Die Mitarbeiterinnen und Mitarbeiter, die die Hereinkommenden empfangen, sind exzellent ausgebildet in psychologischer Gesprächsführung und wissen Bescheid über alle möglichen Hilfs- und Unterstützungsangebote in der Stadt. Sie hören zu, halten aus, spenden Trost, suchen gemeinsam mit den Ratsuchenden nach Lösungen, können Hilfen vermitteln und an die jeweils geeignete Einrichtung oder Fachstelle weiterverweisen – ganz so, wie es in den Einrichtungen der Offenen Tür geschieht, von denen es im deutschsprachigen Raum etwa zwanzig bereits gibt.[12]

Das sind natürlich alles nicht meine eigenen Ideen. Die Beratungsstelle, die mir vorschwebt, ist nach der Münchner Insel gezeichnet, in der ich selbst 15 Jahre lang in der Krisen- und Lebensberatung tätig sein durfte. Die Kombination aus Krisenberatung und interreligiös ausgestattetem Raum der Stille gibt es etwa in der Bahnhofkirche Zürich, ähnlich im ka:punkt in Hannover. Ein Ensemble aus Kapelle und Café plus Beratungsmöglichkeit, getragen von einer ökumenischen Hausgemeinschaft, habe ich im Ökumenischen Forum HafenCity in Hamburg gefunden; auf einen offenen, mit Teppichen ausgelegten Kirchenraum, der zu Stille und Meditation einlädt, bin ich in Berlin-Neukölln in der Genezarethkirche gestoßen.

Und wie soll das Ganze finanziert werden? Mir schwebt eine Trägergruppe vor, eine Gemeinschaft von Menschen, die sich diese Arbeit zur Aufgabe gemacht haben, die also auf diese Weise ihr Christsein in der Gesellschaft leben wollen und dafür auch per Dauerauftrag regelmäßig spenden oder Beiträge zahlen. Aber natürlich kann eine solche Gemeinschaft, die vielleicht zwei oder drei Dutzend Menschen umfasst, eine solche Einrichtung nicht allein finanziell stemmen. Das muss sie auch nicht. Wer sich einmal von der Logik der Finanzierung durch die Kirchensteuer verabschiedet hat, dem fallen unterschiedlichste Möglichkeiten ein.

Das Café etwa ist ein professioneller Wirtschaftsbetrieb und trägt sich selbst. Für die Beratungsstelle kann ich mir ein Modell vorstellen, das unter anderem vom Beratungs- und Seelsorgezentrum St. Petri in Hamburg oder der Elthetokerk in Amsterdam-Ost inspiriert ist: Ein- bis zweimal im Jahr bietet die Einrichtung Kurse in Gesprächsführung an, die für alle interessierten Menschen offen sind und in denen die Grundlagen eines helfenden Gesprächs vermittelt werden. Wer danach Lust hat, dranzubleiben und das Gelernte anzuwenden, kann weitere Aufbaukurse belegen, bis er oder sie in der Beratungsstelle mitarbeiten kann. Die Kurse werden kostenlos oder gegen eine geringe Schutzgebühr angeboten, im Gegenzug verpflichten sich die Absolventen, zwei Jahre unentgeltlich in der Beratungsstelle mitzuarbeiten. Geleitet wird die Ausbildung von Mitgliedern der Trägergruppe, die entweder selbst ehrenamtlich arbeiten oder in Teilzeit von der Gruppe angestellt werden. Nachdem eine solche Beratungseinrichtung relevant für den Sozialraum ist, kommt eine Refinanzierung dieser Stellen durch die Kommune infrage. Auch die Miete für die Beratungsräume könnte auf diese Weise ganz oder teilweise refinanziert werden. Lediglich die Kosten für den Raum der Stille und das, was darin stattfindet, müsste die Gemeinschaft in diesem Fall selbst tragen. Daneben können Mäzene, Großspenderinnen und Sponsoren gesucht, Stiftungsanträge gestellt, Charity-Aktionen oder Spendenmarathons veranstaltet, EU-Fördergelder beantragt werden – eben das ganze moderne Fundraising-Repertoire.[13]

Während das System Kirchensteuer also dazu verleitet, allzu sehr das Bestehende zu pflegen und zu bewahren und dafür den Großteil der verfügbaren Ressourcen einzusetzen, kann der freiwillige oder erzwungene Verzicht auf wie selbstverständlich fließende Finanzmittel ganz neue, vielfältige und kreative Ideen freisetzen, die im alimentierten System zwar möglich sind, aber kaum realisiert werden – weil sie schlicht nicht notwendig sind.

2.
Das Christentum von morgen hat kein verbeamtetes Personal

»Der Beamtenstatus der Pfarrer ist der Tod der Kirche.« Diesen Satz habe ich vor einem Vierteljahrhundert geschrieben, in einem Papier, in dem ich eine »Spirituelle Akademie« als Alternative zur Ortsgemeinde skizziert habe. Drei Jahre nach dieser kernigen Aussage zog ich persönlich die Konsequenz und ließ mich beurlauben. Für sieben Jahre ließ ich mein aktives Dienstverhältnis als Pfarrer ruhen und verdiente meinen Lebensunterhalt in der freien Wirtschaft. Als ich nach sieben Jahren dann doch wieder in den kirchlichen Dienst zurückkehrte, arbeitete ich nicht mehr in einer Kirchengemeinde, sondern in der Münchner Insel, einer niederschwelligen Krisen- und Lebensberatungsstelle.

Heute würde ich meine Kritik am verbeamteten Pfarrertum vielleicht nicht mehr ganz so bilderstürmerisch radikal ausdrücken. Nach wie vor meine ich aber, dass das überkommene Rollenverständnis von Pfarrerinnen und Pfarrern, ihre Stellung innerhalb der Gemeinde und die Rollenerwartungen, die Gemeindemitglieder an sie haben, dem Lebensgefühl einer breiten gesellschaftlichen Mehrheit nicht mehr angemessen sind und darum die notwendige, grundlegende Transformation der Kirche verhindern.

Die Pfarrperson als Flaschenhals

Was ich meine, macht schon die Berufsbezeichnung »Pfarrer« deutlich. Das Wort leitet sich ab von »Pfarr-Herr«. Der Pfarrer ist Herr über die Parochie, die Ortsgemeinde. Auch die in Norddeutschland eher übliche Bezeichnung »Pastor« trägt ein ähnliches Bild mit sich. »Pastor« heißt auf Deutsch »Hirte«, die Gemeindeglieder sind also die Schafe, die vom Hirten geführt und geleitet werden müssen.

In einer Gesellschaft, die eher autoritätsfixiert und hierarchisch organisiert ist, mögen solche Rollenzuschreibungen und Leitungsmodelle funktionieren. Aber in einer pluralen, demokratischen Gesellschaftsordnung, die dem Individuum die Deutungshoheit über das eigene Leben zuerkennt und in der jeder Mensch ein Recht auf seine je eigene Lebensgestaltung in Anspruch nehmen kann, wirken sie wie aus der Zeit gefallen. Und sie führen in die Dysfunktionalität der Institution. Heinzpeter Hempelmann beschreibt es so: »Mittelpunkt kirchlichen Lebens ist das Pfarramt, sprich das Gemeindepfarramt. Konsequenz: der eine Geistliche wird zum Bottleneck [Flaschenhals, Anm. d. Verf.], der über Wohl und Wehe einer Gemeinde entscheidet.«[1] Was dem Pfarrer oder der Pfarrerin nicht passt, wozu er oder sie keine Begabung oder auch keine Lust hat, worin er oder sie keinen Sinn sieht, was also nicht durch den Flaschenhals passt, das findet nicht statt. In wie vielen Gemeinden fällt ein vormals buntes und vielfältiges Gemeindeleben in sich zusammen, wenn ein neuer Pfarrer, eine neue Pfarrerin kommt! Und umgekehrt: Eine neue Pfarrerin, ein neuer Pfarrer kann eine dreivierteltot vor sich hinvegetierende Gemeinde schlagartig zu neuem Leben erwecken – solange und soweit ihre Lust und Tatkraft eben reichen.

Lust und Tatkraft sind meist die entscheidenden Faktoren, wichtiger noch als Ausbildung und theologische Ausrichtung.

Denn der konkrete Arbeitsalltag von Pfarrerinnen und Pfarrern hat oft recht wenig zu tun mit dem, wofür sie ausgebildet sind. Sie haben Theologie studiert, sind für wissenschaftliches Arbeiten qualifiziert. Was aber im Gemeindealltag von ihnen erwartet und gefordert wird, ist oft etwas ganz anderes. Zeremonienmeister-in bei Familienfeiern sollen sie sein, allerhand Lustbarkeiten wie Gemeindefeste oder Flohmärkte müssen sie organisieren, dazu (in etlichen Landeskirchen) Religionsunterricht an öffentlichen Schulen erteilen, einen oft umfangreichen Finanzhaushalt aufstellen und kontrollieren, nicht selten sind sie Bauherr bei Um- und Neubauten, häufig haben sie Mitarbeitende zu führen und obendrein noch den Friedhof zu verwalten. Zu dem, wozu sie als Seelsorger oder »Geistliche« eigentlich berufen sind, kommen sie viel zu wenig: nämlich Menschen zu begleiten auf ihrem Lebensweg, sie bei ihrer spirituellen Suche zu unterstützen und in den Krisenzeiten des Lebens für sie da zu sein. Und oftmals sind sie ja auch dafür nicht oder nur höchst unzureichend ausgebildet. Zu meiner Zeit gehörte zur praktischen Ausbildung ein dreiwöchiger (!) Seelsorgekurs – ein Nichts im Vergleich zu meiner wissenschaftlich-theologischen Ausbildung, die volle sechs Jahre dauerte. Und so etwas wie spirituelle Praxis kam im Vorlesungsverzeichnis überhaupt nicht vor.

Ein weiteres Problem mit dem Beruf der Pfarrerin, des Pfarrers: Er gehört zu den wirklich gut bezahlten und bestens abgesicherten Professionen. Die Besoldung ist der der staatlichen Beamten gleichgestellt, und dabei reden wir nicht vom Mittleren Dienst. Die sogenannte Beihilfe macht den Zugang zur Privaten Krankenversicherung leicht, und die Pensionszahlungen liegen deutlich über der durchschnittlichen Rente. Das macht es für die verbeamteten Pfarrpersonen nicht einfacher, sich in die Lebensweise, in die Sorgen und Nöte eines gering verdienenden oder gar eines armen

Menschen hineinzuversetzen. Mir selbst wurde das erst so richtig bewusst, als ich während meiner siebenjährigen Beurlaubung die Erfahrung machte, wie es ist, wenn der Geldautomat am 25. des Monats kein Geld mehr ausgibt, weil das Konto hoffnungslos überzogen ist. Mühsam musste ich lernen, was für viele Menschen auch in unserem reichen Land alltägliche Realität ist: sich zu überlegen, was man sich leisten kann, die Preise im Supermarkt zu vergleichen und die billigste Milch zu kaufen. Und drei Jahre lang keine Urlaubsreise machen zu können – wobei mir klar ist, dass eine Urlaubsreise für viele Menschen ohnehin überhaupt nie infrage kommt. Pfarrpersonen leben sehr bequem in einer Wohlstandsblase, man kann es nicht anders sagen. Hinzu kommt: Sie stammen meist aus einem gehobenen, vergleichsweise wohlhabenden, aber postmateriellen Milieu, haben eine akademische Ausbildung genossen, verstehen etwas von klassischer Musik und lesen das Feuilleton in DIE ZEIT. Erst vor Kurzem habe ich aus dem Mund einer Kollegin, als es um Musikstile in der Kirche ging, den Satz gehört: »Na, Bach geht doch immer. Bach mögen alle.« Ja, vielleicht alle, die noch in die Kirche kommen, und selbst da bin ich mir nicht so sicher. Mit der Alltagsrealität sehr vieler Menschen hat das Leben der Pfarrer und Pfarrerinnen wenig bis gar nichts zu tun. Kein Wunder, dass die Gottesdienste schwach besucht und Gemeindehäuser leer sind; wir sprechen ja nicht mal die Sprache eines Großteils der Bevölkerung, wir verstehen ihre Kultur nicht, verachten sie eher. Oder ist ein Pastor vorstellbar, der für Helene Fischer schwärmt, und eine Pastorin, die alle CDs von Beyoncé und Rihanna im Regal hat? Dann doch eher Schostakowitsch.

Und trotzdem geht in der Gemeinde an der Pfarrerin, am Pfarrer kein Weg vorbei. Das Bild vom Flaschenhals finde ich sehr zutreffend, drastischer noch spricht Michael Herbst von der »pastoralen Gefangenschaft der Kirche«.[2] Was aber wäre die Alternative?

Die Fülle der Gaben

Die Antwort liegt nahe, wenn wir uns erst einmal von der bisherigen Logik, die Pastorinnen und Pfarrer in den Mittelpunkt stellt, verabschiedet haben. Dann sehen wir nämlich, dass es in jeder Kirchengemeinde eine Fülle von Talenten gibt, Menschen mit den unterschiedlichsten Begabungen. Der eine kann Jugendliche begeistern und motivieren, die andere einen Finanzhaushalt aufstellen und kontrollieren, es gibt musikalische Menschen und solche, die Feste organisieren können. So mancher oder manche hat sich durch Studieren und Leben ein vertieftes Verständnis der Bibel angeeignet, wieder jemand anderer hat Erfahrungen und Kenntnisse in Meditation und Kontemplation. Es gibt Menschen, die sich gern für andere einsetzen, Besuche oder Besorgungen machen – oder andere, die über juristische Kenntnisse verfügen, mit denen sie Geflüchtete oder Arbeitsmigrantinnen beim Gang aufs Amt unterstützen können. Das alles ist an sich eine Selbstverständlichkeit, aber es bleibt oft verborgen und wird für die Gemeinschaft nicht fruchtbar gemacht, weil sich alles auf die Pfarrpersonen bezieht. Damit sich hier etwas ändern kann, müssten Gemeindeleitungen sich klar machen, was Klaus Douglass pointiert als »die herausragende Eigenschaft eines guten Pfarrers« benennt: »Er ist in der Lage, sich selbst überflüssig zu machen. Er kann andere groß machen. Er nimmt nicht nur zähneknirschend hin, dass andere die Arbeit besser machen als er. Vielmehr ist das sein erklärtes Ziel.«[3]

Wenn nun aber andere die Arbeit besser machen, was bleibt dann noch für die Theologinnen und Theologen? Sehr viel. Und vor allem: das Eigentliche – das, worin sie spezialisiert sind. Gute Theologie ist ein Schatz, den es zu bewahren gilt und der immer wieder als notwendige Korrektur allzu naiver oder populistischer Ansichten zum Einsatz kommen muss. Ja, es braucht in der Kirche gut ausgebildete Theologinnen und Theologen. Aber warum müssen diese die Gemeinde leiten? Dieser heute unauflöslich und gottgegeben erscheinende Zusammenhang lässt sich historisch verstehen und hatte in früheren Zeiten vielleicht auch Sinn – der Pfarr-Herr als Repräsentant der kirchlichen Hierarchie in einem feudalistischen System. Heute ist er aber schlicht nicht mehr tragfähig. Dieses Pfarrerbild steht für eine Kirche der Vollversorgung, in der die »Schäfchen« konsumieren, was die »Hirten« anbieten. Sie »besuchen« Gottesdienste, statt an ihnen teilzunehmen oder sie gar zu gestalten. Sie sind abhängig von dem, was sich die Gemeindeleitung ausdenkt oder was sie zulässt. So bleiben sie unmündig.

Das Christentum von morgen dagegen lebt ganz von der Beteiligung aller Mitglieder (siehe Kapitel 4). Es kennt keine verbeamteten Pfarrpersonen mehr, die Verwaltungsleiter, Spiritual und Entertainer in einer Person sind. Vielmehr entsprechen die Leitungsstrukturen den Anforderungen der Postmoderne: Hierarchien sind flach, Leitungsfunktionen werden zeitlich und sachlich begrenzt vergeben, je nach Kompetenz. Die Unterschrift unter Anstellungsverträge oder Handwerkeraufträge leistet nicht der Theologe, sondern die ehrenamtliche Gemeindevorstandsfrau.

Unmöglich?

In meiner Nachbarschaft baut der örtliche Sportverein gerade eine neue Mehrfachturnhalle mit Sauna und Fitnessstudio, das Bauvolumen dürfte im zweistelligen Millionenbereich liegen. Selbstverständlich trägt der ehrenamtliche, gewählte Erste Vorsitzende des eingetragenen, gemeinnützigen Vereins die Verantwortung. Wo ist das Problem?

Es ist doch viel sinnvoller, wenn eine erfahrene Bankerin oder ein Bauunternehmer die Geschäfte führt – wie es übrigens in den Freikirchen selbstverständlich ist – und die Theologin, der Theologe sich auf das konzentriert, was er oder sie gelernt hat:

predigen, die Bibel auslegen, lehren. Und etwas, was nach einer langen akademischen Ausbildung möglich sein sollte, in der Realität aber alles andere als selbstverständlich ist: andere Menschen dazu befähigen, selbst kundig und verantwortlich die Bibel zu lesen, ihre Lebenserfahrung unter dem Vorzeichen des Glaubens zu deuten und sich von einem gut begründeten Standpunkt aus ein eigenes Urteil zu theologischen und gesellschaftlichen Fragen zu bilden. Die Theologinnen und Theologen sind also das, wofür sie ausgebildet sind: theologische Fachleute. Nicht die Eier legende Wollmilchsau, die sie gegenwärtig sein müssen. Sie müssen auch nicht den Gottesdienst leiten, nicht einmal der Feier des Abendmahls vorstehen. Diese Aufgaben sind, zumindest nach reformatorischer Lehre, Aufgaben der Gemeinde, die dafür bestimmte geeignete Personen beauftragt, damit nicht alles drunter und drüber geht und alles seine Ordnung hat. Im Rahmen einer sogenannten Beauftragung können schon jetzt Gemeindeglieder, die keine theologischen Fachleute und keine ordinierten Pfarrpersonen sind, das Abendmahl leiten. Diese Funktion erfordert keine sechs Jahre Studium. Sie erfordert Engagement, Begeisterung und eine gewisse Schulung, das ist alles.

Fast alles, was in einem christlichen Startup geschehen soll, kann von Freiwilligen getan werden. Sie können etwa diakonische Aufgaben wie Besuchsdiente, Hausaufgabenhilfe, eine Suppenküche oder die Betreuung von Geflüchteten übernehmen. In den Niederlanden zum Beispiel »ist die diakonische Arbeit der Kirchengemeinden ... [überall] ehrenamtlich organisiert«.[4] Das Eltern-Kind-Café Königskind in Siegen wird, abgesehen von einer in Teilzeit angestellten Leiterin, rein ehrenamtlich betrieben, auf der Website wird die Mindest-Mitarbeitszeit mit »mindestens alle 3 Wochen 3h« angegeben.[5] Dieser zeitliche Aufwand erscheint durchaus machbar, und die Angabe zeigt, dass sich bisher offenbar genügend

Freiwillige gefunden haben, um den Aufwand für die einzelne Freiwillige gering zu halten. Oder, um ein weiteres Beispiel zu nennen: Dass eine Hauskreisleiterin eine Bibelgesprächs- oder Gebetsrunde moderieren und anleiten kann, ist schon in vielen Kirchengemeinden selbstverständlich – wie viel mehr dann in einer Hausgemeinde von morgen, die an keine Kirchengemeinde angeschlossen ist.

Die künftige Rolle von Theologinnen und Theologen

In der Christenheit von morgen hat also das Volk Gottes das Sagen und das Tun. Theologinnen und Theologen dagegen sind das, was ihrem Studium entspricht: theologische Fachleute. Und wenn sie entsprechend weitergebildet sind – ich denke hier an eine gründliche Ausbildung über mindestens drei Jahre, berufsbegleitend –, können sie auch Seelsorgerin und Spiritual sein. Aber auch diese Aufgaben setzen eigentlich kein Theologiestudium voraus, jedenfalls solange in diesem Studium Seelsorge und Spiritualität eine so untergeordnete Rolle spielen wie heute. Sie könnten also auch von Menschen wahrgenommen werden, die nicht Theologie studiert haben.

Die rein theologischen Aufgaben – Predigt im Gottesdienst, Bibelabende, ein Gemeindeseminar oder eine Mitarbeitenden-Uni – ergeben keine ganze Stelle, auch keine halbe. Lassen wir es zehn Wochenstunden sein: Davon leben kann kein Mensch. Das ist aber auch nicht nötig, im Gegenteil. Die theologische Fachkraft von morgen lebt nicht von dieser Arbeit, sondern geht einem bürgerlichen Beruf nach. Und das nicht aus Not, sondern aus Überzeugung, allein schon aus Gründen der Bodenhaftung. Es muss kein Job in der Fabrik oder im Bergwerk unter Tage sein wie bei den Arbeiterpriestern in den 1950er- und 60er-Jahren. Theologinnen und Theologen können ihren Lebensunterhalt genauso gut als Anwältin, als Lehrer, Friseur, Briefzustellerin, Gemischtwarenladenbesitzer, Ingenieurin oder Physiotherapeut verdienen.

Sogleich stellt sich aber eine Frage: Wie soll das gehen, wer wird Theologie studieren und gleichzeitig, vorher oder nachher einen Beruf lernen? Oder umgekehrt: Wer wird Jura oder Physik studieren, eine Ausbildung als Bankkauffrau oder Anlagenmechaniker absolvieren und gleichzeitig oder anschließend noch ein volles Theologiestudium? In der Tat setzt dieses Modell einen gewissen Idealismus voraus. Es setzt aber auch allerhand Phantasien frei. Beispielsweise findet das Kontaktstudium für Seniorinnen und Senioren an vielen Universtäten viele Interessenten – wäre es nicht denkbar, einen Studiengang Theologie für (Vor-)Ruheständler einzurichten? Ließen sich die vorhandenen Spätberufenen- und Pfarrverwalterseminare – Ausbildungsstätten für Berufstätige, die nach einigen Jahren zur Pfarrerin, zum Pfarrer umsatteln wollen – aus- und umbauen, so dass Menschen berufsbegleitend ein Theologiestudium absolvieren können? Im Vergleich zu zwölf Semestern an der Universität würde ein solches Studium vielleicht etwas schlanker ausfallen, aber es könnte durch Angebote zur weiteren, ebenfalls berufsbegleitenden Fortbildung ergänzt werden.

Die beherrschende Rolle des Pfarrers, der Pfarrerin als Alleinunterhalter und Allround-Managerin ist im Christentum von morgen einfach nicht mehr nötig. Was allerdings nötig ist, sind Menschen, die Verantwortung übernehmen und Initiative ergreifen, die ihre Aktivitäten selbstständig organisieren, während die Theologinnen und Theologen ihrer Ausbildung entsprechend die Prozesse deuten und theologische Inhalte vermitteln. So würde ich das Prinzip »geistliche Leitung« verstehen, das den Pfarrpersonen oft zugeschrieben wird. Ja, es kann notwendig sein, die Geister zu unterscheiden und die Ideen der Aktiven an den theologischen Grundlagen zu messen. In der Christenheit von morgen gibt es theologisch ausgebildete Menschen, die Orientierung geben, die die verschiedenen Aktivitäten kritisch begleiten, deuten und gegebenenfalls einnorden – aber nicht von einer hierarchisch höheren Position aus. Sie sind, betriebswirtschaftlich gesprochen, eher Controller als CEO, sie haben weder das erste noch das letzte Wort bei den Entscheidungen über Kurs und Inhalt der Gemeinschaft, der sie angehören. Das letzte Wort liegt bei der Vollversammlung, dem gewählten Lenkungskreis oder den einzelnen Betroffenen, je nachdem, wie die Entscheidungsstrukturen der jeweiligen Initiative oder Gruppe gestaltet sind.

Leitung – Leadership – Teamkultur

Damit sind wir bei einem weiteren wichtigen Punkt angelangt. Neu gegründete Initiativen und Startups tun sich manchmal schwer mit dem Thema Leitung. Gerade in der Anfangszeit, der sogenannten Pionierphase[6], scheint Leitung erst einmal gar nicht nötig. Alles sind begeistert von der gemeinsamen Idee und ziehen an einem Strang. Organisation geschieht am Küchentisch oder der Kaffeetheke, feste Strukturen erscheinen eher hinderlich, zumal wenn die neue Gruppe sehr klein ist und nur aus wenigen Aktiven besteht. Sobald die Initiative aber eine gewisse Größe erreicht hat, sobald die Verteilung von Rollen und Aufgaben nicht mehr selbstverständlich und wie von selbst läuft, kommt das Thema auf den Tisch. Und das ist sehr wichtig und will sorgfältig beachtet werden.

Noch einmal Klaus Douglass: »Wo keine Führung ist, herrscht nicht Freiheit, sondern das Recht des Stärkeren.«[7] Machtstrukturen können verhängnisvoll wirken, wenn sie verdeckt und intransparent sind.

Wie also kann Leitung innerhalb des Christentums von morgen aussehen, wenn es nicht mehr der Mann oder die Frau im Talar ist, die faktisch[8] alles in der Hand hat? Diese Frage lässt sich natürlich nicht allgemeingültig klären, bei der Vielzahl an unterschiedlichen Organisationsformen, in denen sich das Christentum von morgen präsentiert. Klar dürfte jedenfalls sein, dass die monarchische Ein-Mann-/Eine-Frau-Führung nicht mehr angemessen ist. Demokratie, Selbstbestimmung, Beteiligung sind hohe Werte in unserer Zeit. In kleinen Gruppen kann Leitung über längere Zeit durch die Vollversammlung der Mitglieder geschehen, dabei werden Regeln wie die Gewaltfreie Kommunikation nach Marshall Rosenberg[9] oder die drei Grundregeln der Themenzentrierten Interaktion nach Ruth Cohn[10] angewandt.

Mindestens ebenso häufig aber dürfte mit neueren Formen von Leitung experimentiert werden, mit Modellen wie etwa Soziokratie 3.0[11], Holokratie[12] oder Selbstführung nach Frederic Laloux[13]. All diesen Ansätzen ist gemeinsam, dass sie Leitung nicht hierarchisch verstehen. Es gibt keine Machtpyramide, an deren Spitze der CEO oder Generaldirektor steht. Die Beteiligten organisieren sich vielmehr in »Kreisen«, kommunizieren auf Augenhöhe und treffen Entscheidungen gemeinsam. Soziokratie 3.0 etwa basiert auf dem Konsent-Prinzip. Im Unterschied zum Konsensprinzip, das bedeutet, dass alle Beteiligten zu *einer* gemeinsamen Meinung finden müssen, bedeutet Konsent, dass niemand einen begründeten Einwand gegen eine Entscheidung vorzubringen hat, der sich aus den Grundsätzen und Prinzipien der Gemeinschaft ableitet. Selbstführung nach Frederic Laloux beinhaltet die Möglichkeit, dass jede und jeder einzelne Beteiligte einen Vorschlag machen und das Vorhaben, wenn es Zustimmung findet, auch ausführen kann. In Unternehmen gibt es dann beispielsweise keine Einkaufsabteilung, die Anschaffungen zentral steuert, sondern jede Mitarbeiterin kann von ihrem Kreis ermächtigt werden, die nötige Anschaffung für das geplante Vorhaben vorzunehmen.

Diese Prinzipien lassen sich nicht nur in Wirtschaftsunternehmen beliebiger Größe anwenden, sie sind auch für soziale, gemeinnützige oder religiöse Organisationen nützlich. Sie ermöglichen ein agiles, flexibles Arbeiten und sparen im Vergleich zu manch anderen Entscheidungs- und Leitungsverfahren enorm viel an Zeit und Ressourcen ein.

Das Wichtigste aber ist, dass nicht eine Frau oder ein Mann, auch nicht ein Gremium aus wenigen Personen die Richtung vorgibt, der dann alle Beteiligten, oft nolens volens, folgen müssen. So wird von unerwarteter Seite, von den Wirtschaftswissenschaften, auf einmal ein ur-reformatorisches Prinzip zu Ehren gebracht: das allgemeine Priestertum aller Gläubigen oder aller Getauften. Trauen wir das der Christenheit zu, dass sie sich ihrer Wurzeln entsinnt und ein Prinzip, das meistens auf einem Samtkissen in der Vitrine lag, herausholt und in Gebrauch nimmt?

Das »christliche Start-up« UND Marburg orientiert sich an diesen agilen Leitungsstrukturen. Tobias Faix, einer der Verantwortlichen, betont, »dass die Hauptamtlichen eine neue Rolle haben, indem sie die Ehrenamtlichen begleiten und schulen. Es gibt also nicht mehr die Leiterin oder den Pfarrer, sondern alles wird in Teams miteinander entschieden. Das ist kommunikativ aufwändig, aber so kann die klassische Top-Down-Struktur durchbrochen werden und neue Teilhabestrukturen können entstehen.«[14]

Für die Projekte, Spin-offs oder Ausgründungen, die die Kirchen in den kommenden Jahren vielleicht vornehmen wollen, um ihre Mitglieder fit zu machen für eine Zeit nach der Kirchensteuer und ohne hauptamtliche Pfarrpersonen, ergibt sich aus all dem: Projekte müssen von vornherein so angelegt werden, dass sie ohne hauptamtliches Personal funktionieren. Die Hauptamtlichen sollen sich nicht nur überflüssig machen, wie es Klaus Douglass auf der Grundlage der real existierenden Gemeindepraxis fordert. Sie sollen von Anfang an überflüssig sein. Allenfalls als Katalysatoren können sie Prozesse anstoßen, doch dürfen sie von Anfang an keine Leitungsfunktion innehaben und nicht die Hauptakteure sein. Als hauptamtliche Person einmal in der Leitung, kommt man kaum noch aus der Rolle heraus, und so manches wunderbare Projekt, das um eine oder mehrere hauptamtliche Personen herum gegründet wurde, löste sich in Wohlgefallen auf, sobald die Projektförderung inklusive der Finanzierung von Hauptamtlichen auslief oder die Leitung auf einen anderen Posten wechselte.

3.
Das Christentum von morgen ist nicht »Volkskirche«, sondern das Familientreffen der Kinder Gottes

Wenn von Kirche die Rede ist, wird bei den meisten Menschen in Deutschland wohl das Bild der sogenannten »Volkskirchen« wachgerufen. Volkskirche meint, dass »das Volk«, also die gesamte oder doch zumindest der weit überwiegende Teil der Bevölkerung eines Landes einer Kirche angehört. In Deutschland sind dies die katholische oder die evangelische Kirche. Die Menschen werden in diese Kirchen gleichsam hineingeboren. Wie selbstverständlich werden sie als Kleinkinder getauft und sind damit Mitglieder der Kirchen. Das geschieht, weil die Familien, in denen die Kinder aufwachsen, sich als christlich verstehen – eben als evangelisch oder katholisch. Um Kirchenmitglied zu werden, braucht es darum keine eigene Entscheidung.

Staatlicherseits sind die Volkskirchen als »öffentlich-rechtliche Religionsgesellschaften« anerkannt und mit bestimmten Privilegien ausgestattet. So dürfen Kirchen z.B. Steuern erheben, der Religionsunterricht ist ordentliches Schulfach, der Staat sichert die Möglichkeit zur Ausübung von Seelsorge auch in den Streitkräften zu (Militärsorge) und manches mehr. Die Volkskirche hat den Anspruch, die Menschen von der Wiege bis zur Bahre mit ihren Amtshandlungen zu begleiten. Die Mitte der Gemeinde ist der sonntägliche Gottesdienst, Repräsentanten der Volkskirche sind in allererster Linie die Pfarrpersonen – wo eine Pfarrerin oder ein Pfarrer ist, da ist Kirche.[1]

So war es »immer«. Doch in den 20er-Jahren des 21. Jahrhunderts beschreibt der Begriff »Volkskirche« nur noch eine Fiktion. Die Mehrheit der deutschen Bevölkerung gehört keiner Kirche mehr an. Laut einer Meldung des DER SPIEGEL vom 12. April 2022 »sind erstmals seit Jahrhunderten mehr als 50 Prozent der Menschen in Deutschland weder römisch-katholisch noch evangelisch«. Und längst nicht alle Kirchenmitglieder lassen ihre Kinder heute wie selbstverständlich taufen; viele wollen es ihren Kindern überlassen, selbst einmal zu entscheiden, ob und welcher Kirche sie angehören wollen. Aus der selbstverständlichen und gesellschaftlich erwarteten Mitgliedschaft ist eine Sache der individuellen Entscheidung geworden. Und dies nicht nur in den Großstädten, auch auf dem Land ist es längst nicht mehr selbstverständlich, einer Kirche anzugehören. Auch hier gilt es nicht mehr als anstößig, aus der Kirche ausgetreten zu sein.

Ebenso die Meinung, der Sonntagsgottesdienst sei das Zentrum des kirchlichen Gemeindelebens, erweist sich, was die Teilnahme angeht, als Fiktion. Auch wenn mit dem Wort Kirche landläufig immer noch häufig der Gottesdienst assoziiert wird, ist der allsonntägliche Gottesdienstbesuch in den meisten Gemeinden nicht mehr die Norm, nicht einmal unter ehrenamtlich und sogar hauptamtlich Mitarbeitenden. Auch am sogenannten Gemeindeleben nimmt nur ein Bruchteil der eingetragenen Mitglieder der Kirchen teil. Das ist auch kein Wunder. Die meisten Gemeindeprogramme sind auf sehr enge Zielgruppen zugeschnitten: Jugendliche und Senioren, vielleicht sangesfreudige Musikbegeisterte, in manchen Gemeinden, die sich Erwachsenenbildung zur Aufgabe gesetzt haben, ein bestimmtes Segment des Bildungsbürgertums. Wie fast alles, was in der Volkskirche geschieht, zielt das »Gemeindeleben« auf das Milieu der eher traditionsorientierten, einigermaßen gebildeten Mittelschicht. Teilweise wird noch das postmaterielle Milieu angesprochen, insgesamt aber ein so kleiner Ausschnitt aus dem »Volk«, dass der Begriff Volkskirche seinen Sinn verliert.

Die Parochie

Eines der wichtigsten Merkmale der Volkskirche ist das sogenannte Parochialprinzip. Es hat seinen Ursprung in der ehemals engen Verbindung von Staat und Kirche und besteht in Westeuropa, grob gesprochen, seit den Zeiten Karls »des Großen«, also seit mehr als einem Jahrtausend – wobei erste Anfänge schon unter dem römischen Kaiser Konstantin im 4. Jahrhundert zu finden sind.

Bei diesem Prinzip geht es um Folgendes: Das gesamte Territorium eines Landes ist aufgeteilt in kirchliche Gemeindegebiete, in die sogenannten Parochien – dieses Wort wurde dann zu »Pfarre« oder »Pfarrei« verballhornt. Jedes Dorf und jedes Haus gehören zu einer bestimmten Parochie, es gibt keine weißen Flecken auf der Landkarte. Der Wohnort bestimmt also darüber, welcher Pfarrei ich angehöre und in welcher Kirche etwa meine Trauung stattzufinden hat. Jede Parochie wird von einem ordinierten Pfarrer oder einer Pfarrerin geleitet[2]. Jede Parochie bietet das gesamte Spektrum der kirchlichen Versorgung: jeden Sonntag und an allen Feiertagen einen (dem Anspruch nach) gut vorbereiteten Gottesdienst mit aktueller Predigt sowie sämtliche Kasualien – das ist ein Sammelbegriff für die Lebenswenderituale wie Taufe, Trauung oder Beerdigung.

Wer innerhalb der Parochie wohnt, hat sich also für diese Kasualien an sein zuständiges Wohnsitzpfarramt zu wenden. Hinzu kommen Kommunion- und Firmvorbereitung beziehungsweise Konfirmandenunterricht, Angebote für verschiedene Zielgruppen, vor allem Kinder, Jugendliche und Senioren, individuelle Seelsorge – von Geburtstagsbesuchen über Vor- und Nachgespräche zu den Kasualien bis zu individuellen Beratungs- und Seelsorgegesprächen bei Glaubens- und Lebensfragen.

Fast alle dieser Aktivitäten werden von der Pfarrperson durchgeführt oder zumindest begleitet. Ja, die Parochie ist im Grunde ganz auf den Pfarrer oder die Pfarrerin zentriert. Wie gesagt: Wo eine Pfarrperson ist, da ist Kirche. Wie viele ehrenamtliche Mitarbeitende haben, wenn sie im Namen der Kirchengemeinde beispielsweise einen Geburtstagsbesuch machten, nicht schon den enttäuschten Satz gehört: »Ach, der Herr Pfarrer hat heute wohl keine Zeit!« Auch der Sonntagsgottesdienst wird weitgehend als One-Man-/One-Woman-Show der Pfarrperson wahrgenommen, obwohl fast immer mindestens zwei weitere Personen an der Durchführung beteiligt sind, nämlich Kirchenmusikerin und Mesner oder Küsterin, oft auch eine Lektorin, die die Lesungen hält, und vielleicht noch zwei Konfirmanden, die die Kollekte einsammeln.

Der Sonntagsgottesdienst, geleitet (»gehalten«) von der ordinierten Pfarrerin, dem ordinierten Pfarrer, ist dem Anspruch nach das zentrale Ereignis im Gemeindeleben einer parochial verstandenen Kirche. Entsprechend werden häufig alle Aktivitäten der Kirchengemeinde, vor allem neue Initiativen, daran gemessen, ob die Teilnehmenden denn auch »irgendwann mal am Sonntag in der Kirche auftauchen«. Denn – ob nun ausdrücklich oder implizit: Das Ziel der Gemeindearbeit ist, Menschen zur Teilnahme am Gottesdienst zu bewegen. So wird der Gottesdienst zum Selbstzweck, zum Ziel in sich.

Das höchste Gebot lautet nach den Evangelien aber nicht: »Du sollst am Sonntag in die Kirche gehen«, es lautet: »Liebe Gott, und liebe deinen Mitmenschen wie dich selbst!« Jesus ging zwar selbst regelmäßig zum Gottesdienst in die Synagoge, es ist aber kein einziger Satz überliefert, mit dem er die Menschen aufgerufen hätte, das auch zu tun. Im Mittelpunkt der Verkündigung von Jesus steht vielmehr das Reich Gottes – eine Welt, in der sich Menschen vertrauensvoll auf Gott einlassen und sich Gottes bedingungsloser Liebe öffnen, so dass sie aufeinander zugehen, einander vergeben, Bedürftigen helfen, Frieden suchen und Gerechtigkeit üben.

Etwas überzeichnet könnte man formulieren: Das Parochialprinzip führt dazu, dass es in der Kirche nicht um das Kommen des Reiches Gottes geht, nicht um das Heilwerden der Menschen und ihrer Beziehungen, sondern um volle Kirchen am Sonntagvormittag. Dabei ist der Gottesdienst an sich lediglich Mittel zum Zweck – dem Zweck nämlich, die Liebe Gottes zuzusagen und die Menschen zu motivieren, diese Liebe anzunehmen und weiterzugeben. Darüber hinaus hat der Gottesdienst allenfalls noch den Sinn, die Gemeinde zu versammeln und so Gemeinschaft zu stiften. Das allerdings ist ein Ziel, an dem die real existierenden Gottesdienste in der Regel grandios scheitern.

Dennoch wird am Parochialprinzip bis heute fast durchgängig eisern festgehalten[3], was zu teilweise absurd anmutenden Ergebnissen führt. Da findet in mancher Innenstadt in drei, vier, fünf Kirchen, die jeweils nur ein paar hundert Meter voneinander entfernt liegen, am selben Wochentag zur selben Uhrzeit dieselbe Art von Gottesdienst statt, nach der identischen Liturgie, mit identischen Bibeltexten. In jeder dieser Kirchen, die alle mehrere hundert Menschen fassen würden, sitzt dann eine Handvoll Leute. Würde man sie alle in *einer* Kirche versammeln, könnten sie diese gerade halbwegs füllen. Drei, vier, fünf Pfarrerinnen oder Pastoren haben sich jeweils ein paar Stunden hingesetzt, um eine Predigt zu verfassen. Drei, vier, fünf Kirchenmusikerinnen und Kantoren haben Lieder herausgesucht und geübt. Drei, vier, fünf Küster oder Mesnerinnen fegen den Kircheneingang, stecken die Nummern der Gesangbuchlieder an die Liedertafel, legen Gottesdienstprogramme aus und setzen die Glocken in Bewegung. Was für eine Verschwendung an Arbeitskraft – und an Energiekosten!

Das Parochialprinzip führt auch zu anderen Seltsamkeiten. Da wird ein Pastor eifersüchtig, weil »seine« Gemeindeglieder lieber zum Gottesdienst in die Nachbargemeinde gehen. Auf die Idee, sich zu fragen, was er selbst besser machen könnte, damit die Leute lieber zu ihm kommen, kommt er nicht. Und es fällt ihm auch nicht ein, seinen Leuten zu empfehlen, sonntags ruhig in die Nachbargemeinde zu gehen, damit er seine Arbeitskraft und Initiative auf Felder konzentrieren kann, die ihm mehr liegen und in denen er begabter ist als die begnadete Predigerin von nebenan. Stattdessen ärgert er sich, dass ihm die Kollegin die Schäfchen stiehlt (*»sheep-stealing«* ist in diesem Zusammenhang ein stehender Begriff!). Manchmal scheint es weniger darum zu gehen, dass Menschen Gott begegnen, von Jesus hören oder miteinander ihren Glauben feiern, als darum, die persönliche Eitelkeit und den Geltungsdrang der Pfarrpersonen – oder auch der Kirchenvorstände und mancher Mitglieder der »Kerngemeinde« – zu befriedigen.

Grenzen des Parochialprinzips

Allerdings zeigt sich, dass das Parochialprinzip allmählich an seine Grenzen kommt, denn nicht nur die Zahl der Kirchenmitglieder schrumpft, es gibt auch immer weniger Menschen, die einen seelsorgerlichen oder pastoralen Beruf in der Kirche ergreifen wollen. Um das Parochialprinzip aufrechterhalten zu können, geht den Volkskirchen schlicht das Personal aus. Wenn sich die Zahl der besetzten Pfarrstellen aber um mehr als die Hälfte verringert, sind die verbleibenden Pfarrpersonen für ein doppelt so großes Gebiet zuständig. Doppelt so viele Kirchen und Predigtstellen, das heißt doppelt so viele Gottesdienste mit oft weiten Wegen für immer weniger Teilnehmerinnen und Teilnehmer, doppelt so viel Verwaltung, Kirchenvorstandssitzungen, Friedhöfe und Kindertagesstätten. Selbst wenn es aufgrund des Mitgliederschwunds auch immer weniger Taufen und Beerdigungen gibt – soll das Prinzip Grund- oder Vollversorgung durchgehalten werden, führt das unweigerlich zu einer Überlastung der Pfarrpersonen. Ganz abgesehen von der Frage, ob viele Gottesdienste mit weniger als einem Dutzend Teilnehmenden an vielen Orten wirklich sinnvoll sind.

Ob und wie das Parochialprinzip aufrechterhalten werden kann, wird in Kirchenreformdebatten ausgiebig diskutiert. Daneben gibt es aber seit einigen Jahren eine Vielzahl von Ansätzen, die sich nicht mehr an der Parochie orientieren. Die meisten Projekte, die unter dem Label FreshX, Erprobungsräume oder MUT unterwegs sind, fragen nicht nach Gemeindegrenzen, sondern richten sich an eine ganze Region oder fokussieren sich auf bestimmte Zielgruppen. Diese Projekte wollen die bestehenden Kirchengemeinden nicht ersetzen, sondern ergänzen. Aus der Church of England, in der dieses Prinzip entwickelt wurde, kommt der Begriff »Mixed Economy« oder auch »Mixed Ecology«, womit zum Ausdruck gebracht werden soll, dass Kirche eben aus beidem bestehen kann und muss: aus dem herkömmlichen Gemeindeleben auf Basis der Parochie sowie den bestehenden Werken und Diensten auf der einen Seite – und andererseits aus diesen neuen, ergänzenden Formen, die ganz neue Wege gehen. Die Idee dahinter: Das Beste aus beiden Welten wird zusammengebracht, die bewährten Formen kirchlichen Lebens werden ergänzt durch neue, experimentelle und innovative Modelle, durch die neue Zielgruppen erschlossen werden können.

Ich hege allerdings starke Zweifel daran, dass die »Mixed Economy« in Deutschland funktioniert. Soweit ich sehe, sind die meisten der innovativen Projekte im Kontext parochialer Strukturen eben genau dies: Projekte. Wie in Kapitel 1 schon erwähnt, sind Projekte in aller Regel nicht nachhaltig. Sie werden für eine bestimmte Laufzeit geplant, für diese Laufzeit stellt die Landeskirche oder der Kirchenkreis die Finanzierung bereit. Danach wird das Projekt beendet, wie beispielsweise das Raumschiff Ruhr in Essen und viele andere verheißungsvolle Ansätze, oder es wird verstetigt und Planstellen werden geschaffen, womit es wieder fest in die Parochialstruktur eingebunden ist. So aber konkurrieren die neuen Formen mit den alten um Ressourcen; auf Dauer kann das Neue nur finanziert werden, wenn das Alte beschnitten wird.

Auf dem Hintergrund meiner langjährigen Erfahrungen mit der evangelischen Kirche und ihren Gremien halte ich es nicht für realistisch, dass in absehbarer Zukunft das Parochialsystem zugunsten anderer Formen von Kirche zurückgefahren wird. Denn in den evangelischen Kirchen werden kirchenpolitische Entscheidungen von den Synoden getroffen. Diese Kirchenparlamente setzen sich zu einem großen Teil aus ehrenamtlichen Mitgliedern zusammen, die als Synodale von den Presbyterien oder Kirchenvorständen der Parochialgemeinden gewählt werden. Die Parochialstruktur ist so in den Synoden sehr stark repräsentiert. Ich finde die Vorstellung darum eher kühn, dass derart zusammengesetzte Gremien ihre eigenen Interessen zugunsten von Experimenten mit neuen Formen zurückstellen und, ganz konkret, Gelder für klassische Gemeindearbeit umwidmen für die ergänzenden Formen, die so ganz andere Gestalt haben als die althergebrachten Formen der Kirche.

Miriam Hoffmann, einst Mitgründerin der beymeister in Köln-Mülheim und jetzt als Projektleiterin verantwortlich für die Begleitung der Erprobungsräume der Evangelischen Kirche im Rheinland, resümiert nüchtern:

»Ist ein bisschen Zeit vergangen, wird die Finanzierung langsam schwieriger, die Frage: ›Warum ist das Kirche?‹ immer lauter. Und ein Problem tut sich auf: Wohin damit? Was ist, wenn diese Initiativen gekommen sind, um zu bleiben?

Veränderung und Aufbruch fristen in kirchlichen Strukturen weiterhin ein Schattendasein. Sie sind Trostpflaster für die, die spüren, dass Kirche für die Mehrheit nicht mehr relevant ist. Aber sie verändern Kirche nicht. Denn in der Struktur ist kein Raum. All die hoffnungsvollen Initiativen finden keine Herberge.«[4]

Koinonia

Hoffnungsvolle Initiativen finden keine Herberge. Aber: Vielleicht ist das auch gar nicht nötig. Verlassen wir die Logik des Parochialprinzips, tun sich neben, am Rande oder auch innerhalb der Volkskirchen neue Perspektiven auf: Initiativen, die in Richtung eines erneuerten Christentums von morgen zielen und sich nicht aus den kirchlichen Töpfen finanzieren, darauf auch gar keinen Wert legen. Mehr als die Großkirchen mit ihren Stellenplänen und Finanzhaushalten setzen sie auf Freiwilligkeit, auf (aktive) Beteiligung und vor allem auf Gemeinschaft.

Gemeinschaft ist sicher auch ein Ziel innerhalb der Volkskirchen, das legt schon der Ausdruck »Gemeinde« nahe. Allerdings entsteht hier enge Gemeinschaft allenfalls innerhalb der »Kerngemeinde«, die gewöhnlich nicht mehr als ein paar Prozent der eingeschriebenen Gemeindeglieder umfasst. Schon in der zentralen Veranstaltung einer volkskirchlichen Gemeinde, dem Sonntagsgottesdienst, kommt kaum echtes Gemeinschaftsgefühl auf. Wer sich in einer durchschnittlichen volkskirchlichen Gemeinde in den Gottesdienst verirrt, wird bestenfalls am Eingang begrüßt, meist aber ignoriert, wenn nicht gar eher misstrauisch beäugt. Und auch wenn anschließend zum Kirchenkaffee eingeladen wird, treffen sich dort in der Regel alte Bekannte, die – meiner Erfahrung nach – für gewöhnlich kein großes Interesse an neu hinzukommenden Personen haben. In Freikirchen mag das anders sein. Doch die meisten volkskirchlichen Gemeinden, die ich erlebt habe, haben wenig bis gar keine Willkommenskultur, die die Voraussetzung für eine lebendige Gemeinschaftsbildung wäre.

Im Grunde ist das auch kein Wunder. Gemeinschaft wird erst seit den 1960er-Jahren »offiziell« zu den »Grundvollzügen« der Kirche gezählt. Traditionell werden für die Kirche drei solcher »Grundvollzüge« genannt, die mit griechischen Begriffen bezeichnet werden: Leiturgia, Martyria und Diakonia. Leiturgia bedeutet Gottesdienst und alles, was damit zusammenhängt. Martyria heißt »Zeugnis«, also die öffentliche Verkündigung (die heute in Deutschland in den seltensten Fällen zum Martyrium führen dürfte, anders als zu anderen Zeiten und an anderen Orten). Unter Diakonia ist das gesellschaftliche Handeln zu verstehen, vor allem der Einsatz für Menschen, die unter schwierigen Bedingungen leben müssen. Diese drei »Grundvollzüge«: Gottesdienst, Verkündigung und Diakonie gelten seit der Zeit der Alten Kirche als Kennzeichen der Kirche, seit rund anderthalb Jahrtausenden. Erst das Zweite Vatikanische Konzil in den 1960er-Jahren fügte als vierten Grundvollzug die »Koinonia« hinzu, auf Deutsch: die Gemeinschaft.

Das ist erstaunlich. War die Bildung von Gemeinschaft doch von allem Anfang an eines der wichtigsten Anliegen unter den

Christen. Dies ist das Erste, was die Evangelien über Jesus berichten, nachdem er sich von Johannes hatte taufen lassen: Er suchte sich Gefährtinnen und Gefährten. Darin stimmen alle Evangelien überein. Nur zum Gebet zog er sich in die Einsamkeit zurück, all seine öffentlichen Auftritte absolvierte er im Kreis seiner Jüngerinnen und Jünger. Als er die Jünger aussandte, um seine Botschaft vom anbrechenden Gottesreich in den Dörfern und Städten zu verkünden, schickte er sie nicht allein los, sondern in Zweierteams, und das Pfingstereignis resultierte in einer engen Gemeinschaft: »Sie blieben aber beständig in der Lehre der Apostel und in der Gemeinschaft und im Brotbrechen und im Gebet ... Alle aber, die gläubig geworden waren, waren beieinander und hatten alle Dinge gemeinsam. Sie verkauften Güter und Habe und teilten sie aus unter alle, je nachdem es einer nötig hatte. Und sie waren täglich einmütig beieinander im Tempel und brachen das Brot hier und dort in den Häusern, hielten die Mahlzeiten mit Freude und lauterem Herzen und lobten Gott und fanden Wohlwollen beim ganzen Volk. Der Herr aber fügte täglich zur Gemeinde hinzu, die gerettet wurden.« So lautet der klassische Abschnitt, mit dem die Apostelgeschichte (2,42.44–47) das Leben der Urgemeinde in Jerusalem beschreibt. Es fällt auf, wie stark der Gedanke der Gemeinschaft betont wird, auch wenn die urkommunistisch anmutende Gütergemeinschaft eine Idealisierung sein dürfte und, wenn überhaupt, sicher nicht viel länger als wenige Jahrzehnte tatsächlich praktiziert wurde. In den ersten Jahrhunderten, besonders während der Verfolgungen durch den Römischen Staat, war die Idee der verschworenen Gemeinschaft überlebenswichtig für die junge Gemeinde.

Das Ende der staatlichen Verfolgung unter dem Römischen Kaiser Konstantin um 320, vor allem aber die Erhebung des christlichen Glaubens zur Staatsreligion durch Kaiser Theodosius im Jahr 380 n. Chr. brachte hier die Wende. Per Gesetz waren nun alle

Bürgerinnen und Bürger des Römischen Reiches zumindest dem Namen nach zu Christen geworden, unabhängig von ihrer persönlichen Überzeugung. Die Zeit der kleinen, verschworenen Gemeinschaften war passé, Bürgergemeinde und Christengemeinde waren identisch. Gemeinschaft unter Christen musste nicht mehr eigens hergestellt oder betont werden. In der Folge gewann der Kult, die »Leiturgia«, an Bedeutung und nahm die zentrale Stellung ein. Der Gottesdienst, der sich nun entwickelte, ähnelte in vielem dem Kaiserkult, von dem er etliche Elemente übernahm, und diente zum guten Teil auch der Staatsräson. Hier liegt meines Erachtens eine Wurzel für die zentrale Stellung, ja die Überbetonung des Sonntagsgottesdienstes in der Kirchengemeinde.

Viele, die ihren christlichen Glauben entschieden und aus innerer Überzeugung leben wollten, entzogen sich bewusst der verordneten Gemeinschaft, es begann die Zeit der Wüstenväter und -mütter, die ersten Klöster und Ordensgemeinschaften wurden gegründet. Hier blieb der Gedanke der Koinonia lebendig, in der Staatskirche brauchte er keine bindende Kraft mehr zu entfalten.

Das ist das Erbe, das die Volkskirche mit sich herumträgt. Kirche und Staat waren über die Jahrhunderte eng verbunden, was sich zum Teil auch darin ausdrückt, dass sich die Kirchen bis heute oft genug eher wie Behörden präsentieren denn als fröhliche Gemeinschaft von Gottestrunkenen, von begeisterten Nachfolgern des armen Wanderpredigers aus Nazareth.

Ich finde es sehr bezeichnend, dass gerade zu einer Zeit, in der die Selbstverständlichkeit der Volkskirche zu bröckeln begann, die Gemeinschaft als vierter »Grundvollzug« der Kirche erkannt wurde. Alle mir bekannten kirchlichen Reformbewegungen der letzten zweihundert Jahre, vielleicht einmal abgesehen von denen, die sich auf rein liturgische Erneuerung konzentrierten, betonen diesen Gedanken der Gemeinschaft: angefangen vom Pietismus –

»Ich statuiere kein Christentum ohne Gemeinschaft« sagte schon Graf Zinzendorf im 18. Jahrhundert – bis hin zu den freikirchlichen Neugründungen der Gegenwart. Alle Initiativen und Bewegungen, die sich dem Gemeindeaufbau oder der Gemeindeerneuerung verschrieben haben, stellen die enge, überschaubare Gemeinschaft in den Mittelpunkt. Kleingruppen und Hauskreise machen auch in großen Gemeinden diese familiäre Überschaubarkeit möglich.

Essen und Trinken, Leib und Seele

Und so verhält es sich auch mit dem Christentum von morgen. Es versteht sich nicht mehr als Volkskirche. Darin sind die Christen von morgen einerseits realistisch, andererseits stellen sie sich damit bewusst in die Nachfolge Jesu, der als erste öffentliche Handlung eine Gemeinschaft von Frauen und Männern um sich scharte.

Im Blick auf das Christsein von morgen scheint mir Gemeinschaft sogar der wichtigste der »Grundvollzüge« zu sein, noch vor Gottesdienst und Verkündigung und als elementare Voraussetzung für das diakonische Handeln in der Gesellschaft. Ich beobachte Gruppen, Initiativen und Konvente, die sich als Gemeinschaft von Gleichgesinnten verstehen, die gemeinsam beten und feiern, Aufgaben angehen, Verantwortung übernehmen und für die Menschen in ihrer Umgebung da sein wollen. Sie brauchen keine festen Strukturen, keine Verwaltungseinheiten, keine repräsentativen Gebäude.

Sie kommen zusammen, weil sie zusammen sein wollen, wie die Mitglieder einer großen Familie, die sich regelmäßig versammelt – und die dazu Nachbarn, Freundinnen und auch Fremde einlädt. Sie teilen ein Stück ihres Lebens. Das gemeinsame Essen spielt in vielen dieser neuen Formen eine zentrale Rolle. Der FreiRaum Prenzlauer Berg beispielsweise, der vom Gemeinschaftswerk Berlin-Brandenburg sieben Jahre lang in der Schönhauser Allee betrieben wurde, startete mit Brot und Butter: ein gedeckter Tisch, auf dem Brot und Butter bereitstanden, an den sich alle setzen konnten, die davon erfuhren, die Interesse an oder Sehnsucht nach Gemeinschaft hatten. Wer wollte, brachte Brotbelag oder andere Lebensmittel mit – und der Abend konnte seinen Lauf nehmen. Die gesamte Zeit, in der der FreiRaum bestand – im Sommer 2022 musste das Projekt aus verschiedenen Gründen aufgegeben werden –, stand der gedeckte Tisch mit Brot und Butter im Zentrum.[5] Die Kirche kunterbunt, inspiriert von der englischen Messy Church, ermöglicht Eltern und Kindern, gemeinsam »Quality Time« zu verbringen mit Basteln, Toben, Spielen, Singen und Hören – und einem gemeinsamen Abendessen als Abschluss.[6] Viele Initiativen feiern das Abendmahl als komplette Mahlzeit, wie es in der Urchristenheit wohl üblich war. Sie beschränken sich nicht auf das sakramentalisierte Überbleibsel eines Essens, die trockene Hostie und das Schlückchen Wein oder Traubensaft. Das gemeinsame Essen ist von großer Bedeutung, sowohl für die Gemeinschaft, die das Projekt oder die Initiative trägt, als auch für neu Hinzukommende. Wo kommt man leichter ins Gespräch als an einem gedeckten Tisch?

Dann gibt es eine ganze Reihe von Initiativen, die sich um ein Café herum gruppieren, wie das Café Königskind in Siegen[7] oder das offene Haus Venue in Diessenhofen in der Schweiz[8], und bei den meisten dieser Initiativen spielt exzellenter Kaffee eine zentrale Rolle. Für so manche war die Kaffeemaschine die teuerste Anschaffung bei der Einrichtung. So entstehen Treffpunkte, Anziehungspunkte für die Menschen im Kiez, die so oft unter Einsamkeit und Vereinzelung leiden – nicht nur in der Großstadt.

In vielen, wenn auch bei Weitem nicht in allen solchen Aufbrüchen spielt Spiritualität eine wichtige Rolle, das regelmäßige Gebet, die Abendmahlsfeier, oft zunächst nur innerhalb des Teams der Engagierten – doch früher oder später wollen meist auch Gäste daran teilnehmen. Damit sind wir bei einem zweiten Punkt, weshalb Gemeinschaft für die Christen von morgen so wichtig ist: Sie wissen intuitiv oder aus Erfahrung, dass es schwer ist, für sich allein zu glauben und ohne Weggefährtinnen als Christ zu leben. Sie brauchen die Gemeinschaft als Stütze und Inspiration für ihren Glauben und für ihr Selbstverständnis. Das gemeinsame Essen und Feiern sind wichtig, aber genauso wichtig ist es, gemeinsam zu beten, Texte aus der Bibel oder auch aus anderen spirituellen Traditionen zu bedenken und zu besprechen, in der Stille beisammenzusitzen, gemeinsam zu singen und auf mehr oder (meistens) weniger klassische Weise Gottesdienst zu feiern. Auf diese Weise vergewissern sie sich regelmäßig ihrer Identität als christliche Gemeinschaft, des Auftrags, den sie für sich gefunden haben, und des Ziels ihres Engagements: in unserer Welt ein Stück vom Reich Gottes zum Vorschein zu bringen.

Und schließlich kommen sie zusammen, um gemeinsam Aktionen zu planen, sich abzusprechen, zu organisieren. Nachbarschaftshilfe und soziale Projekte, Initiativen für die Erhaltung der Schöpfung, Friedensaktivitäten und vieles andere wollen gut geplant sein und erfordern oft gründliche Vor- und auch Nachbereitung. Diakonische und soziale Aktivitäten können nicht einfach improvisiert werden, und ganz ohne Verwaltungsaufwand geht es nirgends – vor allem, wenn Gelder beantragt sowie Räume verwaltet werden müssen und vielleicht auch Personalführung nötig ist. Neben dem zweckfreien Beisammensein und der spirituellen Gemeinschaft sind also auch Teamsitzungen, Zielgespräche, visionäre Zirkel und handfeste Vereinsversammlungen notwendig.

Bei all dem spielen die Volkskirche und ihre parochialen Strukturen keine Rolle. Die Menschen, die sich hier zusammenschließen, suchen nicht zuerst spirituelle Versorgung oder rituelle Begleitung durch eine Institution. Sie suchen nach Wegen, gemeinsam Glauben zu finden und zu leben, zu gestalten und zu feiern.

Das Christentum von morgen versteht sich somit als Familientreffen vieler Kinder des einen Gottes, als Ort der Selbstvergewisserung und Identitätsbildung als christliche Gemeinschaft und schließlich als Dienstbesprechung für die Aktivitäten, die über die Gemeinschaft selbst hinausreichen und in die Gesellschaft hineinwirken.

4. Das Christentum von morgen setzt nicht auf Versorgung, sondern auf Beteiligung

Das Konzept der Volkskirche steht für die religiöse Vollversorgung ihrer Mitglieder; sie ist eine *Versorgungskirche*. Idealtypisch betrachtet, strukturiert und gestaltet sie die Zeit und damit das Leben der Menschen. Den Tag gliederten einst die Gebetszeiten, die durch das Läuten der Glocken angezeigt wurden. Das »Angelusläuten« um 11 Uhr vormittags etwa, bis zu dem in München die Weißwürste gegessen sein müssen, ruft zum Angelusgebet: »Der Engel des Herrn brachte Maria die Botschaft ...«, beim Mittagsläuten wurde noch in meinen ersten Berufsjahren die Pfarrkonferenz unterbrochen, das gesamte Kollegium erhob sich und stimmte den Choral »Verleih uns Frieden gnädiglich« an.

Daneben strukturiert die Kirche die Zeit, indem sie den Sonntag als Tag der Auferstehung und des Gottesdienstes an den Anfang jeder neuen Woche stellt, und sie gibt dem Jahr Struktur durch die verschiedenen Themensetzungen des Kirchenjahres, beginnend mit dem Advent über die Weihnachtszeit hin zur Fasten- beziehungsweise Passionszeit, auf die die Osterzeit, Pfingsten, Erntedank und schließlich das Ende des Kirchenjahres mit dem Totengedenken folgen. Innerhalb dieser Struktur begleitet und gestaltet die Kirche das Leben der einzelnen Menschen zudem mit Ritualen zu den Lebensübergängen: Der Geburt ist die Taufe zugeordnet, die Pubertät wird mit der Konfirmation, die früher in der Regel am Ende der Schul- und am Beginn der Lehrzeit stand, gewürdigt als die Zeit, in der das Kind zum Erwachsenen wird. Die Heirat wird mit der kirchlichen Trauung begleitet, Krankensalbung und schließlich die kirchliche Bestattung stehen am Ende des Lebens.

Gesellschaft und Individuum brauchen solche Strukturierung und Begleitung. Wenn die Kirchen dafür nicht mehr als zuständig betrachtet werden, fallen die Rituale nicht einfach weg: Statt der Konfirmation gibt es dann mancherorts die Jugendweihe, Hochzeitszeremonien werden von Eventspezialisten und Bestattungsfeiern von Trauerrednerinnen gestaltet. Wo der Kirche diese Funktion noch zugetraut wird, hat sie nach wie vor ihre Bedeutung für das Leben der Menschen. Und das ist alles auch gut und wichtig. Eine Taufe, eine Trauung, eine Konfirmation ist im Idealfall ein großes, fröhliches Familienfest, und auch bei der Beerdigung kommt die Familie, kommen Freundinnen und Freunde zusammen, um des Verstorbenen zu gedenken und sich gegenseitig zu versichern, dass das Leben weitergeht. Diese Gelegenheiten sind wichtige Stationen im Leben und es ist gut, sie gebührend zu begehen. Nur mit der Kirche Jesu Christi hat das nicht unbedingt viel zu tun.

Die Familie gilt bis heute weithin als Kerngemeinschaft christlicher Glaubens- und Lebensgestaltung, gerade in den Kirchen der Reformation, die die Ehe und Familie Martin Luthers als Prototyp des Christseins in der Welt deuteten. Der Schutz der – heterosexuell und monogam verstandenen – Ehe und der Familie gilt als hoher christlicher Wert, den die Kirchen gegen alle gesellschaftlichen Veränderungen und Entwicklungen zu verteidigen haben. Wer sich allerdings die Aussagen von Jesus über seine Familie ansieht, findet ein anderes Bild vor.

Zu Beginn seines öffentlichen Wirkens, so berichten die Evangelien, wollen die Mutter Jesu und seine Brüder ihn vom Predigen abhalten und ihn nach Hause holen, weil sie meinen, er sei »von Sinnen« (Markus 3,21). Als Jesus die Ankunft seiner Familie gemeldet wird, reagiert er eher unwirsch. »Wer ist meine Mutter und meine Brüder?«, fragt er. Dann weist er auf das Publikum, das ihn umringt, und sagt: »Siehe, das ist meine Mutter und das sind meine Brüder! Denn wer Gottes Willen tut, der ist mein Bruder und meine Schwester und meine Mutter« (Markus 3,33–35). Nachdem er »die Zwölf« ausgesandt hat, um seine Botschaft weiter zu verbreiten, sagt er: »Wer Vater oder Mutter mehr liebt als mich, der ist meiner nicht wert; und wer Sohn oder Tochter mehr liebt als mich, der ist meiner nicht wert.« Im Lukasevangelium ist die Formulierung noch härter: »Wenn jemand zu mir kommt und hasst nicht seinen Vater, Mutter, Frau, Kinder, Brüder, Schwestern, dazu auch sein eigenes Leben, der kann nicht mein Jünger sein.«

Auf dem Hintergrund solcher Aussagen fällt es schwer, die Kirche Jesu Christi als reine Versorgungskirche zu verstehen, deren hauptsächliche Aufgabe darin besteht, die Menschen in ihren Lebensübergängen zu begleiten und für ein gelingendes Familienleben zu sorgen.

Natürlich, Gesellschaften und Individuen *brauchen* eine Art religiöser Versorgung, wie die Volkskirche sie anbietet. Dass sich die Kirche dabei allerdings auf den armen Wanderprediger aus Nazareth berufen kann, darf mit Fug und Recht bezweifelt werden. So geraten wir in eine Zwickmühle: Während wir in den Evangelien einen Jesus vorfinden, der Menschen teilweise radikal aus allen familiären und sozialen Bezügen herausruft in die neue Gemeinschaft des Reiches Gottes, erwarten sich die Kirchenmitglieder von ihrer Kirche hauptsächlich Lebensbegleitung durch die Kasualien, also gerade eine Stärkung der Familie. Daneben wollen sie noch, dass die Kirche den Armen, Behinderten und Obdachlosen hilft. Ansonsten wollen die meisten Menschen von der Kirche eher in Ruhe gelassen werden.

Konsum statt Beteiligung

Das heißt: Wenn jemand überhaupt etwas von der Kirche erwartet, hat das in der Regel etwas mit Versorgung zu tun und damit, dass ein Angebot gemacht wird. Dieses Angebot wird dann konsumiert, wenn es einem passt. Eine solche Konsumhaltung kann man den Kirchenmitgliedern nun nicht zum Vorwurf machen, denn sie entspricht ja genau dem, was Kirche seit Jahrhunderten anbietet. So gut wie alles, was in den Kirchen normalerweise geschieht, geschieht aus dieser Versorgungs- und Konsumlogik heraus. Die Angebote erfolgen top-down, von »oben« nach »unten«. Das heißt, sie werden von »oben«, von der Leitung, bereitgestellt, und »unten«, auf Konsumentenebene, angenommen. Gottesdienste etwa werden *von* den Pfarrpersonen (sowie von Kirchenmusikerinnen und, wenn es gutgeht, Lektoren) *für* die Gemeinde gemacht. Die Gemeinde »konsumiert« den Gottesdienst. Wie verräterisch ist hier die Alltagssprache: Wir sprechen von Gottesdienst*besuchern*. Man »besucht« den Gottesdienst, wie man Kino oder Theater besucht.

Weitere Veranstaltungen aller Art verstehen sich ebenfalls ganz überwiegend als Angebote *von* Haupt- und Ehrenamtlichen *für* die Gemeindeglieder, *von* Produzenten *für* Konsumentinnen und Konsumenten. An Veranstaltungen »nimmt« man teil, man »ist« nicht Teil eines gemeinsamen Prozesses.

So sind die, die sich der Kirche noch zugehörig fühlen, ebenso wie die kirchlichen Funktionäre in einer Konsumhaltung geradezu gefangen. Das Element der Gemeinschaft, das ich im vorigen Kapitel als wichtigstes Merkmal des Christseins von morgen vorgestellt habe, ist in der Volks- und Versorgungskirche allenfalls ein Epiphänomen, ein Kollateralnutzen der Veranstaltungen.

Größer allerdings sind die Kollateralschäden. Da ist zum einen die zunehmende Überforderung der Hauptamtlichen, die ich im vorigen Kapitel angesprochen habe: Immer weniger Pfarrpersonen müssen immer größere Gemeindegebiete mit immer weniger Gemeindegliedern versorgen, die immer weniger davon wissen, worum es eigentlich geht. Trotz 10 bis 13 Jahren Religionsunterricht in der Schule, trotz eines vollen Jahres Konfirmationsvorbereitung beziehungsweise Kommunion- und Firmunterricht ist bei den meisten Deutschen kaum noch etwas an christlich-religiösem Grundwissen anzutreffen. An Weihnachten verspüren viele noch eine Sehnsucht nach gelingendem Leben, nach heilen Beziehungen, nach einem tieferen, goldenen Grund des Daseins. Deswegen sind die Kirchen an Heiligabend immer noch voll[1], oft überfüllt. Mit der Karwoche und am Ostersonntag sieht es schon anders aus. Allenfalls in evangelischen Kerngebieten ist der Karfreitag traditionell noch gut »besucht«, die Zahlen des Ostersonntags bleiben weit hinter denen von Weihnachten zurück. Von Ostermontag brauchen wir nicht zu sprechen. Und Pfingsten? Wer weiß denn überhaupt noch, was an Pfingsten gefeiert wird? Oder gar an Christi Himmelfahrt, das allerorten nur als »Vatertag« im Bewusstsein ist?

An »normalen« Sonntagen geht die Teilnahme am Gottesdienst, dem Hauptangebot des traditionellen Gemeindelebens, seit Jahren kontinuierlich zurück. Das andere Standbein der Volkskirche, die Kasualien, führt oft zu peinlichen Situationen. Wie oft spricht die Pfarrperson das Vaterunser allein, weil die Gäste es nicht mehr auswendig mitsprechen können. Den Versuch, mit der Festgemeinde ein Kirchenlied zu singen, haben die meisten Pfarrerinnen und Pfarrer resigniert aufgegeben; selbst dieses Minimum an Beteiligung ist weitestgehend verloren gegangen. Stattdessen wird eine Sängerin gebucht, die Leonard Cohens »Hallelujah« singt – ein Lied, das bei Hochzeiten äußerst beliebt ist, bis auf den Titel aber kaum etwas mit christlichen Inhalten zu tun hat. Wenn nicht gar zum Einzug bei der kirchlichen Trauung »Conquest of Paradise« von Vangelis aus dem Lautsprecher schallt.

Das allgemeine Priestertum aller Gläubigen

Vielleicht der größte Verlust bei der geschilderten Konsummentalität betrifft aber ein urreformatorisches Prinzip: das allgemeine Priestertum aller Gläubigen. Klaus Douglass, seinerzeit Pfarrer in der Andreasgemeinde in Niederhöchstadt bei Frankfurt a.M., bezeichnet dieses Prinzip als das Wichtigste, was die Kirchen der Reformation vom Katholizismus unterscheidet.[2] Während in der katholischen Kirche der geweihte Priester zwischen Gott und den Gläubigen vermittelt, stellte Martin Luther fest, dass es keine menschlichen Vermittler braucht. Jede und jeder Getaufte hat jederzeit freien Zugang zum Ohr und zum Herzen Gottes. Deswegen ist nach evangelischer Lehre die Kirche schlicht die Versammlung der Gläubigen, »in der das Wort Gottes gepredigt und die Sakramente gereicht werden«[3] – ohne Notwendigkeit eines Priesters. Nach katholischem Verständnis kann man dagegen von Kirche nur da sprechen, wo ein geweihter Priester ist, der die Sakramente nach gültigem Ritus spendet. Um nun aber keine konfessionellen Gräben aufzureißen, hier eine eher paradoxe Beobachtung: In der evangelischen *Praxis* gilt nämlich weithin dasselbe, was für die katholische Kirche auch theologisch gilt: Kirche ist da, wo eine Pfarrperson ist (siehe oben, Kapitel 3). Und interessanterweise führt gerade das katholische Amtsverständnis oft dazu, dass in der katholischen Kirche »Laien« eine aktivere Rolle einnehmen als in der evangelischen. Wegen des Priestermangels konzentriert sich die Rolle der geweihten Priester oft auf die Verwaltung der Sakramente, die Leitung der Messe in den vielen Gottesdienstorten der großen Pfarrverbände sowie auf essenzielle Leitungs- und Verwaltungsaufgaben. Für andere Arten von Gemeindearbeit bleiben oft kaum Kraft und Zeit übrig, so dass viele Aufgaben von Ehrenamtlichen übernommen werden.

Was aber hat es nun mit dem allgemeinen Priestertum aller Gläubigen auf sich? Dabei handelt es sich ja nicht um ein Programm zur Entlastung der Pfarrpersonen. Vielmehr geht es um ein wichtiges biblisches Prinzip, das sich vor allem auf eine Stelle im 1. Petrusbrief bezieht: »Ihr aber seid ein auserwähltes Geschlecht, *ein königliches Priestertum*, ein heiliges Volk, ein Volk zum Eigentum, dass ihr verkündigen sollt die Wohltaten dessen, der euch berufen hat aus der Finsternis in sein wunderbares Licht« (1 Petrus 2,9). Die *gesamte Gemeinde* ist auserwählt zum Priestertum! Dem entspricht, dass das griechische Wort für Priester, *hiereus*, als Bezeichnung für eine einzelne Person innerhalb der jungen christlichen Gemeinde im gesamten Neuen Testament an keiner Stelle vorkommt. In den ersten Jahrzehnten gab es gar keine »Ämter«, wie der Tübinger Neutestamentler Ernst Käsemann in dem bahnbrechenden Aufsatz »Amt und Gemeinde im Neuen Testament« schon vor mehr als 60 Jahren dargelegt hat.[4] Besonders in 1 Korinther 12–14 zeichnet Paulus ein Bild, wie alle Gemeindeglieder sich an der Gestaltung des Gottesdienstes und an den übrigen Aktivitäten der Gemeinde beteiligen. Alle haben Gaben, »Charismen«, die sie zum Wohl der Gemeinde einbringen. »Was ergibt sich aus dem allem für eure Zusammenkünfte, Geschwister? Es steht jedem frei, etwas beizutragen – ein Lied oder eine Lehre oder eine Botschaft, die Gott ihm offenbart hat, oder ein Gebet in einer von Gott eingegebenen Sprache oder dessen Wiedergabe in verständlichen Worten. Aber jedem soll es darum gehen, dass alle einen Gewinn für ihren Glauben haben« (1 Korinther 14,26 nach der Neuen Genfer Übersetzung). Keine Rede von einer Pfarrperson, die alle Fäden in der Hand hat und sämtliche Aufgaben im Gottesdienst übernimmt – von Liturgie, Gebet, Predigt über die Leitung des Abendmahls bis hin zur Verabschiedung der Gemeindeglieder am Kirchenportal. Stattdessen sehen wir einen eher basisdemokratisch anmutenden Prozess, bei dem alle beteiligt sind.

Natürlich können wir diese ideale Beschreibung einer Gemeinde um die Mitte des 1. Jahrhunderts, 20 Jahre nach Tod und Auferstehung Jesu, nicht eins zu eins in der Gegenwart umsetzen. Die Rückkehr zu den Gepflogenheiten der Urgemeinde, wie sie im 1. Korintherbrief und vor allem in der Apostelgeschichte erkennbar werden, ist nicht die Lösung, auch wenn sie hier und dort versucht wird. Doch es ist allemal lohnend, sich anzusehen, wie es am Anfang gemeint war und wie die ersten Generationen von Christen ihre Gemeinschaft verstanden und gestalteten. Immerhin könnten wir davon wichtige Impulse aufnehmen, stellen doch diese Erzählungen einen Maßstab auf, an dem wir uns messen lassen sollten, ein Ziel, das wir zwar nicht erreichen werden, das uns aber die Richtung vorgibt. So ist es ja mit vielen Idealen.

Wir wissen heute, dass Bewegungen aller Art ihre ursprüngliche Lebendigkeit und Vielfalt nie auf Dauer bewahren können. Bewegungen werden unweigerlich zu Organisationen oder Institutionen.[5] Und das gilt natürlich auch für alle kirchlichen Erneuerungsbewegungen. Ein Sprichwort sagt: Gott hat keine Enkelkinder. Das heißt, jede Generation muss sich immer wieder darum bemühen, das Evangelium neu zu verstehen, um es lebendig zu halten. Christinnen und Christen müssen immer wieder aufs Neue fragen, ob die Form ihrer Gemeinschaft noch dem ursprünglichen Impuls entspricht. Deswegen hat Martin Luther auch von der *Ecclesia semper reformanda* gesprochen, von der Kirche, die sich immer wieder reformieren muss.

Was hat das nun für Auswirkungen auf Theorie und Praxis des Christentums von morgen?

Zum einen: Die meisten der neuen Aufbrüche halten sich nicht mehr mit dem herkömmlichen volkskirchlichen Angebot auf. Gottesdienste, die niemand »besucht«, werden nicht gebraucht. Also muss man sie nicht weiterführen. Wo dennoch Gottesdienste stattfinden, werden sie häufig von den Aktiven mehr oder weniger intern gestaltet, oft in sehr offener Form und natürlich auch offen für Interessierte, die nicht zum engeren Kreis gehören (siehe unten, Kapitel 12).

Den meisten Initiativen ist, zweitens, gemeinsam, dass sie nicht von einer vorgegebenen Wahrheit ausgehen, die Außenstehenden vermittelt werden soll. Vielmehr entstehen diese Initiativen aus dem genauen Hinhören, was die Menschen im Viertel oder im Dorf brauchen, und sie versuchen, diesem Bedürfnis gerecht zu werden. So entsteht interkulturelle Bildungsarbeit auf dem Spielplatz wie beim Pixel Sozialwerk, eine Jugend-Theatergruppe wie bei Refo Moabit oder all die anderen Bewegungen und Projekte, von denen hier immer wieder die Rede ist. Auch das »geistliche Leben« und die Sprache von Gebeten und Gottesdiensten gestalten sich aus dem Hören auf den Kontext, auf die Menschen, mit denen gefeiert wird.

Und zum dritten: Alle Initiativen werden von den Beteiligten gemeinsam getragen. Es gibt nicht hier die Hauptamtlichen, die etwas planen und durchführen, und dort die Konsumenten. Die Verantwortung für das Ganze ist auf alle Schultern verteilt. Wo es bezahlte Hauptamtliche gibt, ist es ihre Aufgabe, zu inspirieren und zu begleiten, Prozesse zu deuten und manchmal zu koordinieren, so wie ich es in Kapitel 2 beschrieben habe.

Das Christentum von morgen bricht also mit der konventionellen konsumorientierten Realität der Volkskirche. Es setzt genau umgekehrt an: nicht top-down, sondern bottom-up. Von unten her, von der Basis. Was das Christentum von morgen ausmacht, geschieht nicht *für* die Mitglieder, im Idealfall nicht einmal *mit* ihnen. Es kommt *von* ihnen selbst, es sind Aktivitäten *der* Menschen. Da werden Ideen geboren und durchgeführt, die ganz aus der Mitte der Projektgemeinschaft kommen und gemeinsam mit den Menschen vor Ort umgesetzt werden. Aus »Zielgruppen« werden aktiv Beteiligte, aus Objekten kirchlichen Handelns werden Subjekte.

Charismatische Gemeinde?

Das kann nur funktionieren, wenn alle Beteiligten nicht nur ihre Zeit und ihr Engagement einbringen, sondern vor allem ihre ganz spezifischen Fähigkeiten und Gaben. Es gibt Menschen, die können begeisternd erzählen, andere können gut zuhören. Manche haben ein »Händchen« beim Kochen und Freude daran, ein gutes Mahl auf den Tisch zu bringen. Es gibt Menschen, die gut mit Finanzen umgehen können, und andere, die zündende Jugendstunden zuwege bringen. Wieder andere haben handwerkliche Fähigkeiten und halten die Räume in Schuss; es gibt musikalische Menschen und solche, die mit Predigten oder Vorträgen die Herzen der Zuhörenden erreichen, und vieles, vieles mehr.

All diese Gaben gehören zu den »Charismen«, wie sie Paulus im 1. Korintherbrief beschreibt.[6] Bei den Charismen – zu Deutsch: Gnadengaben – handelt es sich nicht um »übernatürliche« Phänomene, sondern um ganz normale menschliche Fähigkeiten, die der Gemeinde zur Verfügung gestellt werden. Die mit dem Begriff »Gnadengabe« verbundene Hoffnung geht dahin, dass die natürlichen Fähigkeiten und Begabungen der Menschen zum Segen für die Gruppe und auch für Außenstehende werden. Das heißt, es ist wichtig, dass alle, die das Christentum von morgen aktiv mitgestalten, ihre jeweils spezifischen Gaben entdecken und einbringen – und zu den Aufgaben der Hauptamtlichen, wo es sie denn gibt, gehört es, diesen Prozess zu unterstützen. Niemand kann alles, aber jede und jeder kann etwas. Dieses Etwas ist wichtig und kann die Gemeinschaft bereichern.

Das heißt nicht, dass der begeisterte Koch für den Rest seines Lebens die Suppenküche der Initiative führen muss und die begnadete Geschichtenerzählerin die nächsten vierzig Jahre Kinderbibelstunden geben muss. Gaben können sich entwickeln, Interessen sich verschieben. Im Christentum von morgen ist es selbstverständlich, dass eine Aufgabe auch wieder abgelegt oder zurückgegeben werden kann. Ausführlicher gehe ich auf diesen Punkt in Kapitel 7 ein.

Beteiligung statt Versorgung

Das Christentum von morgen sieht seinen Daseinszweck also nicht mehr darin, die religiöse Voll- oder auch nur Grundversorgung der Bevölkerung sicherzustellen und die rudimentären, unausrottbaren religiösen oder zeremoniellen Grundbedürfnisse der Mitmenschen zu befriedigen. Zwar ist vorstellbar, dass sich irgendwo eine Initiative findet, die Segenshandlungen und Lebenswenderituale anbietet, ähnlich wie etwa die Ritualagentur St. Moment in Hamburg oder das Segensbüro in Berlin-Neukölln, nur eben institutionell ungebunden und nicht mehr als Teil der volkskirchlichen Versorgung, dafür gegen ein angemessenes Honorar. Das wäre eine mögliche von vielen unterschiedlichen Zellen, in denen Christinnen und Christen sich zusammenfinden, um für andere Menschen da zu sein.

Solche Zellen finden sich aber nicht nach geografischen Gesichtspunkten, sondern nach den Interessen und dem Engagement ihrer Mitglieder, die dann gern auch weitere Wege in Kauf nehmen, um mit ihrer Gruppe zusammenzukommen. Denn das Christentum von morgen bietet Orte der Gemeinschaft für diejenigen, die sich zugehörig fühlen, Orte zum Finden und Feiern spiritueller Tiefe und Orte, von denen aus heilsam in die Gesellschaft hineingewirkt werden kann, wie etwa durch ein Repair-Café, eine Bolzplatz-Initiative, eine Brennpunkt-Lebensgemeinschaft oder eben eine Ritualagentur. Das alles setzt voraus, dass sich die Christen von morgen aktiv einbringen. Beim Christentum von morgen geht es um Beteiligung, nicht um Versorgung.

Passive Mitglieder, von bösen Zungen als Karteileichen bezeichnet, wird es nicht oder kaum geben. Natürlich beteiligen sich nicht alle im gleichen Maß und Umfang. Wo eine Mitgliedschaft aber nicht mehr selbstverständlich, sondern eher erklärungsbedürftig ist, ist ein rein passives Dabeisein kaum mehr sinnvoll oder attraktiv. Es ist ein bisschen wie mit der Mitgliedschaft im Fitnessstudio. Eine Zeit lang zahlt man seine Beiträge weiter, auch wenn man das Angebot nicht (mehr) nutzt. »Ich sollte mal wieder hingehen …« Doch aus dem nebulösen Vorsatz wird nichts, wenn keine Leidenschaft brennt oder nicht wenigstens Interesse und Bereitschaft zur aktiven Beteiligung bestehen. Früher oder später wird die Mitgliedschaft dann gekündigt. Wozu noch Beiträge zahlen, wenn ich dafür keine Gegenleistung in Anspruch nehme; wozu noch Newsletter empfangen, die mich nicht interessieren? Wer nicht aktiv mittut, wird nicht lange bleiben.

Beim Christsein von morgen gibt es nicht viel zu konsumieren, der Sinn des Dabeiseins besteht im Engagement. Wer Mitglied im Tanzsportclub wird, will tanzen, nicht anderen beim Tanzen zuschauen. Allerdings: Beteiligung – im Beispiel das Tanzen – ist mit Aufwand verbunden, manchmal mit Mühe. Auch wenn es Sinn und Erfüllung bringt, ist es nicht immer nur bequem. Das bedeutet wohl auch, dass die Kirche von morgen eine vergleichsweise geringe Zahl von Menschen umfasst. »Uns ist nicht die große Zahl verheißen.« Ja, dieser Satz, der ihm Rahmen der »Volkskirche« eher wie eine faule Ausrede klingt, hier trifft er zu. Weil es Engagement und Bereitschaft zur Aktion voraussetzt, ist dem Christentum von morgen nicht die große Zahl verheißen.

Das ist aber keineswegs ein Grund für Depression oder Resignation. Ein Bild von Jesus, das er in der Bergpredigt gebraucht, kann hier weiterführen: »Ihr seid das Salz der Erde«, sagt er. Dieses Bild hat es in sich. Ein Liter Suppe verträgt kaum mehr als einen Teelöffel Salz. Ich habe es nachgewogen, das sind ungefähr zehn Gramm. Stellen wir uns vor, Suppe und Salz im Verhältnis 1:1 zu mischen, ein Kilo Salz auf einen Liter Suppe – da käme ein vollkommen ungenießbares Gebräu heraus. Salz muss man sparsam dosieren, dann gibt es den Speisen Würze. Und auch als Konservierungsmittel, was Jesus mit seinem Bild wohl meinte, darf Salz nicht im Übermaß verwendet werden. Möglicherweise ist es also kein Manko, wenn die Christen von morgen keine Mega-Churches bilden, sondern sich als kleiner »Vortrupp des Lebens« verstehen, wie es der evangelische Theologe und religiöse Sozialist Helmut Gollwitzer vor einem halben Jahrhundert formulierte. So können sie Würze ins Leben der Gesellschaft bringen – und manche Menschen kommen dadurch vielleicht auf den Geschmack.

Im Christentum von morgen sind also alle aktiv beteiligt. Es ist eine Zusammenarbeit »jenseits von Haupt- und Ehrenamt«[7], das heißt, es gibt nicht hier die angestellten, bezahlten Hauptamtlichen, die das »Eigentliche« verantworten, und da die Ehrenamtlichen, die mehr oder weniger wichtige Hilfsjobs übernehmen. Es gibt nicht hier die Aktiven, da die Konsumenten. Alle haben die Chance, sich mit ihren Ideen, ihrer Zeit und Arbeitskraft einzubringen. Alle sind aber auch herausgefordert, nicht nur passiv mitzuschwimmen, sondern mitzugestalten. Wer sich bei einem Nachbarschaftsprojekt in der Hausaufgabenhilfe oder als Lesepate engagiert, geht regelmäßig zu »seinen« Kindern. Wer bei einem theologischen Diskussionszirkel mitmacht, bringt seine Vorstellungen, Fragen und Überzeugungen ein. Wer mit anderen betet, betet. Wer in einer Lebensgemeinschaft mit anderen zusammenlebt, ist Teil dieser Gemeinschaft, nimmt an den Versammlungen teil und übernimmt gewisse Aufgaben, größere oder kleinere. Insofern setzt das Christentum von morgen nicht auf Versorgung, sondern auf Beteiligung.

5.
Das Christentum von morgen lebt in einer bunten Vielfalt an Formen, die sich auch immer wieder ändern können

Am 14. April 1912 gegen 23:40 Uhr machte der Matrose Frederic Fleet eine fatale Entdeckung: »Eisberg voraus!«, rief er in sein Telefon. Doch es war zu spät. Schon rammte die Titanic das eisige Hindernis, zwei Stunden später war der Riesendampfer untergegangen. 1.514 Menschen fanden den Tod.

Wenn Menschen über die Zukunft der Volkskirche sprechen, wird die Titanic immer wieder einmal als Gleichnis ins Spiel gebracht: ein Koloss, zu groß für rasche Ausweichmanöver, der unausweichlich auf den Untergang zusteuert, während im Salon das Orchester spielt und die Stewards die letzten Drinks servieren. Die Rolle von Frederic Fleet, dem Mann im Ausguck, wird bei solchen Gesprächen in letzter Zeit oft der Freiburger Studie aus dem Jahr 2019 zugeschrieben.[1] Diese Studie prognostiziert, dass sich bis 2060 sowohl die Zahl der Kirchenmitglieder als auch die Höhe der Kirchensteuereinnahmen halbiert haben werden.

Ob diese Entwicklung tatsächlich der Eisberg ist, der den Ozeanriesen namens Kirche (in Deutschland) in den Untergang rammt, sei dahingestellt. Mir kommt es bei dem Vergleich mit der Titanic auf etwas anderes an. In dem schon erwähnten Podcast aus der Reihe »ausgeglaubt« mit Heinzpeter Hempelmann taucht das Titanic-Bild ebenfalls auf. Stephan Jütte, einer der beiden Hosts des Podcast, entwirft eine rettende Fantasie: »Es könnte auch sein, dass du noch ganz knapp vor dem Eisberg stehst und weißt: Das Schiff wird in den Eisberg hineinfahren und es wird sinken. Aber du rennst dann quasi zum Käpt'n und sagst: Hey, wenn wir jetzt die Rettungsboote rauslassen, dann kriegen wir sie alle irgendwie noch weg. Aber das würde dann eben heißen, dass verschiedene Leute verschiedene Boote brauchen und der große Dampfer nicht mehr funktioniert.«[2]

Verschiedene Boote. Dieses Bild gefällt mir. Es scheint mir gut zu charakterisieren, was Kirche von morgen sein kann: Der große Dampfer funktioniert nicht mehr. Doch selbst, wenn er untergeht, wenn also die Volkskirchen von der Bildfläche verschwinden, wären Menschen weiterhin auf dem Ozean unterwegs. Nun eben in kleinen Booten. Und ich greife das Wort von den »verschiedenen Booten« auf und stelle mir vor: Neben den »offiziellen« Rettungsbooten gibt es alle möglichen Kähne, Kanus, Flöße, Kajaks, Luftmatratzen, Jetski, Schwimmnudeln, Feluken, Ruderboote, Jollen, U-Boote, Kutter, Kanadier, Schlauchboote, Barken, Einbäume, Gondeln, Pinassen, Tretboote und Dingis, kleine und große, mit Segeln, Rudern oder Außenbordmotor, manche hochseetauglich und andere fragil und zerbrechlich – von Uniformität keine Spur.[3] In allen sind Menschen unterwegs, alle schippern auf dem einen großen Strom namens Leben, angetrieben von der heiligen Geistkraft, die sich als Bootsdiesel, als Rückenwind oder als Stärkung für erschlaffte Muskeln präsentieren kann und will.

Ich glaube, genau darin liegt die Zukunft einer lebendigen Kirche. Mögen die Kirchentümer, wie Heinzpeter Hempelmann es ausdrückt, untergehen oder leckgeschlagen mit gedrosselten Maschinen vor sich hindümpeln: Viele der Menschen, die den großen Dampfer verlassen haben, sind nicht einfach »weg«, sie benutzen nur andere Gefährte. Die Vielfalt ist gerade ihre Stärke, ihnen kann kein Eisberg etwas anhaben, sie sind wendig und manövrierfähig und sie bieten Platz für unterschiedlichste Menschen aus den unterschiedlichsten Milieus.

In der Kirche von heute herrscht als die charakteristische, ja fast ausschließliche Organisationsform immer noch die Ortsgemeinde vor, dazu gibt es Werke und Dienste und daneben die Diakonie, die organisatorisch selbstständig aufgestellt ist. Eins verbindet sie alle: Es sind Institutionen mit Regeln, Satzungen, einem Finanzhaushalt, mit Immobilien und fest angestelltem Personal. Das ist die Titanic.

Das Christentum von morgen dagegen ist postinstitutionell. Es ist fluid. Das heißt, es lebt nicht in festen Gemeinschaften mit Mitgliedschaft, Beiträgen und starren Organisationsstrukturen. Die Überlebenden des behördenähnlichen, überregulierten und in Tradition erstarrten Ozeanriesen retten sich auf die verschiedensten Beiboote: Initiativen, Gruppen und Grüppchen, Plattformen, Projekte, Bewegungen, Arbeits- oder Lebensgemeinschaften, die jeweils mehr oder weniger Nähe zur klassischen Kirche aufweisen, oder vielleicht auch gar keine. In unterschiedlichster Weise versuchen sie den Glauben zu leben, für ihre Mitmenschen da zu sein, sie versuchen umzusetzen, was sie von Jesus von Nazareth gehört haben, sie wollen ein Stück vom Reich Gottes Wirklichkeit werden lassen und lassen sich von der heiligen Geistkraft dahin wehen, wohin sie will. Ganz anders als die Kirche, die gerne »von Ewigkeit zu Ewigkeit« denkt, sind sie oft gar nicht auf Dauer angelegt (mehr dazu in Kapitel 7).

Vieles ist hier noch Zukunftsmusik, ist Vision. Und doch sehe ich an allen Ecken und Enden Initiativen sprießen, die wie die

Schneeglöckchen im Februar ihre grünen Spitzen durchs auftauende Erdreich bohren. Sie mögen manchmal (noch) nicht alle Kriterien erfüllen, die ich hier aufstelle, etwa was die gänzlich unabhängige Finanzierung angeht. Alle aber unterscheiden sich in wesentlichen Punkten von der »Kirche von heute«, den volkskirchlichen Gemeinden und Diensten. Und noch etwas ist allen gemeinsam: Ihr Ziel ist es nicht, die Institution Kirche, die »Titanic« zu retten. Ihr Ziel ist es, gemeinsam zu suchen und zu fragen und zu finden, bei den Menschen zu sein und am Reich Gottes zu bauen, oft mehr mit Taten als mit Worten.

Damit das Ganze nicht abstrakt bleibt, nenne ich hier einige eher zufällig ausgewählte Beispiele.

De Nieuwe Poort, Amsterdam

Dieses beeindruckende Projekt konnte ich auf einer Studienreise im Sommer 2018 kennenlernen. Wir fuhren sieben Stationen mit der U-Bahn vom Zentrum ins Banken- und Büroviertel, nach wenigen Schritten standen wir vor einem edel aussehenden Restaurant. Zwei junge Frauen empfingen unsere Reisegruppe und erzählten uns die Geschichte dieses Hauses.

Im Jahr 2012, mitten in der Weltwirtschaftskrise, startete der reformierte Pfarrer Ruben van Zwieten in Amsterdam ein Programm, um langzeitarbeitslosen Menschen Ausbildung und Beschäftigung zu ermöglichen. Er fand in diesem eleganten Büroviertel ein großes, zentral gelegenes Gebäude, das aufgrund der Krise leer stand, und konnte es sehr günstig mieten. Er richtete das Restaurant ein, mit eigener Kaffeerösterei, wo Menschen, die gerade aus der Haft entlassen waren, und andere, die lange arbeitslos waren, einen Beruf erlernen konnten und Arbeit fanden. Bis heute finanziert sich das Projekt durch die Einnahmen aus dem Restaurant und durch die Vermietung von Konferenzräumen – das Gebäude ist wirklich sehr groß. Gleichzeitig gründete van Zwieten eine »New University«, in der »Kurse für Leben und Arbeit« angeboten werden. Hier erhalten Menschen die Möglichkeit, über ihr Leben und dessen Sinn zu reflektieren. Nirgends wird das Wort »Kirche« erwähnt, und dennoch – oder gerade auch deswegen – ist De Nieuwe Poort für mich ein gelungenes Beispiel für ein Christentum von morgen. Die Menschen bekommen, was sie brauchen: gutes Essen und hervorragenden Kaffee, Gespräche und Seminare zu Sinnfragen, in denen die Bibel eine wichtige Rolle spielt – aber eben nicht als einzige Quelle, sondern als eine Quelle neben anderen.

FreiRaum Prenzlauer Berg

Im Jahr 2013 initiierte der Gemeinschaftsverband Berlin-Brandenburg das Begegnungsprojekt FreiRaum Prenzlauer Berg. In einem Gebäude des Verbands entstand ein Ort der Begegnung – zwischen Menschen verschiedener Milieus, verschiedener Herkunft und verschiedener religiöser Prägung. Das Gründerehepaar Conni und Daniel Hufeisen hatte keinen festen Plan, als sie das Haus übernahmen. In Erkundungsspaziergängen durch den Kiez und bei vielen Begegnungen mit Menschen versuchten sie herauszufinden, was vor Ort fehlte. Sie begannen mit einem wöchentlichen Gebetstreffen, um nicht nur auf die Menschen vor Ort, sondern auch auf Gott zu hören. Ebenfalls ganz zu Beginn stand Brot & Butter, ein wöchentliches Mitbring-Abendbrot, zu dem kommen konnte, wer wollte. Mit der Zeit, besonders ab 2015, als viele Menschen auf der Flucht nach Deutschland kamen, entstanden weitere Begegnungsformate wie etwa »Spielen und Sprechen«, ein Abend, an dem im wahrsten Sinn des Wortes spielend Deutsch geübt werden konnte, oder der monatliche »WeltenRaum«, bei dem Menschen ihr Herkunftsland und ihre Kultur vorstellen und ins Gespräch bringen konnten.[4]

Nach sieben Jahren verließ Daniel Hufeisen Berlin, um eine neue Stelle anzutreten. Aus dem bis dato eher lockeren Kreis von Teilnehmenden und Gästen bildete sich eine »Kerngemeinschaft« aus Menschen, die sich für ein Jahr zu größerer Verbindlichkeit verpflichteten. Es gelang jedoch nicht, den FreiRaum nach Weggang des Hauptamtlichen zu erhalten. Es bleibt die Erinnerung an einen Ort, an dem nach einem »ganzheitlichen Shalom«[5] gesucht und vorurteilsfreie Gemeinschaft zwischen unterschiedlichsten Menschen gelebt wurde – und vielleicht die Inspiration für andere, etwas Vergleichbares an ihrem Ort zu versuchen.

Polylux – Mach was Schönes

Vor mehr als zehn Jahren zogen einige junge Menschen nach Neubrandenburg, genauer: an den Datzeberg, eine Plattenbausiedlung am Stadtrand. Ganz bewusst wählten sie dieses etwas heruntergekommene Viertel, um dort zu leben und mit den Menschen vor Ort »etwas Schönes zu machen«. Denn das ist das Motto ihres Projekts namens Polylux: Mach was Schönes! Polylux ist Sozialzentrum, Nachbarschaftstreff, Kapelle, Selbsterfahrungsraum und vieles mehr.[6] Die Mitglieder der Gemeinschaft sind überzeugte Christinnen und Christen, die ihr Christsein aktiv leben wollen. Das tun sie nicht nur mit gemeinsamem Gebet und Gespräch in der vertrauten Gruppe. Mindestens ebenso wichtig ist es, gemeinsam mit den Nachbarinnen und Nachbarn das Viertel lebenswerter zu machen. Das vorrangige Ziel ist nicht die Evangelisation, sondern die tragfähige Gemeinschaft in der Siedlung. Professionelle Sozialarbeit trifft auf großes und breites ehrenamtliches Engagement. Polylux ist Teil der Diakonie Mecklenburg-Vorpommern und kooperiert mit der evangelischen Kirchengemeinde vor Ort, wird aber nicht von der Landeskirche oder einer Freikirche finanziert.

Cornerstone Church Cranbrook[7]

In Cranbrook in Exeter im Südwesten Englands entstand vor einigen Jahren ein großes Neubaugebiet. Die Firma, die das Gelände bebaute, hatte zunächst keine Kirche vorgesehen. So taten sich verschiedene christliche Denominationen zusammen, um ein ökumenisches Gemeindeprojekt zu gründen. Doch man baute nicht als Erstes eine Kirche und ein Gemeindezentrum, sondern mietete eine Wohnung an, in der Mark Gilborson, der frisch gebackene Pfarrer des Bezirks, wohnte. Ein Jahr lang gab es keinerlei Gottesdienstangebote. Stattdessen ging Gilborson von Tür zu Tür, ausgestattet mit Stofftaschen, in denen sich Kekse, ein Busfahrplan und andere nützliche Kleinigkeiten befanden. So führte er ein ganzes Jahr lang nur Gespräche mit den Einwohnern, um deren Bedürfnisse kennenzulernen. Als Folge setzte sich die Gemeinde etwa für eine neue Buslinie ein, die zum nächsten größeren Einkaufszentrum führte. Der Investor oder die Verkehrsgesellschaft hatten einfach übersehen, dass die Menschen ja einkaufen müssen.

Was die geistlichen Aktivitäten angeht, trafen sich anfangs nur die engsten Mitarbeiter wöchentlich zum Gebet. Nach einem Jahr wurde der erste öffentliche Gottesdienst angeboten. Auch dazu braucht es kein Kirchengebäude, man feiert in der Schule. Einmal im Monat findet Messy church statt (auf Deutsch etwa »Chaoskirche«, mancherorts auch »Kirche kunterbunt« genannt), ein Kinder- und Familiengottesdienst, bei dem es laut und bunt zugeht. Und alle zwei Monate sieht der Gottesdienst noch einmal ganz anders aus. Statt einer liturgischen Feier veranstaltet die Gemeinde eine Aktivität zum Wohl der Einwohner: Man geht gemeinsam Müll aufsammeln oder bietet an, Autos zu waschen ... Es geht darum, den Menschen zu dienen. Soviel ich weiß, wurde dort bis heute kein Kirchengebäude errichtet.

In ähnlicher Weise werden auch die Versuche Kirche im Hubland in Würzburg sowie projekt:k in München-Freiham (siehe Kapitel 6) ohne feste eigene Räume aufgesetzt.

Hossa-Talk und Konsorten

Kirche von morgen bedeutet aber nicht nur stationäre Angebote vor Ort. Im November 2014 ging mit Hossa-Talk der wohl wichtigste und reichweitenstärkste christliche Podcast im deutschsprachigen Raum online. Jay Friedrichs und Gofi Müller, beide ursprünglich aus evangelikalem beziehungsweise charismatischem Milieu stammend, begannen, ihre Gespräche über die Dekonstruktion ihres Glaubens aufzuzeichnen und im Internet zu veröffentlichen.[8] Mehr als 200 Folgen sind bereits erschienen. Jeder Podcast erreicht eine fünfstellige Zahl an Hörerinnen und Hörern. Mittlerweile gibt es an vielen Orten Regio-Gruppen, die sich vor Ort treffen und sich über die Podcast-Folgen oder die darin aufgeworfenen Themen austauschen. Zu dem reinen Online-Format sind so lokale Zellen hinzugekommen, in denen Menschen miteinander über ihren Glauben, ihre Zweifel und ihre Lebensfragen sprechen.

Seither sind vor allem im postevangelikalen Raum viele weitere Podcasts entstanden, die sich mit Fragen der De- und Rekonstruktion des Glaubens beschäftigen. Sie tragen Titel wie »Schöner glauben«, »Spiritualität 9.0« oder »Glaubensweite«. Hinter all diesen Podcasts, von denen ich hier nur einige wenige, eher zufällig ausgewählte nennen kann, stehen viele Menschen, die sich mit Glaubensfragen und Glaubenszweifeln beschäftigen, mit Fragen rund um das Leben als Christin und Christ, mit und ohne Gemeinde vor Ort. Die Theologin Anne Pumperla betreibt einen Podcast namens »ganz da«, in dem sie die Hörerinnen und Hörer zu Gebet und Meditation anleitet; sie bezeichnet ihre Podcast-Folgen als »andere Art von Gottesdienst«. In »ausgeglaubt« sprechen die Schweizer Theologen Stephan Jütte und Manuel Schmid, ehemaliger »Cheftheologe« der Freikirchen-Neugründung ICF Basel, »über das, was wir nicht mehr glauben, und das, was uns wichtig bleibt«. Dieser Podcast ist Teil von Reflab, einer Medieninitiative der Reformierten Kirche im Kanton Zürich.

Kirche von morgen muss sich nicht zwingend vor Ort versammeln; gerade während der Lockdowns der Jahre 2020 und 2021 wurden viele Formate entwickelt, wie Christen und Interessierte sich online auf unterschiedlichste Weise treffen und vernetzen können. Interessant ist für mich dabei allerdings, dass die Online-Formate dann doch häufig wieder zu »analogen« Treffen von realen Menschen an realen Orten führen. So gut Vernetzung und Austausch im Cyberspace funktionieren, das Treffen in »Fleisch und Blut« scheint doch auf Dauer unverzichtbar.

Eine ähnliche Entwicklung lässt sich bei Theos Art beobachten. Der YouTube-Kanal, den der evangelische Pfarrer Joerg Urbschat im Jahr 2017 im Auftrag der Nordkirche gegründet hat und mit unterschiedlichen Formaten wöchentlich bespielt, hat Ende 2022 mehr als 4.500 Abonnenten. Die Beiträge drehen sich meist rund um die Themen Natur und Spiritualität; Urbschat ist nicht nur Theologe, sondern auch Wildnispädagoge und Visionssuche-Begleiter. Das von ihm für Abonnentinnen und Abonnenten seines Kanals ins Leben gerufene Compagnero-Netzwerk bietet eine Online-Plattform zum Austausch über unterschiedliche Themen wie Männerarbeit, Kirche der Wildnis, Mystik oder Rituale, dient aber auch zum Vernetzen von Menschen vor Ort. Es gibt Spaces für verschiedene Regionen in Deutschland mit dem Ziel, dass sich Interessierte finden und zum persönlichen Treffen verabreden können.

Daneben finden sich auf Plattformen wie Instagram und Facebook unzählige Kanäle, die sich um Fragen nach dem Christentum von morgen, seiner Theologie, seiner Spiritualität und Alltagsrelevanz drehen und Hilfestellung bieten bei dem teils durchaus schwierigen Prozess der Dekonstruktion[9]. Eine ganze postevangelikale Szene hat sich gebildet. Freikirchenaussteiger, Zweiflerinnen, Suchende und solche, die neue Zugänge zu den alten Themen gefunden haben, tauschen sich aus, erzählen von ihrem Prozess, unterstützen einander auf dem Weg. Oder es wird wissenschaftlich-theologisches Grundwissen vermittelt wie durch die Worthaus-Serie[10], die als Analog-Treffen begonnen hat, heute aber hauptsächlich über Video und als Podcast wirkt.

Fröhliches Chaos oder Businessplan

Dabei ist die gesamte Bewegung in sich noch vollkommen unstrukturiert, die meisten Projekte befinden sich selbst in der Pionierphase, die neu gegründete Organisationen oder Start-ups nach ihrer Gründung in der Regel durchlaufen.[11] Die Pionierphase ist gekennzeichnet durch eine lebhafte Aufbruchstimmung, die oft zu »fröhlichem Chaos« führt. Es gibt noch keine klare Aufgabenverteilung und keine konkreten Führungsstrukturen, die Organisation erfolgt »auf Zuruf«[12]. Erst nach einiger Zeit wird oft die Notwendigkeit erkannt und anerkannt, klare Strukturen zu schaffen, Verantwortlichkeiten zu verteilen und festzulegen sowie zu klären, wer die Leitung innehat und auf welche Weise Leitung geschieht. Wir werden in Kapitel 16 darauf noch zurückkommen.

Dass es allerdings auch ganz anders laufen kann, zeigt beispielhaft das Pixel Sozialwerk in Erfurt, ein Kinder-Bildungsprojekt, das von der Sozialwissenschaftlerin Anna Reppel und ihrem Mann Erik gegründet wurde. Der studierte Betriebswirt Erik Reppel stellte einen professionellen Businessplan auf und berief unter anderem gleich zu Beginn einen Aufsichtsrat für das Unternehmen.[13] Auch so kann eine »Pionierphase« aussehen.

Ob fröhliches Chaos oder Businessplan: Charakteristisch für die meisten dieser »Boote« ist, dass sie klein und unabhängig sind, kaum mehr als ein paar Dutzend Menschen fassen – von den großen Plattformen wie Worthaus oder Hossa-Talk abgesehen, deren lokale Ableger und Ausgründungen jedoch wieder die Merkmale »klein und unabhängig« aufweisen. Es sind kleine Zellen, teilweise miteinander vernetzt und verbunden, aber ohne organisatorische Einbindung oder institutionelle Zuordnung.

Ein Leib, viele Zellen

Indem ich von Zellen spreche, verlasse ich das Bild von den Booten, ein neues Bild taucht auf, das nicht zufällig an das 12. Kapitel des 1. Korintherbriefs erinnert: das Bild vom Leib und seinen Gliedern. So wie die unterschiedlichen Glieder nötig sind, damit ein Körper existieren kann, so braucht der Körper eine Vielzahl unterschiedlicher Zellen: Stammzellen, Leberzellen, Haarzellen, Neuronen, rote und weiße Blutkörperchen und viele mehr. Wie diese Zellen unterscheiden sich die Zellen des Christentums von morgen in Form, Größe und Ausrichtung. Und bilden doch zusammen den einen Leib Christi.

Das Christsein von morgen spielt sich in diesen Zellen ab, nicht mehr in den bewährten, überkommenen Institutionen. Vielleicht steht das Christentum von morgen in Diskontinuität zur Institution Volkskirche, zu den »Kirchentümern«; es steht aber sicherlich in Kontinuität zum Leib Christi, der sich durch die Jahrhunderte hindurch immer wieder gewandelt hat und doch »gestern, heute und morgen« derselbe bleibt.

Ein Thema allerdings bleibt nicht nur ungelöst, es verstärkt sich möglicherweise sogar: die Milieuverengung. Kleine Grüppchen oder auch größere Plattformen ziehen in der Regel Menschen aus einem bestimmten Milieu an, wenn auch manchmal aus einem anderen, als ursprünglich gedacht.[14] Allerdings dürfte sich das dadurch ausgleichen, dass die unterschiedlichen Initiativen aus unterschiedlichen Milieus stammen oder in unterschiedliche Milieus hineinsprechen. Aufs Ganze gesehen, sprechen die Initiativen und Gemeinschaften des Christentums von morgen sicherlich breitere Schichten der Gesellschaft an als die Kirche von heute, einfach aufgrund ihrer Vielfalt.

Es besteht eine gewisse Gefahr, dass die Vielfalt kleiner, manchmal isolierter Gruppen auch zu Vereinzelung führt. Deshalb wird Vernetzung mit anderen Gruppen und Projekten notwendig sein und sie geschieht wohl auch. Sicher zunächst ungeplant, eher zufällig, aufgrund von Bekanntschaften und Begegnungen, bei Tagungen oder Kongressen. Oder auch gezielt, weil eine Gruppe Gleichgesinnte sucht, mit denen sie sich austauschen oder zusammenarbeiten kann. Es wird für solche Vernetzungen noch keine festen Strukturen geben mit Delegationen und Vorstandswahlen, jedenfalls ist das für die nächsten Jahre nicht zu erwarten.

Die Frage der Vernetzung im Blick zu behalten, ist nicht nur eine organisatorische Notwendigkeit, es hat auch eine geistliche Dimension. Schließlich verstehen sich die einzelnen Zellen als Partikel im Leib Christi. Auf Dauer können sie nicht jeweils vereinzelt für sich bleiben. Vielleicht entstehen regionale oder überregionale Foren und Kongresse oder offene Treffen ähnlich den Kirchentagen. So können sich die Gruppen gegenseitig anregen und unterstützen und sich vergewissern, dass sie gemeinsam, wenn auch auf unterschiedlichen Wegen, unterwegs sind in Richtung auf das Reich Gottes.

6.
Das Christentum von morgen besitzt keine Immobilien

Im Herbst 1985 trat ich eine neue Pfarrstelle an. Ich kam nach St. Lukas, die größte evangelische Kirche Münchens: ein gewaltiger Zentralbau am Isarufer, mit einer 66 Meter hohen Kuppel und an die zweitausend Sitzplätzen. Gespannt wollte ich am Tag vor meinem Amtsantritt den künftigen Wirkungsort erkunden. Eine große Tür führte in eine Art Vorhalle, dann stand ich vor einem riesigen Portal aus Eichenholz mit wuchtigen bronzenen Klinken. Es war verschlossen. Rechts davon eine etwas weniger imposante, aber immer noch mächtige Tür – verschlossen. Dann sah ich ein Schild. »Blick in die Kirche« stand darauf und es wies zu einer anderen Seitentür. Da war tatsächlich ein Türflügel geöffnet, doch dahinter verwehrte ein schmiedeeisernes Gitter den Zugang zum Kirchenraum. Immerhin konnte ich besagten Blick hineinwerfen. Kein Licht, keine Kerze brannte, kalt und düster lag der riesige Raum vor mir. Nichts Lebendiges, nichts Einladendes ging von ihm aus.

So war die Lage Mitte der Achtzigerjahre. Die Kirche war tatsächlich nur knapp zwei Stunden am Sonntagvormittag für den Gottesdienst geöffnet, 166 Stunden in der Woche stand der Bau leer und unbenutzt herum. Ein paar tausend Kubikmeter umbauter Raum, der die meiste Zeit leer steht, ohne erkennbare Funktion. Wer kann sich so etwas eigentlich leisten? Wofür diese Verschwendung? Was ist überhaupt der Sinn und Zweck eines Kirchengebäudes?

Vom Sinn der Gebäude – ein historischer Rückblick

Die Antwort auf diese Frage scheint zunächst einmal klar zu sein: Eine Kirche ist ein Raum, in dem sich Menschen zum Gottesdienst versammeln. Dafür ist sie – jedenfalls nach evangelischer Auffassung – gebaut und eingerichtet. Kanzel, Altar, Lesepult und Taufstein sind für die verschiedenen Teile der Liturgie da: für Predigt, Gebet und Abendmahl, für Lesungen aus der Bibel und die Taufe. Ansonsten finden sich in einer Kirche viele Sitzgelegenheiten und meistens eine Orgel, um den Gemeindegesang zu begleiten und den Gottesdienst musikalisch auszugestalten. Die ganze Einrichtung ist eindeutig nur auf den Gottesdienst ausgerichtet. Für anderes sind das Kirchengebäude und seine Einrichtung kaum zu gebrauchen; allenfalls Konzerte, Vorträge und vielleicht einmal eine Ausstellung können darin noch stattfinden.

Für den Gottesdienst allein aber braucht es das prachtvolle und auffallende Gebäude eigentlich nicht. Eine einfache Halle in der passenden Größe würde es doch auch tun. Viele Gemeinden haben neben der Kirche noch ein Gemeindehaus mit Saal, der in den allermeisten Fällen – von Heiligabend und der Konfirmation oder Erstkommunion abgesehen – für die Zahl der Gottesdienstbesucher vollkommen ausreichen würde. Wozu also diese Prachtbauten mit all ihrem Zierrat?

Im Hinblick auf »meine« Lukaskirche gibt es auf diese Frage eine interessante Antwort: Der Magistrat der königlichen, katholischen Residenzstadt München erteilte im späten 19. Jahrhundert die Genehmigung für die Errichtung einer dritten protestantischen Kirche im Stadtgebiet unter der Bedingung, dass sie das Stadtbild bereicherte. Reisende, die von Osten, von Salzburg her nach München kamen, sollten einen imposanten ersten Eindruck von der Stadt gewinnen. Und mit ihrer mächtigen Schaufassade, der riesigen Kuppel, der Fensterrosette und den beiden gedrungenen Türmen bereicherte die Kirche die Stadtsilhouette dann wirklich auf beeindruckende Weise.

Ähnliche Motive liegen im Hintergrund der Baugeschichte der meisten Kirchen. Bis ins zwanzigste Jahrhundert hinein waren sie die höchsten Gebäude und beherrschten die Silhouette von Stadt und Dorf. Jedes Stadtpanorama vom Mittelalter bis in die Moderne hinein zeigt das gleiche Bild: Die Kirchtürme überragen alles. Und noch im Jahr 2010 fand in München ein Bürgerbegehren eine Mehrheit, wonach kein Gebäude in der Innenstadt höher sein darf als die Türme der Frauenkirche.

Fürsten, Bischöfe, Klöster und Bürgerschaften ließen die Prachtbauten nicht nur zur größeren Ehre Gottes errichten, sondern auch um ihr Prestige zu mehren, um Reichtum, Kunstsinn und ihre Modernität zu demonstrieren. Aber auch jede Dorfkirche, und sei sie kunsthistorisch noch so belanglos, erhebt sich höher als Rathaus und Schloss. Kirchen mit ihren Türmen gelten als »identitätsstiftende Raummarken«[1], als »Heimat-Zeichen«[2]. Bewohner von Dörfern und Städten identifizieren sich mit »ihrer« Kirche, selbst wenn sie sie noch nie von innen gesehen haben. So werden z.B. in den ostdeutschen Bundesländern viele Dorfkirchen zwar kaum mehr genutzt, doch bilden sich vielerorts Bürgerinitiativen mit dem Ziel, die vom Verfall bedrohten Kirchengebäude zu erhalten.

Kirchengebäude haben eine hohe zivilgesellschaftliche Bedeutung, abseits ihres ursprünglich religiösen Zwecks. Warum aber gerade die Kirchen? Die Herrscher früherer Jahrhunderte hätten ja auch ihre Schlösser, reiche Magistrate ihre Rathäuser mit himmelstrebenden Türmen ausstatten können; statt gottesdienstlicher Versammlungsorte hätten doch auch Grabmäler so aufwendig und monumental gebaut werden können, wie z.B. das Taj Mahal oder die Pyramiden von Gizeh. Warum ausgerechnet die Kathedralen?

Gott und der Kaiser

Die Suche nach einer Antwort auf diese Frage führt uns zunächst in das Jahr 1076, in dem der deutsche Kaiser Heinrich IV. nach Canossa wanderte, um dort die Absolution von Papst Innozenz III. zu erlangen. In dem Konflikt dieser beiden Mächtigen ging es vordergründig um den Streit darüber, ob die Bischöfe im Reich vom Kaiser oder vom Papst eingesetzt werden. Dahinter stand aber die viel größere Frage, wem die höchste Macht auf Erden zusteht – Gott oder einem Menschen. Die Unterwerfung Heinrichs unter den Papst machte ein wichtiges Prinzip der damaligen Welt deutlich: Kein Mensch kann die absolute Herrschaft beanspruchen, es gibt immer noch eine höhere Instanz, die über der menschlichen Macht steht.

Die Tatsache, dass der Kampf um die höchste Gewalt zwischen Kaiser und Papst ausgefochten werden musste, zeigt, wie eng Staat und Kirche damals miteinander verwoben waren. Es gab keine Unterscheidung zwischen einer säkularen und einer religiösen Welt und eigentlich auch noch keine Zivilgesellschaft. Die Kirchen spielten in der Gesellschaft darum eine bedeutende Rolle; bei Katastrophen wie Dürre, Pest und Feuersbrünsten versammelten sich die Menschen in der Kirche zum Buß- und Bittgottesdienst; nach jeder guten Ernte, nach einem militärischen Sieg im Krieg oder der Verschonung vor einer Katastrophe dankte man Gott in der Kirche. Die Welt – das war die von Gott beherrschte Wirklichkeit, in der die Kirche für die Vermittlung zwischen Gott und den Menschen zuständig war.

Diese Struktur ist schon am Beginn der Kirchengeschichte angelegt. Im Jahr 320 n. Chr. wurde das Christentum durch ein Edikt Kaiser Konstantins – durch die sogenannte »Konstantinische Wende« – zur »erlaubten Religion«, 380 dann durch Kaiser Theodosius gar zur *allein* erlaubten Staatsreligion im Römischen Reich. Nach dreihundert Jahren im Untergrund, immer wieder von Verfolgungen heimgesucht, war die Kirche nun angekommen im Zentrum der Macht, und sie zögerte nicht, diese Macht auszustellen. Die ersten Basiliken entstanden und mit ihnen eine neue Theologie. Verstanden sich die Christen der ersten Jahrhunderte als Weggemeinschaft in der Nachfolge Jesu, unterwegs in Richtung auf das Reich Gottes, änderte nun sich das Bild. Durch die Auferstehung Jesu Christi galt das Reich Gottes als endgültig angebrochen, die Kirche war die irdische Repräsentanz dieses Reiches. Jesus Christus wurde immer mehr als »Pantokrator« verstanden, als der All-Herrscher, der zur Rechten Gottes sitzt und als Richter wiederkommen wird. In der Zwischenzeit, bis zum Jüngsten Tag, war die Kirche die Statthalterin und Repräsentantin der All-Macht. Entsprechend wurden die Kirchen immer prachtvoller ausgestattet, denn nun wurden sie als ein Abbild des himmlischen Jerusalem, der Neuschöpfung Gottes, verstanden. Und auch die Gottesdienste sollten einen Vorgeschmack des Himmels bieten. Kirchenbauten wurden zum »Himmel aus Stein« und die Liturgie mit Chorgesang, Musik, prächtigen Gewändern, Weihrauch, Licht und der Farbenpracht der Buntglasfenster zum irdischen Abbild des himmlischen Gotteslobes.

Diese im wahrsten Sinn des Wortes in Stein gemeißelte und in Fresken gemalte Theologie blieb nicht ohne Auswirkungen auf das Bild von Gemeinde und auf das Verhältnis von »Laien« und Klerus. Die Architektur spricht eine klare Sprache: Die frühesten Kirchengebäude waren nach dem Vorbild der Basilika, der kaiserlichen Versammlungshallen, errichtete Gebäude. In dem in der Regel dreischiffigen Langhaus ist der Chorraum erhöht und durch einige Stufen vom Raum für das (Kirchen-)Volk getrennt. Er ist dem Klerus vorbehalten und bis heute ist der Chorraum einer katholischen Kirche oft durch eine Kordel abgetrennt. »Gewöhnliche« Gläubige scheuen sich, ihn zu betreten, als bedürfe es einer besonderen Erlaubnis, in den »heiligen« Bereich vorzudringen. Am fernen Ende des Chorraums befindet sich die Apsis, ein halbrunder Erker. Hier, weit weg von den Gläubigen, saß auf einem thronähnlichen Sitz der Bischof – dieses Wort kommt vom griechischen *episkopos* und heißt auf Deutsch Aufseher. Am »heiligsten« Ort der Basilika sitzt also der Bischof oder, wenn es keine Bischofskirche ist, der Pfarrer. So wird die kirchliche Hierarchie räumlich abgebildet. Im Hochmittelalter war der Chorraum oft zusätzlich durch eine Mauer, den Lettner, von der Gemeinde abgetrennt. Sinnfälliger kann man Hierarchie und die Trennung von »geistlichem« und »weltlichem« Stand kaum zum Ausdruck bringen.

Zu dieser Stein gewordenen Hierarchie gehört auch die Kanzel, der Ort der Predigt. Sie ist noch einmal erhöht, schwebt oft weit über den Häuptern der Gläubigen. Und das nicht der besseren Akustik wegen: Die erhöhte Kanzel steht für die hohe Stellung des Bibelwortes – und damit der Person, die das Wort auslegt und dem »Volk« predigt.

Dieses »Volk« aber sitzt in Reihen, wie in einem Hör-Saal, und es soll auch nur zuhören. Antworten sind nur ritualisiert möglich, im gemeinsam gesprochenen, vorformulierten Glaubensbekenntnis, in Wechselgesängen und im zustimmenden »Amen« zum Gebet. Ein Gespräch, gar eine Diskussion sind nicht vorgesehen, dazu fehlt sowohl die Augenhöhe als auch die entsprechende Sitzordnung. Die Gemeinde ist im wahrsten Sinn des Wortes entmündigt, die Kirchenbank wird gelegentlich als »die strukturelle Entmachtung des Volkes Gottes« bezeichnet.[3]

Priester und Prophet

Die Monopolisierung der religiösen Macht in den Händen einer Priesterelite ist aber keineswegs erst eine Erfindung des Christentums und des christlichen Mittelalters. Sie ist viel älter und wird von Anfang an immer auch kritisiert. Um das deutlicher zu machen, werfen wir einen Blick auf die biblischen Archetypen von Priester und Prophet. Religionsgeschichtlich gesehen, sind Priesterinnen und Priester religiöse Spezialisten, die einen Schulungsweg und ein Initiationsritual durchlaufen haben. Häufig unterscheiden sie sich von der übrigen Bevölkerung durch eine besondere Kleidung, die sie entweder ständig oder nur zu bestimmten Zeremonien, etwa Opferritualen, tragen. Sie verrichten in der Regel ihren Dienst an einem Tempel. Ihre Aufgabe ist es vor allem, die vorgeschriebenen Opfer zu vollziehen und damit stellvertretend für das Volk Dank, Fürbitte und Bitte um Vergebung und Versöhnung vor Gott zu bringen. In gewisser Weise sind sie also Mittler zwischen Gott und den Menschen. Sie bewahren die heilige Ordnung und damit, allgemeiner gesprochen, den Status quo.

Den Priestern gegenüber – und in biblischer Tradition oft auch in direkter Konfrontation mit ihnen – steht der Prophet, seltener die Prophetin. Ein Prophet ist kein Wahrsager, der die Zukunft aus der Kristallkugel liest. Seine Aufgabe ist es, den Willen Gottes in die konkrete Situation hinein anzusagen. Propheten stehen auf gegen Könige und Königinnen, wie Nathan gegen David, Elia gegen Isebel oder Jesaja gegen Ahas. Sie weisen sie zurecht, kritisieren ihre politischen Entscheidungen und klagen die Herrschenden an, weil sie sich nicht auf den Gott Israels, sondern auf Waffen und Bündnisse verlassen (z.B. Jesaja 31,1) oder andere Götter verehren.

Während der Priester den Status quo bewahrt, stellt der Prophet ihn infrage. Häufig richtet sich die prophetische Kritik dabei direkt gegen den Tempelkult. »Ich hasse und verachte eure Feste und mag eure Versammlungen nicht riechen ... an euren Speisopfern habe ich kein Gefallen, und euer fettes Schlachtopfer sehe ich nicht an. Tu weg von mir das Geplärr deiner Lieder; denn ich mag dein Harfenspiel nicht hören!« Diese beißenden Worte lässt der Prophet Amos als Gotteswort quer über den Tempelplatz schallen (Amos 4,21–24). Der Tempel- und Opferkult nützt nichts, so die Botschaft, wenn die frommen Handlungen als Ersatz für ein gerechtes Leben dienen. Die Alternative nennt Amos auch: »Es ströme aber das Recht wie Wasser und die Gerechtigkeit wie ein nie versiegender Bach!«

Der korrekte Gottesdienst, das perfekte Opfer, die richtigen Worte und Gesänge nützen nichts, wenn sie dazu dienen sollen, ein unbarmherziges, unehrenhaftes Leben auszugleichen und vor Gott in ein vermeintlich gutes Licht zu rücken.

Jesus greift diese prophetische Kultkritik auf und führt sie fort. Alle vier biblischen Evangelien berichten die Geschichte, die ich hier nach dem Text von Markus wiedergebe: »Jesus ging in den Tempel und fing an, hinauszutreiben die Verkäufer und Käufer im Tempel; und die Tische der Geldwechsler und die Stände der Taubenhändler stieß er um und ließ nicht zu, dass jemand etwas durch den Tempel trüge. Und er lehrte und sprach zu ihnen: Steht nicht geschrieben:

›Mein Haus wird ein Bethaus heißen für alle Völker‹? Ihr aber habt eine Räuberhöhle daraus gemacht« (Markus 11,15–17).

Das ist eine Zeichenhandlung ganz im Sinne der Propheten Israels. Jesus veranstaltet diesen Aufruhr nicht, weil das Feilschen im Vorhof die Andacht im Tempel gestört hätte. Im Gegenteil: Jesus selbst ist es, der stört. Er unterbricht den Tempeldienst komplett, macht ihn für die nächsten Stunden unmöglich. Denn die Händler und Wechsler sind unentbehrlich für den Tempelgottesdienst. Sie verkaufen ja keine Andenken und Devotionalien, sondern die Opfertiere, die für den Gottesdienst nötig sind, und wechseln die »unreinen« römischen Sesterzen in »reines« Tempelgeld für die Kollekte. Und schließlich heißt es: »Jesus ließ nicht zu, dass irgendetwas durch den Tempel getragen wurde« (11,16). Kein Opfertier, kein Kohlebecken, kein rituelles Schlachtmesser, kein Musikinstrument.

Nicht, dass am Gottesdienst und am Tempel grundsätzlich etwas verkehrt wäre. Solange aber die Menschen im Alltag nicht die Nächstenliebe leben, ist jeglicher Gottesdienst hinfällig. Nicht wer die Opfervorschriften genau einhält, ist ein guter Jude, sondern wer seine Mitmenschen gut behandelt. Deswegen zitiert Jesus an anderer Stelle den Propheten Hosea: »Barmherzigkeit will ich, nicht Opfer« (Matthäus 12,7; frei nach Hosea 6,6).

Ein Haus Gottes?

Anders als im antiken nichtjüdischen Umfeld üblich, gab es im ganzen Land Israel nur einen einzigen Tempel, in Jerusalem auf dem Berg Zion. Nur hier konnten Opfer gebracht werden, nur hier war Gottesdienst im Vollsinn möglich. Deswegen pilgerten zu den großen Festen die Massen nach Jerusalem. Übers ganze Land verteilt gab es hingegen die Synagogen. Sie hatten und haben bis heute keinen »sakralen« Charakter wie ein Tempel, sondern dienten als eher profaner Versammlungsort und als Lehrhaus. In den Gottesdiensten, die hier am Sabbat gefeiert wurden, wurden keine Opfer dargebracht. Stattdessen bildeten damals wie heute Lesung und Auslegung eines Bibeltextes, Gesänge und Gebete den Inhalt des Gottesdienstes.

Wie können wir auf dem Hintergrund dieser Geschichte und Tradition nun das Kirchengebäude verstehen? Ist es eher Tempel oder eher Synagoge, eher ein geweihter, heiliger – das heißt: aus der säkularen Welt ausgesonderter – Raum, oder handelt es sich um ein profanes Gebäude, das eben für die Versammlung der Gemeinde genutzt wird? Tatsächlich unterscheiden sich hier die Konfessionen. Für die römisch-katholische Kirche ist eine Kirche ein geweihter, geheiligter Raum. Er beherbergt das Allerheiligste, die geweihte Hostie im Tabernakel, und in ihm wird regelmäßig das Opfer Christi erinnernd nachvollzogen. Für die Kirchen der Reformation dagegen ist eine Kirche im Prinzip ein Raum wie jeder andere, sie wird nur dadurch zur Kirche, dass sich in ihr die Gemeinschaft der Glaubenden versammelt. Die katholischen Kirchen stehen also eher in der Tradition des Tempels, während die Reformation sich sachlich eher an die Tradition der Synagoge anschließt.

So weit die Theorie. In der Praxis ist auch eine evangelische Kirche mitnichten nur ein Versammlungsraum. Sie ist mit Bedeutung angefüllt bis zum Rand, schon bevor darin ein Bibelwort gelesen, eine Choralstrophe gesungen ist. Wie wir gesehen haben, ist sie Wahr- und Heimat-Zeichen, Identifikationsort, Repräsentationsobjekt. Für viele Menschen hat »ihre« Kirche auch eine biografisch bedingte, persönliche Bedeutung. Wichtige Lebensereignisse wurden in ihr begangen, und gerade für Menschen, die in ein und derselben Kirche getauft, konfirmiert und getraut wurden, hier auch ihre eigenen Kinder taufen ließen und Verwandte am zur Kirche gehörenden Friedhof begraben haben, kann »ihre« Kirche eminent wichtig sein. Das dürfte einer der Gründe sein, weshalb auch evangelisch sozialisierte Menschen Kirchengebäude oftmals eher wie einen Tempel betrachten, einen geweihten Ort, der einen zutiefst anderen Charakter hat als andere, »gewöhnliche« Häuser. Es scheint ein menschliches Grundbedürfnis zu geben, bestimmte Orte als »ausgesondert« zu betrachten, als »tabu«. Und deswegen wird eine Kirche auch oft als »Haus Gottes« bezeichnet – als ob Gott in so einem Haus wohnte!

Natürlich kann ein Haus Gott nicht annähernd fassen. Und doch hat dieses Reden vom Haus Gottes eine Wirkung, insofern es nahelegt, dass Gottes Nähe besonders in diesem Haus lokalisiert ist. Das hieße im Umkehrschluss, dass Gott in der übrigen Welt nicht in derselben Intensität anwesend ist. Ähnlich verhält es sich mit dem Gedanken, Gottes Gegenwart sei im *Gottesdienst* in besonderer Weise erfahrbar. Dabei kann aus dem Blick geraten, dass Gottesdienst nicht nur sonntags von zehn bis elf Uhr stattfindet, sondern genauso von sonntags um elf bis am nächsten Sonntag um zehn Uhr.[4] So wird aus dem profanen Versammlungsraum unter der Hand doch wieder so etwas wie ein Tempel.

Das Fazit aus dem bisher Gesagten fällt also ambivalent aus. Kirchengebäude haben einen hohen (religions-)psychologischen Wert und eine nicht zu unterschätzende Bedeutung für die Zivilgesellschaft. Selbst in der höchst säkularisierten Gesellschaft, in der der praktizierte Atheismus die Normalität ist, erinnern sie an eine Dimension des Lebens. Wie jeder Tempel, jede Moschee und jede Synagoge weisen sie durch ihre bloße Existenz hin auf das Transzendente, das oft bewusst gar nicht vermisst wird. Gerade wenn ein Kirchengebäude ungenutzt dasteht, scheinbar ohne Sinn und Funktion, bildet es eine Leerstelle, die implizit darauf deutet, dass es mehr geben könnte als Arbeit, Geschäft, Politik und Familie. Es ist Erinnerungszeichen, Denk-Mal im besten Sinne des Wortes. Manchmal kann dann noch etwas anderes daraus werden, nämlich ein Ort der Stille, der Einkehr und der Begegnung mit eben dem Transzendenten.

Theologisch aber kann man die Gebäude und das, was in ihnen stattfindet, aber auch sehr kritisch sehen, vor allem dann, wenn man sie von der prophetischen Tradition her betrachtet. Ekklesiologisch und gemeindepädagogisch stehen Gestaltung und Möblierung der Kirchengebäude für ein pfarrerzentriertes, hierarchisch gegliedertes Kirchenmodell, für eine *Theologia Gloriae*, für die triumphierende Kirche, die das Reich Gottes auf Erden schon vorwegnehmend verwirklicht. Wird die Kirche dagegen verstanden als das wandernde Gottesvolk, das auf den Spuren des armen Wanderpredigers aus Nazareth in der Welt unterwegs ist, nehmen sich die prächtigen Kirchengebäude eher absurd aus.

Ein wanderndes Gottesvolk braucht keine Immobilien

Aus dieser Perspektive gesehen, kann es vielleicht eine Chance sein, dass Kirchengebäude (und Gemeindehäuser) für viele Gemeinden allmählich zu einem Klotz am Bein werden, dessen Unterhalt die knapper werdenden finanziellen Ressourcen verschlingt. Allein um »meine« Lukaskirche verkehrssicher zu halten – Teile der Fassade drohten auf die Straße zu stürzen –, wurden in den vergangenen 20 Jahren Millionenbeträge ausgegeben. Viele Kirchen, die nach dem Zweiten Weltkrieg in Westdeutschland gebaut wurden, sind mit der Zeit marode geworden, viele Dorfkirchen aus dem 19. Jahrhundert müssen dringend saniert werden. Neben den Personalkosten ist der Bauunterhalt in den meisten Kirchengemeinden der größte Haushaltsposten.

Auf die Dauer ist das nicht mehr finanzierbar. So stehen Gemeinden, Landeskirchen und Bistümer zunehmend vor der Herausforderung, für ihre Gebäude sinnvolle neue Nutzungsmöglichkeiten zu finden, was aber nicht immer gelingt. In Deutschland wurden zwischen 1990 und 2014 insgesamt 102 evangelische Kirchen abgerissen[5]. Andere Kirchen werden verkauft. Wenn es gutgeht, übernimmt sie die Kommune, eine Stiftung oder ein Heimat- oder Kirchbauverein, dem es darum geht, das »Heimat-Zeichen« für den Ort zu erhalten. Auch ganz andere Nutzungen kommen in Betracht. Bei entsprechender interreligiöser Aufgeschlossenheit wäre es beispielsweise denkbar, eine Kirche in eine Moschee oder ein buddhistisches Zentrum umzuwandeln, um eine spirituelle Weiternutzung zu gewährleisten. Einige Kirchen wurden zum Restaurant, etwa Die Kirche in Magdeburg oder Glück und Seligkeit in der ehemaligen Martini-Kirche in Bielefeld[6], andere werden auch als Werkstatt oder Lagerhalle genutzt.

Für die Menschen, die mit »ihrer« Kirche gute und beglückende biografische Erinnerungen verbinden, mag es einen großen Schmerz bedeuten, wenn das Gebäude umgenutzt, verkauft oder abgerissen wird. Die gute Nachricht lautet aber: Für ihr Arbeiten, Feiern und Zusammenleben brauchen Christen weder Kirchen noch Gemeindehäuser. Immobilien machen – ganz pragmatisch gesehen – immobil. Sie binden Ressourcen, finanziell wie personell, nehmen der Gemeinde oft die Luft zum Atmen und die Mittel für eine sinnvolle Arbeit.

Die allermeisten der Initiativen, Gruppen und Gemeinschaften, in denen sich das Christentum von morgen formiert, haben das verstanden und streben darum gar keinen Immobilienbesitz an, und zwar nicht nur, weil die Gruppen klein und ihre finanziellen Mittel beschränkt sind. Es ist auch Ausdruck eines anderen Bildes von Kirche, das zu dem Wanderprediger passt, der von sich sagte: »Die Füchse haben Gruben und die Vögel unter dem Himmel haben Nester; aber der Menschensohn hat nichts, wo er sein Haupt hinlege« (Matthäus 8,20). In der Apostelgeschichte wird die neue jüdische Gruppierung, die an diesen Wanderprediger Jesus als den gekreuzigten und auferstandenen Messias glaubt, als »der Weg« bezeichnet. Und der Hebräerbrief stellt fest: »Wir haben hier keine bleibende Stadt, sondern die zukünftige suchen wir« (13,14). Diese Aussagen greifen zurück auf das Bild vom wandernden Gottesvolk. Schon der Erzvater Abraham wird als Wanderer beschrieben, der aus seiner Heimat aufbricht, das Volk Israel wanderte nach dem Auszug aus Ägypten durch die Wüste – eine Erfahrung, die die Juden jedes Jahr im Laubhüttenfest wieder aufleben lassen und die von den Propheten der Hebräischen Bibel als eine Zeit der besonderen Nähe zu Gott verstanden wird. Das wandernde Gottesvolk aber braucht keinen Tempel, es braucht allenfalls ein Zelt.

Mit dem allmählichen Niedergang der Volkskirche nach dem Zweiten Weltkrieg gewann dieses Bild vom wandernden Gottesvolk an Aktualität. Vor allem in den bewegten 1960er- und 70er-Jahren kam es neu zu Ehren; dazu rückte der Kontakt mit der lateinamerikanischen Befreiungstheologie und anderen kontextuellen Theologien das Bild der triumphierenden Kirche mit ihren Kathedralen in ein anderes, kritisches Licht. Neue geistliche Lieder wie der Schlager »Ein Schiff, das sich Gemeinde nennt« beschworen Beweglichkeit und Aufbruch. Sogar manche neuen Kirchen wurden in Form eines Zeltes gebaut.

Wenn sich nun außerhalb der etablierten, sterbenden Kirchen neue Gruppierungen von Christen auf den »Weg« machen, werden sie sicher nicht als Erstes ein Kirchengebäude hinstellen wollen. Sicher: Manchmal nutzen sie ein vorhandenes, wie etwa Refo Moabit. Dieser Konvent von etwa 60 überwiegend evangelischen Menschen, die sich zum Ziel gesetzt haben, im Berliner Stadtteil Moabit einen »kulturellen, gesellschaftstransformierenden und spirituellen Begegnungsort« zu entwickeln[7], hat Kirche und Pfarrhaus von der Landeskirche übertragen bekommen, beides den Anforderungen entsprechend umgebaut. Sie nutzen die Immobilie für Kinderarbeit, Kontemplation, Gottesdienst, Kiez- und Friedensengagement. Als Modellkirche verstehen sie sich zwar als Teil der Landeskirche, nach einer Anschubfinanzierung finanzieren sie sich jedoch selbstständig durch Spenden, Vermietung ihrer Räume und Drittmittel.

Abgesehen von solchen seltenen Ausnahmen ist der Besitz von Immobilien aber kein Thema in der Christenheit von morgen. Was aber sind die Alternativen und wie funktionieren sie?

Beispiele

Würzburg-Hubland

In Würzburg entsteht auf einem ehemaligen Kasernengelände der US-Army ein neuer Stadtteil, in dem einmal 5.000 Menschen wohnen sollen. Ein Kirchengebäude ist dort nicht vorgesehen. Stattdessen hat sich eine Initiative aus den evangelischen Anrainergemeinden[8] vorgenommen, zu den Menschen vor Ort zu gehen und gemeinsam mit ihnen Projekte zu entwickeln, die dort gebraucht und erwünscht sind. Vieles soll auf dem »Grünen Band« stattfinden, einer Wiese, die den neuen Stadtteil durchzieht. Für Unternehmungen, die ein »Dach« brauchen, wird eine Jurte aufgebaut.[9] Das ist ein großes Zelt, das manche noch aus ihrer Pfadfinder- oder Jungscharzeit kennen dürften.

Franklin

Im Franklin-Viertel in Mainz, ebenfalls auf einem ehemaligen US-Army-Gelände, stellten ein evangelischer und ein katholischer Pfarrer einen Bauwagen auf, um zu zeigen: Gott ist schon da – und um zu zeigen, »wie Kirche auch sein kann – rostig, zugig und nicht perfekt«[10]. Ihre Gottesdienste feiern sie mittlerweile in einem ehemaligen Klassenzimmer, aber der Bauwagen bleibt vorerst stehen für Gespräche und Segnungen vor Ort.

Bauwagen auf dem Maifeld

Während der Bauwagen im Franklin-Viertel stationär steht, ist seit 2022 ein rollender Bauwagen auf dem Maifeld in der Eifel unterwegs. In der ländlichen Gegend macht er jeweils für einen Monat in einer der 28 Ortschaften Station und lädt alle Generationen zu Spielen, Gesprächen und Begegnung ein. Damit will die Gemeinde der Vereinzelung, die mittlerweile auch auf dem Land zunehmend spürbar ist, entgegenwirken und zu den Menschen gehen, statt darauf zu warten, dass die Menschen in die Kirche kommen.

FJGARO.EV

Ebenfalls einen Bauwagen möchte der Förderverein für Jugend- und Gemeindearbeit in Rottenacker an der Donau anschaffen, die Mittel dazu werden über die Spendenplattform betterplace.org gesammelt. Der Bauwagen mit der Bezeichnung »kirche.komm« soll die unterschiedlichen Gruppen »in der Gemeinde und darüber hinaus« zusammenführen.[11]

projekt:k München-Freiham

Im Münchner Westen entsteht das Neubaugebiet Freiham, das Wohnraum für 25.000 Menschen bereitstellen soll. Weder die katholische noch die evangelische Kirche planen, dort eine neue

Gemeinde mit Kirche und Gemeindehaus aufzubauen. Stattdessen entsteht dort das projekt:k, im Wesentlichen getragen von Li-Anne und Stefan Höß, einem Ehepaar aus der evangelischen Gemeinschaftsbewegung, das »neue Formen christlichen Lebens erforschen und erproben« will. Ein Ziel ist dabei, »Hauskirchen« aufzubauen. Daneben gehen sie als »Pioniere«[12] auf die Spielplätze und in die Biergärten und kommen mit den Mitmenschen ins Gespräch; sie veranstalten Meditationsspaziergänge und vieles mehr, alles ohne eigene Immobilie.[13]

Die beymeister

Sebastian Baer-Henney und Miriam Hoffmann, begeistert von Erfahrungen mit »fresh expressions of church« in England, starteten ihre Initiative in Köln-Mülheim, indem sie ein grünes Sofa auf eine Wiese am Rhein stellten und speziell gebrauten Kaffee anboten. Sie veranstalteten einen »Popup-Beach«, Konzerte und Feste auf Wiesen im »Veedel« und kamen so mit den Menschen ins Gespräch. Und weil sie sich von Anfang an als Kirchenmenschen zu erkennen gaben, drehten sich die Gespräche meist sehr rasch um Kirche und Glaubensfragen. Diese Präsenz im öffentlichen Raum ohne festen eigenen Standort war keinesfalls eine Notlösung, sondern entsprach dem Konzept: Kirche darf nicht mehr auf die klassische Komm-Struktur setzen, sondern muss dahin gehen, wo die Menschen sind. Auch nachdem die beymeister eine ehemalige Änderungsschneiderei als Veranstaltungsraum und Treffpunkt angemietet hatten, hörten sie nicht auf damit, sich auf den Wiesen und Plätzen des Quartiers zu zeigen.

Munich Church Refresh

Eine Gruppe von evangelischen Haupt- und Ehrenamtlichen in München sucht nach neuen Formen, den Glauben zu leben und ins Gespräch zu bringen. Sie haben unter anderem zwei Lastenfahrräder angeschafft, diese mit Kaffeemaschinen ausgerüstet und »tingeln« mit ihnen durch München[14]. Sie halten auf öffentlichen Plätzen, laden Passantinnen und Passanten unter dem Motto »Coffee and Soul« auf einen Kaffee ein und kommen mit ihnen ins Gespräch, um in Erfahrung zu bringen, »was euch Münchner in Glaubensdingen so beschäftigt«[15].

Bei diesen Beispielen handelt es nur um wenige, zufällig zusammengestellte Projekte. Die meisten sind von Menschen initiiert, die sich noch zu ihrer Kirche halten, aber begriffen haben, dass das Christentum der Zukunft neue, mobile Orte braucht. Wer sich in der eigenen Umgebung auf die Suche macht, wird wahrscheinlich rasch auf ähnliche Gruppierungen stoßen. Solche Initiativen haben nicht das Ziel, eine vorgegebene Botschaft an den Mann oder die Frau zu bringen oder die Menschen in die Kirche zu locken. Vielmehr geht es immer wieder darum, mit den Menschen gemeinsam zu erkunden, was dem Leben vor Ort dient, was das Quartier oder »Veedel« braucht, entsprechende Aktivitäten zu entwickeln und so ein lebendiges Christsein zu entwickeln.

Cyberspace

Vieles, was ich zum Christentum von morgen zähle, braucht aber gar keinen physischen Raum mehr, weil es sich online abspielt. Der Kölner Pfarrer Nico Buschmann alias *#einschpunk* lädt dienstagabends zum *#instapuls*, einem Online-Gottesdienst mit Predigt, Gebet und Segen auf Instagram; die Theologin Anne Pumperla stellt ihre Meditationen unter der Überschrift »Ganz da. Eine andere Art von Gottesdienst« ins Netz. Dazu kommen Communitys, die sich um Podcasts wie Hossa-Talk oder Glaubensweite bilden oder im Worthaus- und Reflab-Kosmos wachsen, aber auch Plattformen wie das Compagnero.net, das sich im Kielwasser des YouTube-Kanals Theos Welt geformt hat.

Andere derartige Plattformen treten nicht weiter öffentlich in Erscheinung, sie verbreiten sich durch Mundpropaganda und erhalten sich so eine gewisse Intimität, die im Internet nicht leicht zu bewahren ist. In diesen Gruppen meditieren Menschen miteinander oder sprechen über die Bibel und ihre Erfahrungen damit. Online-Treffen für ein ganzes Netzwerk können sich abwechseln mit Kleingruppen, die sich über ein bestimmtes Thema austauschen, einander online spirituelle Begleitung bieten oder auch gemeinsam beten und Gottesdienste feiern. Die Lockdowns während der Corona-Pandemie haben da eine Menge Kreativität freigesetzt und Möglichkeiten eröffnet. Was vorher kaum vorstellbar erschien, ist nun eine reale Möglichkeit, die einem »analogen« Treffen in der physischen Welt durchaus nahekommt, ja sogar neue Türen aufschließt. Menschen, die weit auseinander wohnen, aber ähnliche Ansichten, Ideen und Sehnsüchte haben, können sich online treffen, miteinander reden und auch feiern. Und das alles gratis. Solange die kostenlosen Basismodelle der jeweiligen Plattformen (beispielsweise Slack oder Pumble) genutzt werden, zahlen die Teilnehmenden keinen Cent.

Wollen die Mitglieder dieser Plattformen einander doch einmal offline begegnen, können sie eines der zahllosen Freizeitheime oder Tagungshäuser anmieten, ein Hotel, eine Jugendherberge, oder sich – je nach Geschmack – auch auf einem Campingplatz oder einer Waldwiese zusammenfinden.

Kleingruppen

Gesprächskreise, Lese- und Debattierzirkel, Meditations- oder Aktionsgruppen können sich nach dem bewährten Hauskreis-Modell in Wohnzimmern treffen. Sie können das Nebenzimmer einer Gaststätte nutzen, den Clubraum in einem Vereinsheim oder auch einen Raum im örtlichen Gemeindezentrum mieten – sofern noch kirchliche Infrastruktur vorhanden ist, kann diese selbstverständlich genutzt werden, die Einwilligung der Gemeindeverantwortlichen vorausgesetzt.

Die Alternative zum Eigentum: Mieten

Was für das Wohnen gilt, gilt selbstverständlich auch für Projekte und Initiativen: Wer sich Immobilieneigentum nicht leisten kann oder will, sucht sich ein entsprechendes Objekt zur Miete. Aus der Fülle der Initiativen, die das tun, greife ich beispielhaft einige wenige heraus.

Da gibt es etwa das Café Königskind in Siegen, ein Eltern-Kind-Café mit Platz für Kinderwagen, Bällebad im Schaufenster, gutem, nachhaltigem Kaffee für die Mütter und Väter und geräuscharmem Spielzeug für die Kleinen. Das Lokal wurde auf dem freien Markt angemietet und mit viel ehrenamtlichem Engagement schön eingerichtet, auch der Betrieb läuft zu einem guten Teil ehrenamtlich. Der Erfolg dieses Cafés hat sicher auch damit zu tun, dass es in einem »ganz normalen« Laden in der Innenstadt liegt und nicht in einem kirchlichen Gebäude. Dass der Träger der Jugendbund für Entschiedenes Christentum (EC) ist, wird nicht verschwiegen, aber auch nicht herausposaunt.

Die eben schon erwähnten beymeister in Köln-Mülheim fanden, nachdem sich um ihre unterschiedlichen Aktionen im öffentlichen Raum eine gewisse Community gebildet hatte, eine ehemalige Änderungsschneiderei, die Raum bietet für Aktivitäten, die aus der Community selbst kommen, etwa eine Gesprächsreihe mit dem Titel »Adieu«, in der es um Tod und Trauer ging. Der Laden war so wenig als »kirchlicher« Raum kenntlich, dass noch nach Jahren gelegentlich jemand dort seine neuen Hosen zum Kürzen abgeben wollte. Mittlerweile haben die beymeister dieses feste Lokal wieder aufgegeben, um ganz neu anzufangen (siehe nächstes Kapitel).

Auch Gottesdiensträume müssen nicht der feiernden Gemeinde oder christlichen Gruppierung als Eigentum gehören. Die ICF (International Christian Fellowship) ist eine der größten und am meisten wachsenden freikirchlichen Gründungen der letzten dreißig Jahre. Die 1996 entstandene Ur-ICF in Zürich hat ihre »Celebration« genannten Gottesdienste zwanzig Jahre lang in angemieteten Räumen veranstaltet. Wohlgemerkt, die Räume wurden nicht dauerhaft gemietet, sondern nur jeweils für den Sonntag. Teams von Ehrenamtlichen begannen um drei Uhr morgens mit dem Aufbau der Technik für die unterschiedlichen Gottesdienste des jeweiligen Sonntags, der Abbau ging oft bis Mitternacht. Das bedeutet einen hohen Aufwand für die Ehrenamtlichen und ist sicher keine Lösung für die Jahrhunderte.[16] Aber gerade in der Aufbruch- und Pionierphase einer Organisation herrscht oft große Begeisterung und eine hohe Identifikation mit der Gruppe. Irgendwann wird eine stark anwachsende Gemeinde nach alternativen Möglichkeiten suchen und dann eventuell auch eigene Räume schaffen. Diese ersten zwanzig Jahre von ICF Zürich sind für mich aber ein Beispiel, wie eine Organisation auch ohne Immobilienbesitz große Wirkung entfalten kann.

Ein zweites Beispiel ist die Zellgemeinde in Bremen, eine dem BEFG (Baptisten) angeschlossene Freikirche. Auf ihrer Website betont die Gemeinde, »dass *Kirche zuallererst die Menschen* sind – nicht Gebäude, Programme oder Institutionen«[17]. Entsprechend fanden die Gottesdienste bis 2020 in der Kantine 5 statt, einer Tanzschule in der Nähe des Hauptbahnhofs. Auch hier musste vor dem Gottesdienst alles auf- und nach dem Gottesdienst wieder abgebaut werden. Nachdem die Kantine 5 geschlossen wurde, zog die Gemeinde mit ihren Gottesdiensten um in ein Haus, das dem CVJM gehört, auch hier als Gäste und Mieter.

Christen werden weniger sichtbar

Wenn christliches Leben, Feiern, Beten und Arbeiten nicht mehr in Kirchen und Gemeindehäusern stattfindet, sondern an »gewöhnlichen« Orten im säkularen Feld, wird es weniger sichtbar. Das entspricht der Tatsache, dass das Christentum in unserer Gesellschaft insgesamt an Macht und Einfluss verliert. Ist das aber wirklich ein Verlust? Immerhin beruft sich die Christenheit auf einen, der von sich sagt, er sei nicht gekommen, um sich bedienen zu lassen, sondern um zu dienen. Einem, der seine Anhängerinnen und Schüler ermahnte: »Ihr sollt euch nicht Rabbi nennen lassen; denn einer ist euer Meister; ihr aber seid alle Brüder. Und ihr sollt niemand euren Vater nennen auf Erden; denn einer ist euer Vater: der im Himmel. Und ihr sollt euch nicht Lehrer nennen lassen; denn einer ist euer Lehrer: Christus. Der Größte unter euch soll euer Diener sein. Wer sich selbst erhöht, der wird erniedrigt werden; und wer sich selbst erniedrigt, der wird erhöht werden« (Mt 23,8–12). Wenn die Christen von morgen aus guten theologischen und geistlichen Gründen Demut lernen und in die Verborgenheit gehen, müssen wir das nicht unbedingt als Ärgernis betrachten. Wir können es auch verstehen auf dem Hintergrund des Bildes vom Weizenkorn, das in die Erde fallen und sterben muss, bevor es wieder aus dem Boden bricht und Frucht bringt. In den Kapiteln 12 und 14 werde ich diesen Gedanken weiter ausführen.

7.
Das Christentum von morgen kennt Verbindlichkeit (nur) auf Zeit

Chiang Mai im Norden von Thailand. Im Tempel Wat Chedi Luang, mitten in der Altstadt gelegen, können interessierte Touristen mit buddhistischen Mönchen sprechen, denn hier befindet sich ein Campus der Buddhistischen Universität Thailands. Viele Männer in der typischen safranfarbenen Robe sind auf dem Gelände zu sehen – und nicht nur Männer. Ich sehe eine Menge Jungen im Schulalter, auch sie mit rasiertem Schädel, auch sie angetan mit der Mönchsrobe. Kann das sein, so jung und schon im Kloster? Mir fällt ein, dass das in früheren Jahren in Europa auch üblich war: Schon Kinder wurden ins Kloster geschickt, damit sie versorgt waren und damit es eine Nonne oder einen Kleriker in der Familie gab. Trotzdem bin ich befremdet. Wie kann eine Familie, wie kann ein Kloster eine so schwerwiegende Entscheidung für einen so jungen Menschen treffen! Eine Entscheidung für das ganze Leben!

Ich melde mich zum Gespräch an, unterhalte mich mit einem der Mönche – und bin verblüfft. Anders als Ordensleute im Christentum legen buddhistische Mönche keine lebenslangen Gelübde ab. Sie können aus dem Orden aus- und auch wieder eintreten –

bis zu siebenmal.[1] Die Tempel- oder Klosteranlagen dienen auch als Schule, daher die vielen Kinder auf dem Gelände. Aber auch nach Abschluss der Schulzeit, des Studiums oder der Ausbildung verbringen viele junge Männer einige Zeit in einem Kloster, meist eine Regenzeit, also etwa drei Monate. Manche bleiben aber auch ein, zwei oder drei Jahre. Während dieser Zeit leben sie verbindlich nach den Mönchsgelübden, sie meditieren, nehmen nach dem Mittagessen keine Nahrung mehr zu sich und leben sexuell enthaltsam.

Mein Erstaunen über diese Flexibilität macht mir deutlich, wie sehr in meiner Vorstellung die Frage der Verbindlichkeit mit Dauer verknüpft ist. Ich bin von meinem kulturellen Umfeld geprägt. Ich kenne die Verbeamtung *auf Lebenszeit* und das dauerhafte, verbindliche Engagement im religiösen Bereich. Als lutherischer Pfarrer stehe ich in einem lebenslangen »Dienst- und Treueverhältnis«. Katholische Priester werden gar zum »Sacerdos in aeternum« geweiht, »für die Ewigkeit«. Selbst nach ihrem Tod haben sie demnach einen anderen Stand als die »Laien«. Und wer ins Kloster eintritt, tut das zunächst für ein Jahr, auf Probe, dann folgen die sogenannten zeitlichen, nach weiteren drei Jahren dann die ewigen Gelübde. Sie binden bis zum Ende des irdischen Lebens und darüber hinaus.

Angesichts meiner Erfahrungen in dem buddhistischen Kloster sah ich auch unsere kirchliche Praxis in neuem Licht. Verbindliches Engagement ist hier oft an lange, manchmal unbegrenzte Dauer geknüpft. Wer kennt sie nicht, die »ewigen« Ehrenamtlichen, die vor fünfzig Jahren als Konfirmanden die Kollekte eingesammelt haben und seitdem in der einen oder anderen Funktion ständig in der Gemeinde aktiv sind. Oft heißt es, ohne solch treue Mitarbeitende könnte die Kirche gar nicht funktionieren. Es scheint eine innere Logik zu geben: Wer sich einmal engagiert, tut das für den Rest seines Lebens. Das ist nicht nur eine subjektive Beobachtung.

Sogar in der »Praxishilfe Ehrenamt für Kirche & Diakonie« der Bayerischen Landeskirche scheinen eine Befristung und ein Ende der ehrenamtlichen Tätigkeit eher die Ausnahme zu sein.

Ein Ehrenamt darf auch ein Ende finden. Manchmal muss es das aus persönlichen oder beruflichen Gründen. Manchmal möchte man sich neuen Aufgaben stellen. Oder ein Projekt endet, eine Aufgabe wird verändert, verlagert oder abgeschafft. Auf den Grund kommt es nicht an, aber darauf, den Abschied bewusst zu gestalten. Abschiede sind schwierig und schmerzlich, für beide Seiten. Selbst dann, wenn sie einvernehmlich sind. Sie lösen Angst vor Bedeutungsverlust aus. Trennungsschmerz will bewältigt und das Pflichtgefühl beruhigt werden. Vor allem im hohen Alter stellt sich schmerzlich die Frage: »Was kommt nach meinem Ehrenamt?« Dennoch bieten Abschiede auch die Chance eines Neubeginns und der persönlichen Weiterentwicklung.[2]

Dass eine Mitarbeiterin einfach keine Lust mehr hat, scheint gar nicht im Blick dieser Praxishilfe zu sein. Aufhören ist zwar möglich, es wird aber implizit mit Scheitern oder Versagen assoziiert, zumindest mit Schmerz oder auch mit Scham und Schuldgefühl. Wer einmal als Ehrenamtlicher angefangen hat, bleibt bis zum jüngsten Tag – das scheint ein ungeschriebenes Gesetz zu sein.

Die Kirchengemeinde setzt nicht nur bei ihren Mitarbeitenden – wenn auch unausgesprochen – dauerhaftes Engagement voraus, sie bietet ihrerseits auch dauerhafte Verbindlichkeit. Wenn noch so wenige Menschen zur Passionsandacht oder zum Frühgottesdienst um acht Uhr kommen, wenn der Frauenkreis nur noch aus drei Personen besteht – es wird eisern festgehalten an allen Angeboten, die die Gemeinde einmal gemacht hat. Und das ist in gewisser Weise auch verständlich, schließlich will man keine Mitglieder enttäuschen oder gar verlieren.

Gemeindeglieder zu verlieren ist ohnehin ein großes Tabu. Schon sprachlich zeigt sich das Problem: Weshalb ist von »verlieren« die Rede? Wenn ehemals aktive Gemeindeglieder nicht mehr auftauchen, wenn sie gar in der Nachbargemeinde oder in der Freikirche gesichtet werden, schmerzt das viele Pfarrpersonen wie eine bittere Niederlage.

Diesen Schmerz kenne ich nur zu gut aus eigener Erfahrung. In meiner Zeit als Gemeindepfarrer in der Münchner Innenstadt kam es ziemlich häufig vor, dass Menschen zur Gemeinde stießen, sich engagierten, zur Nachtkirche oder zum meditativen Abendgebet kamen, am Bibelgesprächskreis oder der ThomasMesse teilnahmen – und dann plötzlich wegblieben. Sie waren nicht in eine andere Stadt gezogen, sie kamen einfach nicht mehr. Jährlich hielt ich einen Glaubenskurs; manche Teilnehmende hielten sich danach zur Gemeinde, viele andere blieben zwar während des Kurses verbindlich dabei, ließen sich aber anschließend in der Gemeinde nicht mehr blicken, nicht in einem der Kreise, nicht in einem der alternativen Gottesdienstangebote und am Sonntagvormittag schon gar nicht.

Anfangs hielt ich das für mein persönliches Versagen. Was hatte ich falsch gemacht? Aber nach einiger Zeit begann ich zu verstehen, dass dieses Wegbleiben nicht an mir lag, auch nicht an der Gemeinde.

Ein Teil dieses Kommens und Gehens ließ sich soziologisch erklären. Ein Blick in die Gemeindestatistik zeigte mir, wie hoch die Fluktuation gerade bei uns in der Innenstadt war. Rund eintausend Zu- und Wegzüge im Jahr! Unsere Gemeinde war im Hinblick auf die im Gemeindegebiet lebenden Personen statistisch gesehen in sechs Jahren einmal komplett ausgetauscht. Aber das allein war es nicht. Ich begann zu begreifen, dass es häufig einfach nicht der Lebensrealität postmoderner Menschen entspricht, sich auf Dauer zu binden. So habe ich im Laufe meiner dreizehn Jahre an St. Lukas etwa drei »Generationen« solch temporärer Gemeindeglieder erlebt, das heißt, viele hielten sich drei, vier, fünf Jahre zur Gemeinde und zogen dann weiter. Wohin, das weiß der Himmel.

Je mehr Menschen ich als Pfarrer für einen solchen Zeitabschnitt begleitete, je mehr Glaubensbiografien ich kennenlernen durfte, desto klarer schälte sich ein neues Verständnis heraus, und eines Tages fiel mir ein Bild ein: Für viele Menschen, gerade junge, war die Gemeinde so etwas wie ein Durchlauferhitzer. Sie kamen, bewegten sich eine Zeit lang im »Kreislauf« der Gemeinde und verließen sie dann wieder – allerdings mit veränderter »Betriebstemperatur«. In mir war eine Zuversicht gewachsen, dass die Zeit bei uns nicht umsonst war. Wir hatten, so hoffte ich, den Menschen, die nur eine Zeit lang mit uns waren, etwas mitgeben können. Sie waren gewachsen, hatten sich entwickelt, und irgendwann waren sie bereit weiterzugehen. Vielleicht, weil sie in unserer Gemeinde keine Möglichkeit zur weiteren Entwicklung sahen, vielleicht, weil sich ihre Interessen verschoben hatten, vielleicht, weil Beruf oder Familie keine Zeit mehr ließen. Oder weil in spiritueller Hinsicht etwas anderes für sie »dran« war.

Der Anspruch auf langfristige, vielleicht lebenslange Bindung verrät ein ganz bestimmtes Bild von Gemeinde. Gemeinde wird hier *räumlich* verstanden: Es gibt ein Drinnen und ein Draußen, und es herrscht eine eindeutige Komm-Struktur: Die Menschen sollen doch bitte schön zu uns kommen, in unsere Kirche und in die Gottesdienste, in unsere Gemeindekreise, in unser Gemeindehaus. Wenn sie dann einmal drinnen sind, sollen sie da auch bleiben. In strenggläubigen oder fundamentalistischen Gemeinden kann gar das »Heil« daran hängen, in der Gemeinde zu bleiben. Wer geht, läuft Gefahr, verloren zu gehen.

Das ist ein statisches Denken, das auf eine vormoderne Zeit zurückgeht, in der Lebenswege kaum Ortswechsel kannten. Wie viele Gemeindeglieder aber gibt es heute noch, die von der Wiege bis zur Bahre immer im selben Haus und damit im selben Gemeindegebiet wohnen? Nicht nur in der Großstadt, auch auf dem Land sind die

Menschen mobil geworden, und die Digitalisierung tut ein Übriges. Wir sind nicht mehr auf einen engen Lebenskreis beschränkt, in dem sich alles abspielt.

Das Durchlauferhitzer-Bild dagegen ist geprägt von einem *zeitlichen* Verständnis. Es sieht den Lebensweg des Menschen als Abfolge von Zeitabschnitten unterschiedlicher Dauer. Gemeindearbeit bedeutet dann: Wir begleiten dich ein Stück auf deinem Weg. Dann aber kann es sein, dass die Wege sich trennen. Denn Gott geht mit jedem Menschen auf dessen ureigenem Lebensweg. Für manche mag das bedeuten, von der Taufe bis zur Beerdigung in einer Gemeinde zu bleiben. Für andere mag der Weg viele unterschiedliche Richtungen und Wendungen bereithalten, und eine bestimmte Strecke ihres Weges verläuft eben in dieser Gemeinde.

Ich fragte mich: Wer sind wir als Kirchengemeinde, dass wir annehmen dürften, Menschen könnten nur bei uns zu einer guten und lebendigen Beziehung zu Gott und zu sich selbst finden? Religiöse Biografien sind heute oft sehr vielfältig und unvorhersehbar. Vielleicht wird Thomas, der zwei Jahre bei uns im Bibelkreis war, in ein paar Jahren glücklicher Buddhist, während Steffi für ein paar Jahre bei der ICF andockt, anschließend fünfzehn Jahre lang ganz agnostisch lebt und schließlich im Kabbala-Studium eine spirituelle Heimat findet. Und das darf so sein, denn Gott ist die Liebe. Für mich heißt das: Gott kennt alle Wege der Menschen und geht sie mit, auch wenn sie aus den klassischen Formen von Gemeindearbeit hinausführen.

Der niederländische evangelische Pfarrer Piet van Veldhuizen, der in seiner Kirchengemeinde De Ark bei Rotterdam Pionierarbeit leistet, betont, dass er nicht nur Einstiegsgespräche für neue Gemeindemitglieder anbietet, sondern auch Abschiedsgespräche, wenn jemand die Gemeinde verlässt. Diese Gespräche haben nichts Inquisitorisches und zielen nicht darauf ab, die Menschen in der

Gemeinde zu halten, sondern im Gegenteil: van Veldhuizen berät die Aufbrechenden, wo sie mehr von dem finden können, was sie derzeit brauchen. Und er schlägt den Gehenden vor, sich nach ein paar Monaten noch einmal zu melden und zu erzählen, wie es ihnen ergangen ist. Viele nehmen das Angebot an und manche erlauben dem Pfarrer auch, in der Kirchenzeitung von dem Gespräch zu berichten. Eines der Bilder, die Piet van Veldhuizen für seine Kirchengemeinde verwendet, ist das der »Haltestelle«: Gemeinde als Ort, an dem Menschen ein- und aussteigen können.[3]

»Start again«

Bei all dem möchte ich auf ein mögliches Missverständnis hinweisen, das ebenfalls aus dem räumlichen, statischen Verständnis von Gemeinde und Mitgliedschaft herrührt: Ein Engagement auf Zeit bedeutet nicht totale Unverbindlichkeit, sondern im Gegenteil: *Verbindlichkeit auf Zeit.* Dass die Dauer eines Engagements begrenzt ist, heißt nicht, dass sich die Menschen nicht einbringen und verlässlich engagieren. Ein solches temporäres, begrenztes Engagement, eine Verbindlichkeit auf Zeit findet sich in Theorie und Praxis vieler Erscheinungsformen des Christentums von morgen. Selbst in der zitierten Praxishilfe Ehrenamt meiner Bayerischen Landeskirche wird eine von vornherein vereinbarte Befristung immerhin als ein möglicher Grund genannt, die ehrenamtliche Tätigkeit zu beenden.[4]

Bei den FreshX gehört die Befristung sozusagen zur DNA. Der letzte der sieben Schritte in der Strategie, der viele Initiativen folgen, heißt *»start again«* (von Neuem beginnen). Das kann bedeuten, dass die Gründerpersönlichkeiten sich zurückziehen, um Platz zu machen für neue Menschen mit frischen Ideen. So war es der Fall bei den beymeistern in Köln – eine Initiative, die die Prinzipien der Fresh Expressions in Deutschland wohl mit am konsequentesten umgesetzt hat. Die beiden Gründerpersönlichkeiten zogen sich zurück, traten andere Stellen an, ihre Stellen wurden neu besetzt. Das Ladenlokal wurde aufgegeben und etwas ganz Neues beginnt – wohin dies führt, lässt sich zum gegenwärtigen Zeitpunkt (Frühjahr 2023) noch nicht sagen.

Start again – das kann auch einfach heißen: ehrlich Bilanz zu ziehen und zu überprüfen – am besten mit Sehhilfe von außen –, ob die FreshX-Prinzipien noch gelten oder ob sich ein Schlendrian eingestellt hat, der auf einmal wieder sagt: »Das haben wir immer so gemacht.« Sind die Ziele vielleicht erreicht, können wir das ganze Projekt in Ehren abschließen? Ist die Zielgruppe noch vorhanden oder hat sie sich unter der Hand verändert? Und was bedeutet das für unsere Arbeit? Können wir so weitermachen, müssen wir neue Ideen umsetzen oder müssen wir das ganze Projekt wieder sterben lassen?

Tatsächlich halte ich dieses Prinzip der Verbindlichkeit auf Zeit für einen der wichtigsten Grundsätze des Christentums von morgen. Projekte werden begonnen und abgewickelt, Gruppen entstehen, wachsen, verändern sich, schließen sich zusammen oder lösen sich auf. Initiativen betrachten ihre Aufgabe als erfüllt und suchen sich eine neue. Viele dieser Organisationen haben keine feste Mitgliederstruktur, es sind offene Plattformen, deren Teilnehmerinnen und Teilnehmer ihren Grad an Verbindlichkeit, Teilhabe und Engagement von Fall zu Fall selbst bestimmen. Selbst Lebensgemeinschaften werden nicht von vornherein mit der Absicht aufgebaut, ein Leben lang zusammenzubleiben und auch noch die Kinder und Enkel in der Gemeinschaft zu halten.

In der Segenskirche in Berlin etwa hat ein Zweig der Communität Don Camillo ein Zuhause gefunden und ein »Stadtkloster«

gegründet. »Ungefähr 30 Erwachsene, alleine, mit oder ohne Kinder, die für das ganze Leben, für ein paar Jahre oder auf Probe dabei sind, [...] Teil der Kirche sind und etwas bewegen wollen. Das ist Don Camillo.«[5] Beides steht hier als Möglichkeit nebeneinander: Verbindlichkeit für das ganze Leben oder für einige Jahre – und das sogar in einem Kloster, das im christlichen Bereich an sich unweigerlich mit lebenslanger Bindung assoziiert wird. Klar ist allerdings auch hier: Wer mitmacht, lebenslang oder für eine bestimmte Frist, ist mit vollem Engagement dabei. Verbindlichkeit auf Zeit ist eben etwas anderes als Beliebigkeit. Verbindlichkeit auf Zeit passt zu einer Epoche, deren Lebensgefühl von Veränderung und Mobilität geprägt ist, im Unterschied zur eher statischen und lokal fixierten Lebenswirklichkeit früherer Jahrhunderte. Alles ist im Fluss, alles ist voller Bewegung und Leben – und wenn das Leben andere Wege geht, gehen die Menschen ebenfalls wieder andere Wege.

Das Lebensgefühl sehr vieler Menschen ist heute grundlegend von dieser Flexibilität und Mobilität geprägt. Telefontarife und Fitnessstudio-Verträge werden jedes Jahr überprüft und ausgewechselt, wenn es irgendwo günstigere Konditionen gibt. Netflix bringt Serien mit vielen, vielen Folgen, die aber für sich genommen manchmal nur zwanzig Minuten lang sind. Und für den gemeinsamen Abend im Club oder in der Bar verabredet man sich eine Viertelstunde vorher per WhatsApp.

Mit einem Wort: Verbindlichkeit über einen langen, möglicherweise gar unbegrenzten Zeitraum ist für viele Menschen heute kaum noch vorstellbar. Das kann man bedauern, man muss es aber nicht. Es ist eben so.

Das Christentum von morgen wird auch deshalb keine einheitliche, institutionell klar aufgestellte Größe sein. Es lebt vom Experiment, vom Ausprobieren neuer Formen. So mancher Versuch wird nach einiger Zeit wieder aufgegeben werden, weil sich die Idee als nicht nachhaltig erweist. Oder weil die Beteiligten eine neue Idee haben, die sie besser finden. Es braucht ein agiles, volatiles Mindset und lockere, fluide Strukturen. Denn nicht nur die Aktiven, die Projekte ins Leben rufen und sie voranbringen, legen Wert auf temporäre Verbindlichkeit. Auch die postmodernen Zeitgenossen, für die und mit denen Initiativen und Aktivitäten gestaltet werden, denken und leben nicht in langfristigen Perspektiven, wie das in vormodernen, traditionellen Zeiten der Fall war. Gerne lassen sie sich ein auf Projekte, Kurse, Seminare und zeitlich begrenzte Gruppen. Der Hamburger Pastor Jonas Goebel spricht in diesem Zusammenhang von der »Netflixisierung« der Kirche; er denkt bei der Organisation seiner Gemeindearbeit in »Serien«, »Staffeln« und »Folgen«. Wenn dies schon in einer eher traditionellen, volkskirchlichen Gemeinde so gesehen werden kann, wie viel mehr werden die neuen, fluiden Formen des Christentums in dieser Weise strukturiert sein. Um noch einmal auf die »beymeister« Bezug zu nehmen: Wenn sie einmal eine Reihe von Gesprächsabenden planten, legten sie keinen festen Wochentag für die Treffen fest, damit verschiedene Menschen mit unterschiedlichen, fixen Abendterminen teilnehmen konnten. Wer dienstags nicht kann, kann dafür am Mittwoch. Wenn die Gruppe dann immer wieder wechselnd zusammengesetzt ist, ist das in Ordnung. Zudem war die Zahl der Abende von vornherein immer begrenzt.

Konzentrische Kreise

Mit der Einstellung, sich nicht »für immer und ewig« festzulegen, sich stattdessen auf eine bestimmte, begrenzte Zeit einzulassen und regelmäßig die Ziele zu überprüfen, kommt ein altes, urreformatorisches Anliegen zur Geltung, das Prinzip »Ecclesia semper reformanda« – »die Kirche muss sich ständig reformieren«. Ständig. Denn auch Christen von morgen sind Menschen, die allzu leicht in einen bequemen Trott verfallen könnten, der für Außenstehende keine Attraktivität mehr besitzt. Der schon zitierte Kirchenschlager aus den 1960er-Jahren bringt es auf den Punkt, im sozialromantischen Slang jener Zeit:

Das Schiff, das sich Gemeinde nennt, liegt oft im Hafen fest,
weil sich's in Sicherheit und Ruh bequemer leben lässt.
Man sonnt sich gern im alten Glanz vergangner Herrlichkeit
und ist doch heute für den Ruf zur Ausfahrt nicht bereit.
Doch wer Gefahr und Leiden scheut, erlebt von Gott nicht viel.
Nur wer das Wagnis auf sich nimmt, erreicht das große Ziel!

Die Rettungsboote und all die kleinen Wasserfahrzeuge, mit denen die Überlebenden der Titanic über das »Meer der Zeit« schippern, müssen immer wieder auch den »Ruf zur Ausfahrt« hören.

Ich bin überzeugt, dass mit dieser Einstellung auch größere Gemeinschaften leben können. So etwa scheint es beim Stadtkloster Segen in Berlin zu funktionieren, von dem vorhin die Rede war. Natürlich gibt es auch stabile Organisationen. Das Stadtkloster Segen wird sich nicht von heute auf morgen einfach auflösen. Auch mein »Traum von Auferstehung« etwa, den ich im ersten Kapitel skizziert habe, muss zumindest auf eine gewisse Dauer angelegt sein. Dabei handelt es sich ja um eine Einrichtung, die Räume angemietet und eventuell bezahltes Personal angestellt hat, die verlässlich für die Menschen da sein will und sich allein schon deswegen nicht einfach auflösen kann. Ich stelle mir vor, dass es bei einer solchen Einrichtung einen inneren Kreis gibt, eine Dienstgemeinschaft oder Weggemeinschaft, die das Ganze organisiert, die das Café, die Beratungsstelle und den Raum der Stille bespielt und trägt – oder das Ganze zumindest organisiert. Diese Gemeinschaft muss tatsächlich verbindlich sein. Wer dabei sein will, muss sich etwa auf zwei Jahre verpflichten mitzumachen; möglicherweise gibt es auch gemeinschaftliche Lebensformen. Auch wenn die Gruppe nicht buchstäblich zusammenlebt, braucht es verbindliche Gemeinschaftsformen, etwa ein Treffen jede Woche. Mitglieder dieses inneren Kreises legen sich für zwei Jahre verbindlich fest, nach diesem Zeitraum kann die Verbindlichkeit auch erneuert werden. Das alles geschieht nicht spontan nach Belieben, Abschied oder Verlängerung der Verpflichtung werden in einem jährlichen Ritual gefeiert. Ein schöner Termin für dieses Ritual könnte Lichtmess sein, der 2. Februar, das Ende des Weihnachtsfestkreises. An diesem Tag erhielten in der bäuerlichen Gesellschaft die Knechte und Mägde ihren Jahreslohn, woraufhin sie ihr Dienstverhältnis erneuern oder aber sich einen neuen Arbeitgeber suchen konnten. Auch der 1. Advent, der Beginn des neuen Kirchenjahres, bietet sich an – aber natürlich kann die Gemeinschaft jeden beliebigen Tag wählen. Er sollte nur feststehen. An diesem Tag also können sich Mitarbeitende verabschieden oder in andere, weniger verbindliche Formen der Gemeinschaft zurücktreten.

Um diesen inneren Kreis der Aktiven herum kann es dann konzentrische Kreise geben: Förderer, einen Freundeskreis und einfach Teilnehmende bei Veranstaltungen und Kursen sowie Gäste. Auch Fördermitglieder können sich für zwei Jahre verpflichten, monatlich einen bestimmten Betrag zu spenden.

Entscheidend an diesem Modell ist die zweijährliche Überprüfung: Stimmt das noch für mich? Stimmt das noch für uns? Es muss eine Kultur geschaffen werden, die es ermöglicht, ohne Schuldgefühle oder ohne böse Blicke nach zwei Jahren oder auch einem Vielfachen davon zu sagen: Ich trete jetzt wieder einen Schritt zur Seite, ich nehme mein finanzielles Engagement zurück oder meine Mitarbeit in Café oder Beratungsstelle.

Das gilt zunächst für die einzelnen Menschen im und um das Projekt herum. Aber selbst eine solche Initiative, die eine gewisse Größe erreicht hat, die Räume mietet und vielleicht sogar Personal einstellt, muss nicht unter allen Umständen bis zum Jüngsten Tag existieren. Wenn sie sich auflöst, muss das keine Katastrophe sein. Vielleicht ist das einfach nur eine Folge der Dynamik des Lebens.

8.
Das Christentum von morgen ist theologisch klar, offen und weit

Es war auf einer Pfarrkonferenz vor bald 40 Jahren – eine jener Pfarrkonferenzen, die beim Mittagläuten für den gemeinsamen Choral »Verleih uns Frieden gnädiglich« unterbrochen wurden. Das Thema war evangelikale und charismatische Strömungen, die in einigen Gemeinden Fuß gefasst hatten und von vielen der Anwesenden mit gehörigem Misstrauen betrachtet wurden. Besonders irritiert waren die gut lutherisch-volkskirchlich geprägten Kolleginnen und Kollegen über die missionarischen Erfolge der Gruppierungen; etliche hoch engagierte Gemeindeglieder und Mitarbeitende waren bereits »abgewandert«. Da meldete sich ein Teilnehmer zu Wort: »Es ist ja kein Wunder, dass diese Gruppen solchen Erfolg haben. Deren missionarisches Rezept ist ganz einfach: Sie erklären den Leuten, dass sie Sünder sind und damit vor Gott verloren – und dann präsentieren sie das Rezept zur Rettung: Schließe dich uns an, wir sind die Gemeinschaft der Frommen und Geretteten. Wenn wir ähnlich erfolgreich sein wollen, müssen wir nur die Hölle predigen und dann die Befreiung, die es nur bei uns gibt.«

Diese Analyse war freilich etwas verkürzt und vereinfacht, aber an einem Punkt gebe ich dem Kollegen bis heute recht: Viele, wenn nicht die meisten der evangelikalen und auch charismatischen Freikirchen und Neugründungen vertreten eine äußerst konservative Theologie, die geprägt ist von Gegensatzpaaren: verloren – gerettet, drinnen – draußen, Gemeinde – Welt, Gott – Satan. Sie sind dabei stark biblizistisch geprägt, das heißt, die Bibel wird wörtlich genommen und oft als direkte Handlungsanweisung für das Leben benutzt. Das führt häufig zu einer rigoros konservativen Ethik. Das wörtliche Verständnis der Bibel wird ergänzt durch die Betonung der Lehre vom stellvertretenden Sühnetod Jesu. Kurzgefasst, besagt diese Lehre Folgendes: Durch den Ungehorsam des ersten Menschenpaars im Paradies, die vom Baum der Erkenntnis aßen, weil sie wie Gott sein wollten, kam die Sünde in die Welt. Sie ging von Adam und Eva auf alle ihre Nachkommen über, bis zur gegenwärtigen Generation und in alle Zukunft. Um diese Ursünde zu sühnen, ließ sich Jesus, Gottes Sohn, ans Kreuz schlagen und nahm als unschuldiges Opferlamm den Tod auf sich. Dadurch ist die Ursünde gesühnt und somit aufgehoben – jedenfalls für die, die Jesus als ihren Herrn und Heiland anerkennen und sein Opfer im Glauben annehmen. Sie erhalten im Glauben und in der Nachfolge Jesu Anteil am Erlösungsgeschehen. Ihnen kann Gott vergeben, alle anderen aber, die sich nicht in dieser Weise zu Jesus Christus bekennen, stehen weiterhin unter dem Zorn Gottes und gehen in Ewigkeit verloren.

Ich finde es sehr nachvollziehbar, dass eine Gruppe, die in dieser Weise glaubt, einen starken missionarischen »Drive« entwickelt: Schließlich geht es um Alles oder Nichts, geht es darum, möglichst viele Menschen – nicht zuletzt die eigenen Familienmitglieder, Freundinnen und Kollegen – vor dem ewigen Tod zu retten.

Erklären solche Gruppen ihr »christliches Menschenbild«, betonen sie zwar häufig, dass die Menschen Gottes Geschöpfe, ja Gottes Ebenbild sind und als solche »eigentlich« gut sein könnten und sollten. Dann aber kommt sehr schnell die Sünde ins Spiel. Durch den »Sündenfall« sei die ursprüngliche Gottebenbildlichkeit verloren oder zumindest irreparabel verdunkelt. Die Menschen werden als verdorben und sündig beschrieben, unfähig zur Liebe und vor allem unfähig zum Heil bei Gott. Oft heißt es, die Menschen stünden zwischen Gott und dem Satan und müssten sich entscheiden, manchmal wird von dämonischen Kräften gesprochen und die »geistliche Kampfführung« ausgerufen. Dieses negative Menschenbild hat vielen Mitgliedern solcher Gemeinden und Gruppen immensen psychischen Schaden zugefügt, sie in grundlegende Verzweiflung über die eigene »Sündhaftigkeit« getrieben und so ihr Selbstwertgefühl zertrümmert.

Hinzu kommt eine rigorose Ethik, die sehr auf Eindeutigkeit setzt, vor allem im Bereich der Sexualmoral. Homosexualität, Genderfluidität und alle Formen queerer Existenz werden radikal abgelehnt. Homosexualität gilt häufig als Krankheit, die durch Gebet und »Konversionstherapie« heilbar sei. Sex vor oder außerhalb der Ehe – die selbstverständlich heterosexuell und monogam sein muss – ist Sünde; Abtreibung kommt unter gar keinen Umständen infrage. Dass in den allermeisten dieser radikal entschiedenen Formen von Christsein solche Fragen der Sexualethik einen so großen Raum einnehmen, ist angesichts der Tatsache, dass sich Jesus zu Themen der Sexualität so gut wie gar nicht geäußert hat, sehr besonders. Umso mehr, als das Erste Testament eine große Bandbreite von sexuellen Verhaltensweisen recht unbefangen zur Sprache bringt, die so gar nicht zur Sexualmoral der betreffenden Gruppen heute passen. Zum Beispiel geht das Erste Testament relativ ungezwungen mit dem Thema Prostitution um. Im Stammbaum Jesu findet sich die Prostituierte Rahab (Matthäus 1,5), die sogar Glaubensvorbild sein kann (Jakobusbrief 2,25). Tamar, die ebenfalls im Stammbaum Jesu genannt wird, verkleidet sich als Hure und schläft mit ihrem Schwiegervater, um schwanger zu werden (Matthäus 1,2; vgl. Genesis/1 Mose 38,13–26). Zu Jesu Ahnen gehören nach Darstellung der Bibel also auch Ehebrecherinnen und im Inzest gezeugte Männer. Vor allem aber wird die Polygamie, die im patriarchalen Verständnis der beiden Testamente natürlich nur dem Mann zugestanden wird, im Ersten Testament wie selbstverständlich vorausgesetzt und ist zur Zeit der Entstehung des Neuen Testamentes ganz offenbar noch gängige Praxis.[1]

Andere ethische Felder, die in der Verkündigung Jesu im Unterschied zu Fragen der Sexualität einen viel breiteren Raum einnehmen, vor allem die Themen Geld und Macht, spielen in diesen Gemeinden und im gesamten evangelikalen Spektrum dagegen eine weitaus geringere Rolle.

Die Attraktivität des Eindeutigen

Wie kann das sein, dass in einer postmodernen Gesellschaft, in der die meisten Menschen sehr individuelle, liberale und plurale Lebensentwürfe verwirklichen, solche prämodernen Haltungen mit Erfolg verkündet und geglaubt werden? Ich denke, es hängt in weiten Teilen mit genau dem postmodernen Paradigma der Liberalität und Pluralität zusammen.

In der Moderne spielt der (methodische) Zweifel für die Wahrnehmung der Welt und dessen, was darin gelten soll, eine zentrale Rolle. Vernunft und Rationalität werden hochgeschätzt und stark betont, Glaubenssätze aller Art dagegen dekonstruiert und abgelehnt. Das postmoderne Mindset kennt keine Eindeutigkeit mehr. Alles ist im Fluss, statt klarer Wahrheiten gibt es nur noch kontextabhängige Meinungen, Sichtweisen und Haltungen. Diese Unbestimmtheit kann zu einer allgemeinen Verunsicherung führen. Viele Menschen leben in einer Grundhaltung der Angst und Unsicherheit, die ihnen selbst oft gar nicht bewusst ist. Zu der Verflüssigung bisher gültiger Konventionen treten die Auflösung der ehedem starr gefügten sexuellen Identitäten und Veränderungen in den Rollenmustern zwischen Mann und Frau. Dazu kommen globale Themen wie Klimawandel, globale Konflikte und die wachsenden Existenz- und Abstiegsängste, die größer werdende Schere zwischen Arm und Reich – die Aufzählung ließe sich fortsetzen. Dieser als chaotisch wahrgenommenen Wirklichkeit setzen evangelikale und freikirchliche Gemeinden häufig eine vermeintlich glasklare Orientierung entgegen. Was richtig ist und was falsch, welche Werte zu gelten haben und was verwerflich ist, wird in einer fundamentalistischen Exegese direkt aus der Bibel abgeleitet und mit dem Anspruch der absoluten Verbindlichkeit präsentiert. In Zeiten, in denen alle Werte sich zu verflüchtigen scheinen, kann ein solches Angebot sehr attraktiv sein.

Hinzu kommt, dass missionarisch ausgerichtete, evangelikale oder charismatische Gemeinden in der Regel eine ausgeprägte Willkommenskultur pflegen. Wer zum ersten Mal im Gottesdienst auftaucht, wird herzlich begrüßt, nach dem Gottesdienst angesprochen und eingeladen, noch auf eine Tasse Kaffee zu bleiben. Die Begrüßungsteams und auch andere Gemeindemitglieder zeigen echtes Interesse an der Person. Hinzu kommen die leicht zugänglichen Formen, die alltagstaugliche Sprache, mitreißende und die Emotionen ansprechende Musik, eine lebendige und fröhliche Atmosphäre im Gottesdienst, an dem oft mehrere Hundert Menschen teilnehmen. Darin kann der und die Einzelne leicht aufgehen – ein Phänomen, das nicht von ungefähr mit dem Erlebnis etwa bei einem Rockkonzert verglichen wird[2]. Wer sich ansprechen und zum Bleiben einladen lässt, wird alsbald in eine Kleingruppe oder einen Hauskreis eingeladen – verbindliche Gemeinschaften, die rasch ein Heimatgefühl vermitteln. Man folgt dem Prinzip »*belonging before believing*« – Zugehörigkeit und Gemeinschaft gehen dem Glauben voraus. Das heißt, zuerst fühlt sich der oder die »Neue« in der Gemeinde willkommen und zu Hause, entwickelt ein Zugehörigkeitsgefühl, erst dann werden Gottesbild und Theologie übernommen.

Dazu kommt als Drittes, dass vor allem neuere, evangelikal-freikirchliche Gemeinden nicht nur durch die Form des Gottesdienstes oft große Begeisterung und emotionale Beheimatung vermitteln. Das Drinnen-draußen-Schema, die Betonung des Gegensatzes von verlorener Welt und geretteten Gläubigen schaffen Dankbarkeit gegenüber Gott, Begeisterung für Jesus und tiefe Gefühle des Ergriffenseins vom heiligen Geist. Die Erleichterung, in der allgemeinen postmodernen Irritation und Verunsicherung einen rettenden Boden und festen Anker gefunden zu haben, ist groß.[3]

Wenn es den *einen* Weg zum Heil gibt und alle anderen Wege ins Verderben führen, ist die Motivation sehr stark, auf diesem einen Weg zu bleiben und sich mit der Gruppe und ihrer Lehre dauerhaft zu identifizieren. Das kann in der Folge aber auch großen Druck erzeugen bei Menschen, die sich innerlich weiterentwickeln und ins Zweifeln geraten. Für viele ist es äußerst schwierig, Glaubenszweifel und Fragen oder gegebenenfalls das eigene homosexuelle Coming-out zuzulassen, weil sie dadurch nicht nur mit den Grundsätzen der Gruppe in Konflikt geraten, sondern meinen, damit auch das eigene Heil zu gefährden und auf ewig verloren zu gehen. Wer einmal Instagram-Accounts wie #freikirchenaussteiger, #befreitglauben, #die.dreckigen.mondraketen, #glaubensweite, #schoenerglauben #religioeses.trauma.beenden, #nakedpastor oder ähnliche – von denen es eine ganze Flut gibt – zur Kenntnis genommen hat, kann sich ein Bild machen von dem Druck und den Ängsten, die bei »Abweichlern« von der »wahren Lehre« aufkommen können. Wenn also die Begeisterung nicht mehr ausreicht, halten Druck und Angst viele dennoch bei der Stange.

Starke und schwache Bindungskräfte

Gehören die Gemeinden, wie ich sie hier skizziert habe, zum Christentum von morgen? Um dieser Frage nachzugehen, möchte ich die Unterscheidung zwischen zeitlichen und räumlichen Vorstellungen von Gemeinde noch einmal aufnehmen, von der im vorigen Kapitel die Rede war. Evangelikale oder charismatische Gemeinden der skizzierten Art funktionieren nach einem räumlichen Konzept. Wer »drinnen« ist, ist gerettet, wer »draußen« ist, ist verloren. Deswegen kommt es darauf an, möglichst viele Menschen hereinzuholen. Mission geschieht von innen nach außen: Man geht »hinaus« in die »Welt«, um Menschen für die rettende Gemeinschaft zu gewinnen und sie »hereinzuholen«. Wer die Gemeinde wieder verlässt, also (wieder) nach draußen geht, ist für die Gemeinde und womöglich für das ewige Heil bei Gott verloren. Es ist gut vorstellbar, dass solche Konzepte auch in Zukunft größere Anziehungskraft entfalten angesichts der zunehmenden und neu hinzukommenden Krisen und Unsicherheiten in der Welt. Aber das Christentum, das sie repräsentieren, ist nicht das von morgen, sondern das Christentum von heute, das sich in die Zukunft verlängert.

Das Christentum von morgen ist grundsätzlich anders ausgerichtet. Es funktioniert nach dem eher zeitlichen Konzept, das auf Entwicklung angelegt ist. Es gibt hier nicht oder nur selten die

»Bekehrung« oder »Lebensübergabe« – einen blitzartigen Moment der Erleuchtung, nach dem alles anders ist und den der berühmte Gospelsong »Amazing Grace« in die Worte fasst: *I once was lost but now I'm found, was blind but now I see* (Einst war ich verloren, nun bin ich gefunden; war blind, doch nun sehe ich).

Moderne und postmoderne Zugänge zum Glauben sind im Unterschied dazu in aller Regel nicht so abrupt, erschütternd und emotional aufgeladen. Wenn die dynamische Spannung des »Verloren – gerettet« und des »Drinnen – draußen«, fehlt, dann fehlt auch ein ganz entscheidendes Motiv für diese Aufladung, die entsprechend starke Bindungskräfte entfaltet. Eine inklusive Haltung, die die Wahrheit nicht ausschließlich bei einer bestimmten Gruppe sieht, sondern diese an vielen Orten und bei verschiedenen Gruppen findet, bewegt die Gemüter bei Weitem nicht so stark wie die Überzeugung, aus der Gefahr, auf ewig verloren zu gehen, gerettet werden zu müssen. Menschen mit dieser Haltung nähern sich vielmehr allmählich an, begeben sich in einen Prozess, in dessen Verlauf sie eine neue Sichtweise kennenlernen: Zunächst probehalber, dann mit allmählich wachsender Überzeugung beginnen sie, die »Tiefendimension« der Wirklichkeit zu erkunden, die wir Gott nennen, und mit der Gegenwart Gottes in ihrer Welt zu rechnen. Allmählich gewöhnen sie sich daran, Gott als den guten Grund des Seins zu sehen, die kreative Kraft der Liebe, die sich in dem Menschen Jesus verkörpert hat und sich in jedem einzelnen Menschen verkörpern will. Mit der Zeit wird der neue Blick selbstverständlicher, die neue Welthaltung immer mehr eingeübt. Sie bleibt aber immer erschütterbar, denn die Lebens- und Glaubenswege der Menschen sind individuell und ein hartes Richtig oder Falsch gibt es in diesem Konzept nicht.

Menschen, die den engen Kontext einer freikirchlichen oder evangelikalen Gemeinde verlassen haben, berichten, wie sie in diesem Konzept eine neue Orientierung für sich gefunden haben. Ihren weiteren Glaubensweg erleben sie oft sehr viel nüchterner, alltäglicher, eher unspektakulär.

Mystik des Alltags

Den religiösen Wert der Alltäglichkeit rücken die mystischen Erfahrungswege in den verschiedenen Religionen allerdings besonders ins Zentrum: Wer den Weg der Kontemplation geht, macht oft relativ bald tiefgreifende Erfahrungen: die Einheit von allem mit allem, Glückseligkeit, Erleuchtung. Alle Mystikerinnen und Mystiker der verschiedenen Religionen warnen aber davor, sich an diese Erfahrungen zu klammern und sie festhalten zu wollen. Die beseligenden Erfahrungen müssen links liegen gelassen werden. Auf dem Weg zur »Unio mystica«, der Einheits- oder Erleuchtungserfahrung liegen noch ganz andere Abschnitte, etwa das, was Johannes vom Kreuz als »die dunkle Nacht der Seele« beschreibt. Zeiten der geistlichen Dürre bis hin zu Unglaube und Verzweiflung wollen durchlebt und ertragen werden, wie alle meditativen und kontemplativen Wege betonen. Zudem ist das Festhalten-Wollen an der seligen Verzückung eine eher egozentrische Angelegenheit. Kein Geringerer als der große Mystiker Meister Eckhart schrieb: »Wäre der Mensch so hoch in Verzückung wie ehedem Sankt Paulus, und er wüsste einen siechen Menschen, der eines Süppleins von ihm bedürfte, ich halte es weit besser, du ließest aus Liebe von der Verzückung und dientest in größerer [Liebe] dem Bedürftigen.«[4]

Ähnliches erzählt das Neue Testament, gekleidet in eine Geschichte aus dem Leben Jesu und seiner Jünger. Auf einem Berg wird Jesus vor den Augen seiner engsten Getreuen »verklärt«, »sein

Angesicht leuchtete wie die Sonne, und seine Kleider wurden weiß wie das Licht« (Matthäus 17,2). Begeistert macht Petrus den Vorschlag, sich auf diesem Berg häuslich einzurichten. Doch Jesus lässt es nicht zu, er steigt mit den Jüngern wieder hinab vom Berg der Verklärung in die Niederungen des Alltags. Dort wird er gleich mit einem Problem konfrontiert, das seine Jünger nicht lösen können, und seufzt etwas resigniert über ihr mangelndes Vertrauen (Matthäus 17,17).

Begeisterung und starke emotionale Erlebnisse sind gut und nützlich, sie können Menschen die Tür zu einem ernsthaften spirituellen Suchen öffnen. Wer allerdings stets nur die religiöse Ekstase sucht, läuft Gefahr, das Eigentliche zu verpassen: das Geheimnis von Kreuz und Auferstehung. Was erst einmal abschreckend und negativ klingen mag, ist doch das Herz der christlichen Erfahrung. Es lässt sich nicht wegdiskutieren: Das Leben der Menschen ist immer wieder geprägt von Leiden und Verlust, es ist mühsam und mit Dornen gespickt und führt oft genug ins Scheitern. Mit dieser Beschreibung sind die Christen auch nicht allein, lautet doch beispielsweise die erste der Vier Edlen Wahrheiten Buddhas: »Alles Leben ist Leiden.«

Das ist so, doch das ist noch lange nicht alles. Die zentrale Botschaft des christlichen Glaubens lautet: Gott lässt dich in deinem Leiden nicht allein. Das ganze Leben und Sterben des Jesus aus Nazareth ist ein Ausdruck der Solidarität Gottes mit seiner geschundenen Welt und seinen Menschen, die bis in den Tod hinein reicht. Aber weil Gott Gott ist, weil Gott Lebendigkeit pur ist und Leben schafft, wo das Nichts war, deswegen bleibt es nicht bei Leid und Tod. Die Jüngerinnen und Jünger Jesu machten die Erfahrung, dass der Tod nicht das letzte Wort hat – die Erfahrung, die sie in die Worte kleideten: »Christus ist auferstanden!« Hinter dem Kreuz erstrahlt die Ostersonne.

Das ist meine hauptsächliche Kritik an vielen charismatischen Gemeinden: Sie nehmen, soweit ich sehen kann, das Kreuz nicht wirklich ernst, sondern verkündigen nur den Sieger Jesus. Wo in herkömmlichen Kirchen vor lauter Kreuzesdarstellungen oft die Ostersonne verdunkelt zu werden droht, fehlt in vielen charismatischen oder evangelikalen Gemeinden die Predigt vom Kreuz, die Predigt von der bedingungslosen Solidarität Gottes auch im »finsteren Tal« (Psalm 23,4). Das Kreuz Jesu verschwindet ganz im hellen Strahlen der Auferstehung. Damit bleibt aber etwas Wesentliches im christlichen Glauben auf der Strecke.

Denn bei einer solchen triumphalistischen Sichtweise wird das Kreuz Jesu ausschließlich als der Ort gedeutet, an dem die Ursünde der Menschheit überwunden wurde. So ist in den meisten theologisch konservativen Gemeinden die Sühnetod-Theologie, die ein bestimmtes, mittelalterliches Konzept von Sünde und Vergebung absolut setzt, immer noch der zentrale Glaubensinhalt. Die feudalistische Vorstellung, dass die »Sünde« der Menschen Gottes Majestät verletzt, wird in diesen Gemeinden ungebrochen in die Gegenwart mitgeschleppt.

Dekonstruktion

Dabei ist diese Deutung des Kreuzes beileibe nicht die einzig mögliche, ich finde sie heute auch nicht mehr angemessen. Von daher ist es nicht erstaunlich, dass sich viele Christen gerade an diesem Punkt reiben. Selbst wenn jemand die Urgeschichte, also die Schöpfungserzählung und die Geschichten von Adam und Eva, Kain und Abel sowie Noahs Arche für historische Wahrheiten hält (was an sich schon nur Menschen möglich ist, die in diesem Bereich auf wissenschaftlich orientiertes, rationales Denken verzichten), stellt sich doch auch dann die Frage: Wieso sollte der Ungehorsam eines einzigen Menschenpaares dazu führen, dass *alle* ihre Nachkommen chancenlos sind vor Gott? Und wie soll dann der Tod des Einen diese allumfassende Verwerfung aller Menschen zwar aufheben – dann aber nur für diejenigen gültig sein, die diese Aussage für bare Münze nehmen? Und was ist das für ein Monster von Gott, der ein blutiges Menschenopfer braucht, um von seinem Zorn abzulassen, um Befriedigung[5] zu erlangen? Diese krude Vulgärform der Satisfaktionslehre des Anselm von Canterbury ist in evangelikalen Kreisen weitverbreitet. Man muss aber festhalten, dass Anselms Lehre weitaus differenzierter und menschenfreundlicher ist als das, was weithin unter Sühnetod-Theologie verstanden wird. Anselm hat seine Theologie auf der Grundlage des mittelalterlichen germanischen Lehenswesens und antik-römischer Rechtsauffassung entwickelt[6], und unter den Bedingungen einer feudalen, autoritär strukturierten Gesellschaft mag sie durchaus stimmig gewesen sein. Einem modern oder postmodern denkenden Menschen vermag dieses Konstrukt allerdings nicht mehr einzuleuchten.

Theologen wie Hubertus Halbfas[7] und Klaus-Peter Jörns[8] haben sich daran gemacht, diese theologischen Konstrukte zu *de-konstruieren*, und sie finden dabei großen Anklang. Sie argumentieren, die klassische kirchliche Theologie trage antike und mittelalterliche Glaubenssysteme unhinterfragt weiter, in Lehraussagen wie auch in der Liturgie des Gottesdienstes. Es sei aber notwendig, sich von einem Gutteil der traditionellen theologischen Gedankengebäude zu verabschieden. Sie setzen dabei nicht nur wissenschaftlich-theologisch an, sondern versuchen, auch eine neue Praxis anzustoßen. So hat Jörns eine Abendmahlsliturgie entwickelt[9], deren Texte ohne den Gedanken des Sühnopfers auskommen. Gemeinsam mit anderen haben Jörns und Halbfas 2012 die »Gesellschaft für eine Glaubensreform e.V.« gegründet.[10] Ich halte diese Arbeit und die Kritik, die der Verein und seine Mitglieder an Kirche und Theologie üben, für sehr notwendig und berechtigt. Sie hat vielen Menschen, die unter engen theologischen Vorstellungen gelitten haben, geholfen, ihre Angst vor einem zornigen, strafenden Gott zu überwinden.

Dekonstruktion der überkommenen Glaubensinhalte ist ein Stichwort, das seit einigen Jahren immer häufiger begegnet und mittlerweile zu einem stehenden Begriff geworden ist. Menschen aus evangelikalen, charismatischen, pietistischen oder fundamentalistischen Gruppierungen entdecken, wie befreiend sich die »notwendigen Abschiede« auswirken, und werfen viel von dem alten, unreflektiert tradierten kirchlich-theologischen Ballast über Bord. Dekonstruiert wird vor allem das Bild vom zornigen Gott, der die Sünder strafen »muss«, dazu die Sünden- und Versöhnungslehre sowie weite Teile der geforderten Moral, hauptsächlich im Bereich der Sexualität.

Diese Inhalte zu dekonstruieren, die Angst vor Hölle und Verderben abzuschütteln ist eine Befreiung sondergleichen. Für Menschen, die unter theologischen Urteilen leiden, die sich sündig und verworfen fühlen, kann es kaum etwas Besseres geben, als diese Glaubenssätze loszuwerden. Das Christentum von morgen ist eines, das sich von solchen destruktiven, deprimierenden, unterdrückerischen Lehren freigemacht hat.

Dekonstruiert werden müssen Aussagen, die Gott auf Kosten der Menschen groß machen. Aussagen, die Angst schüren. Exklusive Heilslehren, die Gottes Liebe von einem ganz bestimmten Wohlverhalten abhängig machen, von der Zustimmung zu einem Set von Glaubenssätzen und der Zugehörigkeit zu einer Gruppe. Dekonstruiert werden muss dieses Bild von einem Gott, der rigide Vorschriften erlässt und der Blut sehen muss, um »versöhnt« zu werden.

Oft sind es Zweifel an dieser mittelalterlichen Lehre vom stellvertretenden Sühnetod des einen Gerechten für alle Sünder, die Menschen dazu bringen, das theologische Gebäude ihrer Gemeinde zu dekonstruieren. Ein weiteres Thema ist die Theodizeefrage, also die Frage, wie ein guter und barmherziger Gott das Leid in der Welt zulassen kann. Viele bringt auch die repressive Sexualmoral, besonders die Verurteilung von Homosexualität und allen queeren Lebensformen dazu, ihren bisherigen evangelikalen oder fundamentalistischen Glauben zu hinterfragen und sich für neue, weitere Interpretationen zu öffnen.

Klar, offen und weit

Das Christentum von morgen hat diese mittelalterlichen theologischen Lehren dekonstruiert. Bei den Recherchen zu diesem Buch hat es mich immer wieder erstaunt, wie offen und weit der Glaube der Menschen ist, die sich zu den hier vorgestellten Initiativen und Bewegungen zusammenfinden. Selbst wenn diese Menschen aus einem kirchlichen Hintergrund stammen, der eher an gedankliche Enge, Biblizismus und moralischen Rigorismus denken lässt, begegneten mir allerorten eine selbstverständliche Offenheit und spirituelle Frische. Soweit ich das beurteilen kann, glauben sie in der überwiegenden Mehrheit an einen liebenden Gott, der die Menschen gelten lässt und niemanden verloren gibt. Das Böse ist für sie die Abwesenheit des Guten, nicht aber eine metaphysische Größe. Es ist nicht »*der* Böse«, der Gegenspieler Gottes, der die Menschen verführt und ins ewige Verderben stürzt. Wenn das Böse als reale Macht verstanden wird, wird diese Macht im Inneren der Psyche und in den sozialen Strukturen verortet. Der Kreuzestod Jesu zeugt für sie von der Solidarität Gottes mit seinen Geschöpfen und nicht von Gottes rächendem Zorn. Sie verstehen die Bibel als historisches Dokument, in dem Menschen von ihren Erfahrungen mit Gott sprechen, nicht als von Gott direkt eingegebene Offenbarung. Und dabei beziehen sie sich in aller Klarheit auf Jesus. Diese persönliche Jesus-Frömmigkeit kann auf den ersten Blick evangelikal wirken; es fehlt aber die Enge, die so oft mit einer evangelikalen Einstellung verbunden ist.

Das ist für mich eines der spannendsten und überzeugendsten Merkmale des Christseins von morgen. Viele, die aufbrechen, sind durchaus von ihren evangelikalen Wurzeln geprägt. Daher kommt die Bereitschaft zu einer gewissen Verbindlichkeit, wie im vorigen Kapitel beschrieben. Sie lieben Jesus und versuchen, seinem Ruf ins Reich Gottes zu folgen oder, anders gewendet, die Realität des Reiches Gottes inmitten dieser Welt zu entdecken und daran mitzuwirken. Daher kommt oft ein starker diakonischer (Liebes-)Impuls. Vielen merkt man also ihre evangelikale Herkunft an, aber sie sind offen geworden, haben das enge Korsett des exklusiven, manchmal fundamentalistischen Glaubens abgelegt, ohne deswegen die Liebe zu Jesus und zu den Menschen über Bord zu werfen. Sie verstehen sich nicht »irgendwie spirituell«, sondern eindeutig und klar als Christen, dies aber in einer nicht exklusiven Weise. Das heißt, sie können andere religiöse und spirituelle Wege wertschätzen und anerkennen, ohne die eigene Tradition zu relativieren.

Nachdem die Menschen und ihre Glaubensgeschichte sehr unterschiedlich sind, geht auch die Dekonstruktion unterschiedlich tief. Manche werden zum Agnostiker, manche verlieren die spirituelle Dimension ganz und werden Atheisten. Viele dekonstruieren (zunächst) die transzendente Dimension, das heißt, sie glauben nicht mehr an einen jenseitigen Gott, bleiben aber dem Menschen Jesus, seiner Botschaft und seinem Liebesimpuls verbunden. Sie verstehen Jesus als jüdischen Rabbi mit einer speziellen Botschaft, die sie für sich übernehmen. Ich halte gerade diesen Blick auf Jesus vor seinem jüdischen Hintergrund[11] für sehr wichtig und notwendig. Diese Perspektive kann davor bewahren, Jesus allzu schnell dogmatisch zu vereinnahmen.

Bei vielen begegnet mir ein panentheistisches Gottesbild. Das heißt: Gott ist in allem und alles ist in Gott, Gott geht aber über das Vorfindliche hinaus, Gott ist gewissermaßen »mehr als alles«[12]. Gleichzeitig ist Gott in allem, das heißt auch in allen, in dir und in mir. Solcher Panentheismus tritt in unterschiedlichen Varianten auf, sei es als Prozesstheologie, als integrale Theologie, in der Form des Offenen Theismus oder in einem vom keltischen Christentum[13] oder von dem amerikanischen Franziskaner Richard Rohr beeinflussten Denken. Gerade von Richard Rohr[14] her, aber auch aus anderen Quellen wie Cynthia Bourgeault oder der integralen Theologie[15] wird ein neues Verständnis der Trinitätslehre möglich. Sie ist nun nicht mehr ein antikes Dogma, das man »eben einfach glauben muss«; sie bietet eine Möglichkeit, die unermessliche, unfassbare Größe Gottes mit seiner Gegenwärtigkeit in der Schöpfung, im Mitmenschen und im eigenen Herzen zusammenzudenken.

Der Glaube, dass Gott in allen (Menschen) zu finden ist, ist mir einmal in sehr eindrücklicher Weise begegnet. Es war während einer Tagung mit Mitgliedern eines katholischen Vereins für Gestaltpädagogik, die ich vor einigen Jahren als Referent begleitet habe. In einer der Einheiten stellte ich die Frage: »Worüber darf im Verein nicht gesprochen werden? Was sind die Tabus?« Nach einer Schrecksekunde brach es aus einer Teilnehmerin heraus. »Worüber ganz bestimmt nicht gesprochen werden darf, ist die Frage, ob Jesus Christus als Sohn Gottes einzigartig ist. Aber sind wir nicht alle auch Söhne und Töchter Gottes? Sind wir nicht im Innersten göttlich? Das ist etwas, worüber unter keinen Umständen gesprochen werden darf.« Bei dieser Teilnehmerin schien unversehens eine Version der Zwei-Naturen-Lehre auf, die sich nicht allein auf den einen historischen Menschen Jesus aus Nazareth beschränkt, sondern Geltung für alle Menschen beansprucht. Wir alle haben eine menschliche und eine göttliche Natur – wobei die göttliche Natur unter dicken Schichten von Angst und Selbstbezogenheit verborgen liegt. Auch hier ist das antike Dogma auf einmal brandaktuell, sofern es in bestimmter Weise weiterentwickelt wird.[16] Was die antiken Theologen nur für den einen Gottmenschen Jesus aus Nazareth denken konnten, erfahren immer mehr Menschen heute als ihre eigene tiefste Wirklichkeit. Wird die antike Lehre so ausgelegt, verliert sie den Nimbus der unverständlichen Lehre und wird zu einer Aussage, die die Möglichkeiten, die in uns Menschen liegen, wertschätzend ans Licht holt.

Die Theologie der Christenheit von morgen ist kein einheitlicher Strom, sie fächert sich eher auf wie ein Flussdelta. In allen Flussarmen und Verzweigungen aber fließt dasselbe Wasser. So ist die Theologie der Christen von morgen vielgestaltig, experimentell, manchmal wagemutig – und immer geprägt von großer Offenheit und Weite.

9.
Dem Christentum von morgen ist nichts heilig – dem Christentum von morgen ist alles heilig

Sommerfest in Sankt Lukas, Anfang der 90er-Jahre. Wie so oft beim Sommerfest ließ das Wetter zu wünschen übrig. Unfreundlich und – wie es im Wetterbericht dann heißt – für die Jahreszeit zu kühl. Nach dem Familiengottesdienst begann es leicht zu nieseln. Eine ganze Schar Kinder flüchtete sich in die Kirche und spielte Fangen zwischen den Kirchenbänken. Da kam ein älterer Herr zu mir und sagte streng: »Herr Pfarrer, ich dachte immer, die Kirche sei das Haus Gottes!« Ich war eine Sekunde lang irritiert, fand dann aber doch eine mir passend scheinende Antwort: »Ja, und Gott mag spielende Kinder.«

Daraufhin wandte der ältere Herr sich zum Gehen und schnaubte verärgert: »Ihnen ist wohl gar nichts mehr heilig!«

In gewisser Weise hatte er damit recht. Ich mag Kirchenräume, aber sie waren und sind für mich nicht heilig, jedenfalls nicht in dem Sinne, wie der alte Herr es offenbar verstand. Für ihn, so scheint mir, war die Kirche ein aus dem »Gewöhnlichen« herausgehobener, eben ein »heiliger« Ort, so etwas wie ein Tempel. Wir kommen damit noch einmal zurück auf ein Thema, das ich in Kapitel 6 bereits angesprochen habe. Eine Szene aus dem Buch Jesaja führt uns sehr eindringlich die Vorstellung vom Tempel als heiligem Ort vor Augen. In der Berufungsvision des Propheten sieht Jesaja »den Ewigen sitzen auf einem hohen und erhabenen Thron, und sein Saum füllte den Tempel« (Jesaja 6,1). So groß und majestätisch ist Gott, dass der Tempel gerade einmal den Saum seines Gewandes fassen kann. Seraphen, sechsflügelige Wesen, schweben um ihn her und singen die Worte, die allen Kirchgängern aus der Abendmahls- oder Messliturgie bekannt sind: »Heilig, heilig, heilig ist der Herr Zebaoth. Alle Lande sind seiner Ehre voll!« Vor diesem Gott müsste Jesaja, ein »unreiner« Mensch, vergehen, wenn nicht einer der Seraphim ihn läutern, ihm die Sünde ausbrennen würde – mit einem Stück glühender Kohle.

Dieser und andere biblische Texte haben unsere Vorstellung vom Heiligen und von der Heiligkeit Gottes geprägt. Gott ist der erhabene König, der in seiner Majestät unerreichbar im Himmel sitzt und vor dem wir Menschen null und nichtig sind. Entsprechend ist die Kirche ein Ort, an dem man nur auf Zehenspitzen geht, sich flüsternd unterhält oder am besten ganz schweigt. Ein Ort, an dem alltägliche menschliche Regungen wie lautes Reden, Niesen oder gar Lachen völlig fehl am Platz sind. Und spielende Kinder stören selbstredend diese Aura des Majestätischen, Entrückten und Besonderen. Die Kirche ist in dieser Vorstellung das Haus Gottes, der Ort, an dem Gott wohnt, an dem man Gott nahekommen kann in Gottesdienst und persönlichem Gebet.

Wenn aber Gott in der Kirche wohnt und man Gott hier begegnet, was ist dann mit dem Rest der Welt? Wenn die Kirche ein heiliger Ort ist, ist die übrige Welt profan – das bedeutet wörtlich »vor dem Heiligtum« (vom lateinischen *pro* = vor, *fanum* = Heiligtum). Ähnlich verhält es sich mit dem Gottesdienst, wie in Kapitel 6 schon angedeutet. Wenn wir Gott in der einen Stunde am Sonntagvormittag anbeten, was ist dann mit den anderen 167 Stunden der Woche? Spielt Gott darin keine Rolle mehr? Es gibt diese Karikatur des bigotten katholischen Schlitzohrs – eines Menschen, der unter der Woche »Gott einen guten Mann sein lässt«, seine Mitmenschen belügt und betrügt und nur auf seinen eigenen Vorteil schaut, und der dann am Samstag zur Beichte geht. Er lässt sich die Sünden vergeben, und schon ist alles wieder gut. Wie gesagt, das ist eine Karikatur, in der aber ein Körnchen Wahrheit enthalten ist. Denn das ist eben die Kehrseite einer präzisen Vorstellung von heiligen Orten und heiligen Zeiten, dass die anderen Orte und die anderen Zeiten nicht heilig sind, sondern profan.

Aber ist das so? Muss man das so sehen? Es gibt gute biblische Gründe dafür, nicht zwischen heilig und profan zu unterscheiden. Da ist vor allen anderen eine Szene aus der Passionsgeschichte: Die synoptischen Evangelien Matthäus, Markus und Lukas berichten, dass in dem Augenblick, in dem Jesus am Kreuz stirbt, der Vorhang im Tempel in zwei Stücke zerreißt. Johann Sebastian Bach war von diesem Bild so beeindruckt, dass er diesen Vers, der im Johannesevangelium gar nicht vorkommt, in seine Johannespassion hineinschmuggelte. Sehr eindrücklich stellen Celli und Bässe diesen Riss akustisch dar, »von oben an bis unten aus«. Was aber hat es mit dieser Geschichte auf sich?

Der Tempelbezirk in Jerusalem war architektonisch in mehrere Höfe gegliedert. Innerhalb des ersten Mauerrings lag der Vorhof der Heiden, der von allen betreten werden durfte, auch von Römern. Hier hatten auch die Händler und Geldwechsler ihre Tische. Eine weitere Mauer mit einem Tor, das nur Angehörige des jüdischen Volkes durchschreiten durften, trennte diesen Hof von einem weiteren. Den nächsten Mauerring durften nur noch jüdische Männer passieren, die Frauen mussten im Vorhof der

Frauen bleiben. Und schließlich folgte der Hof der Priester, in dem die Schlacht- und Brandopfer stattfanden. In diesem Hof erhob sich der eigentliche Tempel, und im Herzen des Tempels gab es eine Kammer, das Allerheiligste. Diesen Raum gibt es so ähnlich in den Tempeln aller anderen Religionen bis heute. Hier steht gewöhnlich das Standbild des Gottes, dem der Tempel geweiht ist. Im Allerheiligsten in Jerusalem aber stand – nichts. Es war leer. Denn der Gott Israels durfte nicht abgebildet werden. Das Allerheiligste wurde nur einmal im Jahr von einem einzigen Menschen betreten: am Versöhnungstag vom Hohenpriester. Der Raum war mit einem schweren, bodenlangen Vorhang vom übrigen Tempel abgetrennt. Dieser Vorhang ist es, von dessen Zerreißen die Evangelien berichten.

Sie bringen damit literarisch etwas sehr Entscheidendes im Hinblick auf die Bedeutung von Leben und Geschick Jesu zum Ausdruck: Die Trennung zwischen dem Allerheiligsten und der Welt, zwischen Gott und den Menschen ist aufgehoben. Im Augenblick seines Todes hat sich die Menschwerdung des Christus vollendet; denn wenn Gott sich in Jesus Christus ganz auf das Leben der Menschen eingelassen hat, dann ist der Tod der notwendige Schlusspunkt. Die Inkarnation ist erst jetzt vollendet.

Damit hat sich das Gottesbild entscheidend geändert. Gott sitzt nicht fern und majestätisch im Himmel, er wandert auf der Erde, lebt das Leben von uns Menschen und stirbt mit uns unseren Tod. Gott ist in der Welt. Gott ist nicht mehr verborgen hinter dem Vorhang. Die Menschen haben freien, ungehinderten Zugang zum Herzen Gottes. Das Allerheiligste steht offen.

Das ist die Botschaft dieses Bildes vom zerrissenen Vorhang. Die Unterscheidung von heilig und profan ist aufgehoben. Das Heilige ist nun das Profane und das Profane ist das Heilige. Je nach Perspektive.

Shane Claiborne, der eine Zeit im Sterbehaus bei Mutter Teresa in Kalkutta mitarbeitete, bringt das so zum Ausdruck: »Ich begann zu verstehen, was es bedeutete, dass der Vorhang im Tempel zerriss, als Jesus am Kreuz starb. Gott erlöste nicht bloß das Profane, sondern *er befreite alles, was heilig war.* Gott wohnte nun nicht mehr hinter dem Vorhang im Tempel, sondern in den Augen der Armen und Sterbenden, im Gewöhnlichen und Banalen, in Dingen wie Wein und Brot, beziehungsweise Chai und Samosas. Und wo immer zwei oder drei von uns sich versammeln, ist Gott unter uns.«[1]

Ein weiterer biblischer Text bestärkt diese Sichtweise. Im 1. Korintherbrief schreibt Paulus: »Wisst ihr nicht, dass euer Leib ein Tempel des Heiligen Geistes ist, der in euch ist und den ihr von Gott habt?« (6,19) Es braucht keinen Tempel aus Holz und Stein und Vorhangstoff mehr. Gott wohnt in den Menschen. Und wenn die ganze Schöpfung in Christus geschaffen ist und in ihm besteht, wie ich es in meinem Buch »Von der Anmut der Welt« vertrete und wie es etwa der Kolosserhymnus (Kolosser 1,15ff.) nahelegt, dann ist die ganze Schöpfung heilig, bis zum Rand angefüllt mit Gott. Ohne Ausnahme. Jeder Baum und jeder Regenwurm, jedes Seepferdchen und jeder Felsbrocken und jeder Mensch. Wenn wir die Inkarnation, die Welt-Werdung Gottes so radikal denken und glauben, dann ist alles heilig und nichts mehr profan.

»Heilige« Gefühle

Aber gibt es nicht doch die Erfahrung des Besonderen, des Heiligen? Gibt es nicht doch diese herausgehobenen, »magischen« Momente, Orte und Zeiten, die darauf hindeuten, dass es neben dem Profanen noch etwas Anderes, eben Heiliges gibt? In diesem

Zusammenhang wird bis heute gern auf das Buch »Das Heilige« von Rudolf Otto[2] verwiesen. Vor mehr als hundert Jahren beschrieb Otto in diesem bahnbrechenden Werk das Numinose (das Göttliche) als Mysterium in zweifacher Gestalt: als Furcht einflößendes »Mysterium tremendum«[3] und als betörendes »Mysterium fascinans«[4]. Dieses Mysterium begegnet dem Menschen von Zeit zu Zeit und weckt in ihm entweder Schauder und Furcht oder Anziehung, oft auch beides in einem.

Ja, solche Erfahrungen gibt es, wohl jeder Mensch hat solche »magischen Momente« erlebt. Man kann vermuten, dass in solchen Erlebnissen der Ursprung der Religion liegt. Schon die allerersten Menschen, die gerade erst ein Bewusstsein ihrer selbst entwickelt hatten, erlebten immer wieder Augenblicke, in denen die Welt durchsichtig wurde für eine tiefere Dimension. Augenblicke, in denen die Menschen eine Ahnung davon bekamen, dass die Welt mehr ist als das, was unsere Sinne von ihr zu erfassen vermögen. Die Menschen dachten damals sehr konkret, und so meinten sie: Wenn mir dieses Erlebnis hier widerfahren ist, dann muss das daran liegen, dass hier ein besonderer Ort ist – ein Ort, an dem die Wand zwischen dem Diesseits, der Welt der Menschen, und dem Jenseits, der Sphäre des Göttlichen, sehr dünn ist. Hier, an diesem Ort, kann man dem Göttlichen nahe sein. Hier ist ein heiliger Ort.

Auf sehr anschauliche Weise zeigt dies die biblische Erzählung von der Himmelsleiter in Genesis/1 Mose 28: Als Jakob auf der Flucht vor seinem Bruder Esau eines Nachts seinen Kopf auf einen Stein bettet, um zu schlafen, hat er einen Traum. Er sieht eine Leiter, die von der Erde bis in den Himmel führt: »und siehe, die Engel Gottes stiegen daran auf und nieder.« Dann erscheint ihm Gott und gibt ihm die Verheißung, seine Nachkommen zu einem großen Volk zu machen. Beim Erwachen wird Jakob klar: »Fürwahr, der Herr ist an dieser Stätte, und ich wusste es nicht!« Er richtet den Stein, der ihm als »Kopfkissen« gedient hat, als Altar auf und heiligt ihn mit Öl. Den Ort nennt er »Haus Gottes«, auf Hebräisch Beth-El.

Der Umstand, dass Menschen solche Erfahrungen machen, bedeutet aber nicht unbedingt, dass ihnen darin etwas begegnet, das »nicht von dieser Welt ist«, dass es also tatsächlich Dinge, Orte, vielleicht Personen gibt, die irgendwie *anders*, Gott näher sind und einer Sphäre entstammen, die »überweltlich« wäre. Rudolf Otto spricht darum nur von Gefühlen, also etwas *im* Menschen, nicht von etwas Heiligem außerhalb der irdischen Wirklichkeit. Denn das Numinose transzendiert die menschliche Realität, es liegt außerhalb der menschlichen Erfahrung. Wahrnehmen lässt sich lediglich das religiöse *Gefühl*, die irrationale Ergriffenheit, die sich etwa wie eine Abschattung, ein Reflex des Numinosen im menschlichen Bewusstsein begreifen lässt.

Wir stoßen also bei der Suche nach dem Heiligen nur auf das religiöse Gefühl, nicht auf das Heilige selbst. Darum ist die Erfahrung des Numinosen auch sehr subjektiv und nicht jedem Menschen in jeder Situation in gleicher Weise zugänglich. Zwei Menschen können unmittelbar nebeneinander in derselben Situation stehen, der eine macht eine überwältigende religiöse Erfahrung, der andere nicht. Religiöse Gefühle sind für die Glaubenslehre darum eine unsichere Grundlage. Sie lassen sich nicht reproduzieren. Kehren Sie an einen Ort zurück, an dem Sie eine besondere, tief gehende Erfahrung gemacht, eine Ahnung von Transzendenz gespürt haben – diese Erfahrung wird sich nicht einfach wieder einstellen, nur weil Sie diesen Ort wieder aufsuchen.

Dass religiöses Erleben sehr ambivalent ist, zeigt auch die Tatsache, dass sich erhabene Gefühle durchaus provozieren lassen. Entgrenzende Raumerfahrungen in einer gotischen Kathedrale, der Duft von Weihrauch, brausende Orgeltöne und mitreißender Chorgesang, bunte Gewänder und sorgsam choreografierte Aufmärsche oder gefühlvolle Anbetungslieder, eine große Zahl von Menschen, die mit geschlossenen Augen und erhobenen Händen stehen und hingebungsvoll singen – all das kann ekstatische Emotionen hervorrufen. Ebenso wie Lichtdramaturgie, theatralischer Spannungsaufbau, wabernder Kunstnebel und ekstatische Bläserensembles – sehen Sie sich auf Netflix den Film »Homecoming« über ein umjubeltes Konzert der R'n'B-Sängerin Beyoncé an oder auf YouTube den Auftritt von Prince in Montreux 2013[5]. Hier werden alle Elemente einer Theophanie eingesetzt, einer Begegnung mit dem Göttlichen, auch wenn es sich nur um – zugegeben – außergewöhnlich talentierte Menschen handelt, die Musik machen.

Das alles zeigt, dass sich erhabene Gefühle auch herbeimanipulieren lassen. Jede gekonnte Inszenierung steht in dieser Gefahr. Und das heißt: Auch wenn das Religiöse ohne das irrationale Element, ohne die Begegnung mit dem, was als heilig empfunden wird, nicht auskommt, sind Gefühle keine Basis für einen Glauben, der den Menschen und die Welt im Sinne Gottes transformiert. Sie können, wie im vorigen Kapitel beschrieben, Türöffner sein; wirklich in die Tiefe führen sie eher selten. Sie können der Entwicklung des Glaubens sogar im Weg stehen, wenn ein Mensch an diesem Gefühl festhalten und es immer wieder reproduziert haben will, statt aufzubrechen und weiterzugehen.

Die Bewegungen, die ich zum Christentum von morgen zähle, haben darum die Vorstellung vom Heiligen als etwas aus der alltäglichen Welt Herausgehobenem verabschiedet. Wie wir gesehen haben, kennen sie in der Regel keine heiligen Orte, Personen und Gegenstände. Oft haben sie gar keine eigenen Räume, haben sich in irgendein Ladenlokal eingemietet, benutzen einen Bauwagen oder eine Jurte. Damit sperren sie das Heilige nicht ein in ein besonderes Gebäude, sondern finden den heiligen Gott im Alltag, eben im Bauwagen, auf der Wiese, im Leben jedes einzelnen Menschen. Eine

Geschichte von Bodhidharma, dem ersten Patriarchen des Zen, der den Zen nach China brachte, bringt zum Ausdruck, worum es geht, auch wenn sie nicht aus der christlichen Tradition stammt: Der Kaiser Liang Wu Di fragte ihn nach dem höchsten Sinn seiner Lehre, und Bodhidharma antwortete: »Offene Weite – nichts von heilig.«

Und was ist mit den Sakramenten?

Wenn aber das Profane heilig und das Heilige profan ist, wie verhält es sich dann mit den Sakramenten, die üblicherweise als »heilige« Handlungen verstanden werden? Ich möchte dieser Frage nachgehen, indem ich zunächst auf das Abendmahl, wie es in der evangelisch-lutherischen Tradition verstanden wird, schaue.

Das Abendmahl hat mehrere Wurzeln.[6] Da sind, erstens, die vielen gemeinsamen Mahlzeiten, die Jesus zu Lebzeiten mit allen möglichen und »unmöglichen« Menschen gefeiert hat: mit Armen und Aussätzigen, mit Prostituierten und Halsabschneidern. Für diese Mahlzeiten, die Jörg Zink als »Offenes Gastmahl«[7] bezeichnet, wurde Jesus von den Frommen seiner Zeit heftig kritisiert. Aber gerade in ihnen verwirklicht er die Zuwendung des göttlichen Vaters zu den Verlorenen, den Ausgestoßenen und den in vielerlei Hinsicht Schwachen.

In den Anfängen der Christenheit versammelte sich, zweitens, die Gemeinde zum gemeinsamen, »echten« Essen, und bei diesen gemeinsamen Mahlzeiten gedachte man des Gekreuzigten und Auferstandenen, den man in der Feier anwesend glaubte. In der Erzählung von den Emmaus-Jüngern, die den Auferstandenen an der Art erkannten, wie er »das Brot brach«, spiegelt sich diese Praxis, wie auch in den Geschichten von den Erscheinungen Jesu in Galiläa.

Eine dritte Wurzel für das Abendmahl ist die Pessach-Feier, das »Fest der Befreiung« Israels aus der Knechtschaft in Ägypten. Sie bildet den Hintergrund oder besser: den tragenden Boden dessen, was sich zum »heiligen Abendmahl« entwickelte. Immerhin war die letzte Mahlzeit Jesu mit seinen Jüngerinnen[8] und Jüngern vor seiner Festnahme, Verurteilung und Kreuzigung nach dem Bericht der synoptischen Evangelien ein solches Pessach- oder Passah-Mahl. Das Feierabendmahl der 1970er-Jahre, sicher mitverantwortlich für eine Renaissance des Abendmahls in der evangelischen Kirche, bezieht sich sehr stark auf diesen Aspekt des Exodus. »Andere Lieder wollen wir singen, feiern das Fest der Befreiung ...«, so sangen es die Leute während der Kirchentage in Messehallen und U-Bahnen, oder: »Wenn das Rote Meer grüne Welle hat, dann ziehen wir frei heim aus dem Land der Sklaverei.«

Und schließlich viertens: Die wichtigste Grundlage und Quelle für das Abendmahl ist die Symbolhandlung, die Jesus nach übereinstimmenden Berichten des Paulus und der synoptischen Evangelien vorgenommen hat, samt seiner deutenden Worte: »Das ist mein Leib für euch; das tut zu meinem Gedächtnis«, und: »Dieser Kelch ist der neue Bund in meinem Blut; das tut, sooft ihr daraus trinkt, zu meinem Gedächtnis.« Diese Formulierung mag etwas fremdartig und verkürzt wirken, es ist aber ein wörtliches Zitat aus dem 1. Korintherbrief (11,24f.). Die »Einsetzungsworte« oder »Wandlungsworte«, die in der Feier der Eucharistie und des Abendmahls gesprochen oder gesungen werden, stehen nämlich so gar nicht in der Bibel. Sie sind eine Zusammenstellung aus vier verschiedenen Bibeltexten[9]. Es lohnt sich, diese Texte zu vergleichen. Dann stellt man beispielsweise fest, dass der Zusatz »zur Vergebung der Sünden« überhaupt nur ein einziges Mal überliefert wird, nämlich in Matthäus 26,28. Markus und Lukas erwähnen die Sünden nicht und sprechen lediglich davon, dass das Blut Jesu »für euch« (Lukas

22,20) beziehungsweise »für die vielen«[10] (Markus 14,24) vergossen wird; nach Paulus und Lukas wird der Leib Jesu »für euch« gegeben. Dennoch haben diese vier Worte »zur Vergebung der Sünden« eine ungemein starke Wirkung entfaltet. Gegenüber dieser nur einmal überlieferten Aussage verblassen die häufiger zitierten, allgemeiner gehaltenen Zusagen »für euch« oder gar »für alle«. Dadurch hat sich, gerade auch im evangelischen Raum, ein stark individualistisches Verständnis des Abendmahls entwickelt, es wurde zu einem Geschehen zwischen dem Herrn Jesus und dem oder der einzelnen Gläubigen. So wird es hauptsächlich als Zuspruch und Aneignung der Sündenvergebung betrachtet; Erkenntnis der eigenen Sünde und ein (allgemeines oder auch individuelles) Sündenbekenntnis sind Voraussetzung zur Teilnahme – und gewinnen oft das Übergewicht. Die frohe Botschaft, dass die Entfremdung von Gott aufgehoben ist, dass uns nichts mehr von Gott zu trennen vermag, verschwindet fast hinter der Betonung der eigenen Sündhaftigkeit. Dabei nimmt Jesus nach den Evangelien das Wort »Sünde« mit zwei, drei Ausnahmen ausschließlich im Zusammenhang mit dem Wort »Vergebung« in den Mund. Die Tradition allerdings hat aus dem Zuspruch »Dir ist deine Sünde vergeben« allzu oft bloß die Anschuldigung »Du bist ein Sünder« herausgehört. So verwundert es nicht, dass das Abendmahl in früheren Jahrhunderten einen schweren, depressiven Zug erhielt. Man kleidete sich schwarz, gedachte seiner Sünden und der eigenen Verworfenheit – und unterzog sich dieser unangenehmen Prozedur möglichst selten, nämlich an den beiden »depressiven« protestantischen Hauptfeiertagen, Karfreitag sowie Buß- und Bettag.

Auch wenn die neuere Abendmahlspraxis, die vom Feierabendmahl starke Impulse aufgenommen hat, diese depressive Grundstimmung wenigstens teilweise aus den evangelischen Kirchen vertrieben hat, muss man feststellen: Bei der Art, wie das Abendmahl bis heute in den meisten Kirchen begangen wird, kann von einer fröhlichen Feier kaum die Rede sein. Das Fest der Befreiung, die staunende, froh machende Begegnung mit dem Auferstandenen, das Offene Gastmahl mit den Menschen üblen Leumunds, das gemeinsame Essen aller Gemeindeglieder – diese Aspekte kommen oft deutlich zu kurz. Meistens kommen sie gar nicht vor, nicht einmal in der Liturgie.

In manchen Gemeinden wird am Gründonnerstag ein »Tischabendmahl« gefeiert, bei dem tatsächlich eine richtige Mahlzeit auf dem Tisch steht. Ansonsten aber ist von dem gemeinsamen Essen eine trockene Oblate übrig geblieben, vom berauschenden Wein ein winziges Schlückchen – wenn überhaupt. In der katholischen Messe bleibt der Kelch normalerweise dem Priester vorbehalten, in den evangelischen Gemeinden sind viele Menschen – gerade in Corona-Zeiten – zur »Intinktion« übergegangen, das heißt, sie tauchen die Hostie in den Kelch, aus dem Schlückchen Wein wird ein Tröpfchen, das die Hostie benetzt hat.

Keine Spur von Freudenfest, von Festmahl, von der Feier des Lebens. Gewiss geht es um ernste Themen, um den grausamen Tod des Gerechten am Kreuz. Aber hinter dem Kreuz steht schon das Morgenrot des Ostertages. Leiden, Kreuz und Tod haben gegenüber der Osterfreude, gegenüber dem Staunen, der Begegnung mit dem Auferstandenen, dem Lebendigen ein viel zu starkes Gewicht erhalten.

Desakralisierung

Das Christentum von morgen bezieht sich darum viel stärker auf die Elemente des gemeinsamen Essens und Feierns. Das »Heilige« im beschriebenen Sinn – entrückt, dem Alltag enthoben – spielt keine Rolle mehr. Stattdessen rückt das konkrete Leben der Menschen stärker in den Blick. Und so ist es kein Wunder, dass das gemeinsame Essen beim Christsein von morgen oft eine zentrale Stellung einnimmt. Wir haben gesehen, wie beim FreiRaum Prenzlauer Berg der mit Brot und Butter gedeckte Tisch im Zentrum stand. Viele FreshX-Modelle sind mit einem Café verbunden oder sie laden Bedürftige zum Essen ein. Kirchen beginnen dann, ganz neu zu leben, wenn sie – und sei es vorübergehend – zur Vesperkirche werden. Da werden dann im Kirchenraum Tische und Bänke aufgestellt und für einen symbolischen Beitrag Mahlzeiten ausgegeben, an Menschen, die sich sonst ein warmes Essen vielleicht nicht leisten könnten – und an solche, die es sich wohl leisten können, aber gern mit anderen Menschen in Kontakt kommen möchten. Viele kirchliche Startups und Initiativen bieten eine Mahlzeit umsonst oder für einen Euro an – weil Essen lebensnotwendig ist und beim gemeinsamen Mahl Begegnung entsteht.

Damit knüpfen diese Gruppierungen an die urchristliche Praxis an – in der Gewissheit, dass der auferstandene Christus unter ihnen ist, ob die korrekte Liturgie gesprochen wird oder nicht.

So erzählt David Jäggi von dem wöchentlichen Mittagstisch im Begegnungscafé Venue in Diessenhofen in der Schweiz: »Für viele ist es die einzige warme, vitaminhaltige Mahlzeit der Woche … Und während diese Menschen mit dankbarem Blick an mir vorbeiziehen, frage ich mich, ob es sein könnte, dass wir gerade Abendmahl feiern, weil Jesus Christus im Gegenüber mitten unter uns ist.«[11] Abendmahl, ohne Liturgie, sogar ohne die »heiligen« Einsetzungsworte. Einfach deswegen, weil Christus in den Bedürftigen, den »Geringsten seiner Geschwister« begegnet. Bezeichnend finde ich auch den Titel des Aufsatzes, aus dem das Zitat stammt: »Der Boden des Alltags heiligt dich.« Wenn das Heilige nicht im Alltag zu finden ist, machen wir die Inkarnation, die Welt-Werdung Gottes gleichsam rückgängig.

Ähnlich schreibt die hessische Pfarrerin Anna Elisabeth Scholz: »Wieso nicht einen Dinner-Club gründen, wenn auf dem Dorf der letzte Gasthof sowieso schon lange geschlossen ist? Brot und Wein teilen geht nach verschiedenen Liturgien!«[12] Auch wenn hier nicht explizit das Abendmahl genannt ist, ist die Anspielung eindeutig.

Hier rückt das Offene Gastmahl wieder in den Fokus, die urchristliche Praxis, sich zum gemeinsamen Essen zu treffen und im Rahmen dieses gemeinsamen Essens an Christus, seine Reich-Gottes-Botschaft, an seinen Tod und seine Auferstehung zu erinnern. »Der Boden des Alltags heiligt dich«, das heißt, Gott lässt sich im Alltag finden, in jeder Situation. Wenn nicht alles heilig ist, ist nichts heilig.

Deswegen finde ich, das Abendmahl sollte unbedingt mit »richtigem« Brot gefeiert werden, nicht mit Hostien, die wie Backoblaten vollkommen geschmacklos sind und, wenn man im Umgang damit nicht geübt ist, am Gaumen kleben bleiben. Diese papierähnlichen Hostien sind etwas wie das Heilige hinterm Vorhang. Solche Oblaten spielen im Alltag keine Rolle, außer beim Plätzchenbacken. Sie werden normalerweise nicht gegessen. Sie machen nicht satt. Wenn wir an die festlichen, fröhlichen Mahlzeiten von Jesus anknüpfen wollen, an das gemeinsame Essen in der Urgemeinde, das stets auch ein Element von Armenspeisung enthielt, dann müssen wir richtiges Brot nehmen – am besten kräftiges Bauernbrot oder Vollkornbrot, damit man tatsächlich etwas zu kauen hat. Und hoffentlich bleibt etwas davon übrig! Das wird dann anschließend beim Kirchenkaffee auf den Tisch gestellt und gemeinsam aufgegessen.

Hoffnungszeichen

Die beiden oben genannten Beispiele, das Mittagsmahl im Venue und der Dinner-Club, sind keine ausdrücklichen Abendmahlsfeiern. Deswegen möchte ich hier ein weiteres Beispiel anführen, das wöchentliche Abendmahl bei den schon öfter erwähnten »beymeistern« in Köln-Mülheim. Ursprünglich wollten die beiden Gründerpersonen, Miriam Hoffmann und Sebastian Baer-Henney, eine Zeit des Gebets nur für sich, intern, um ihre Arbeit unter den Segen Gottes zu stellen und für konkrete Personen, mit denen sie unterwegs waren, zu beten. Dazu trafen[13] sie sich wöchentlich am Freitag morgens um sieben Uhr, beteten zusammen und feierten miteinander das Abendmahl. Bald kamen aber Gäste zur Feier. Menschen aus dem Umkreis, die sich von den »beymeistern« angesprochen fühlten, die mit auf dem Sofa auf den Rheinwiesen saßen oder zu Veranstaltungen in die ehemalige Änderungsschneiderei kamen. Und sie waren willkommen. Die ganze Feier dauerte zwanzig Minuten und zu Beginn wurde die Kaffeemaschine angeworfen, so dass mit dem Ende der Abendmahlsfeier frischer Kaffee zur Verfügung stand. Alle, die teilnahmen, bekamen ein Blatt mit der aktuellen, eigens verfassten Liturgie und waren eingeladen, bestimmte Texte zu lesen. »Dadurch hat es etwas Beymeisterhaftes«, erzählt Sebastian Baer-Henney, »es ist kopflos. Und trotzdem, obwohl es neue Worte verwendet, ist es sehr konventionell im Aufbau. Wir haben das Vaterunser drin, wir haben ein Agnus dei und die Abendmahlsworte drin, nur jeweils in einer Form, die auch dem Gruppengefühl gerade entspricht.« So begegnet den Teilnehmenden »etwas Fremdes«, doch in ihrer eigenen Sprache.[14]

Ein Beispiel:

[3] Gott, schon durch alle Zeit
gehst du mit den Menschen.
Teilst ihr Leben,
berührst sie mit der guten Botschaft.
Versammelst sie,
an einem Tisch,
mit Brot und Wein.
Als Hoffnungszeichen
und zur Stärkung.
[2] Das tun auch wir.
Verbunden miteinander
hier in Mülheim
und der Welt.
Und mit dir.
[1] Und in der Nacht vor seinem Tod
Versammelte er diese Menschen
zum Essen in vertrauter Runde.
Die Menschen, die es jammerte.
Um ihre eigene Geschichte
und um das Schicksal dieser Welt.
[3] Und sah sie an
Und nahm das Brot
Und brach das Brot
Und gab es ihnen.
Und sprach dabei:
Das ist mein Leib.
Ich geb ihn euch.
Zum Leben. Denkt stets daran.
[4] Und dann nahm er
den Kelch dazu

und sah reihum in ihre Augen.
Sprach: Dies ist mein Blut.
Ich geb es euch.
Vergossen für die Welt
zur Rettung
und als Hoffnungszeichen.
Trinkt dies.
Und dann denkt an mich.[15]

Das Besondere an diesem Text ist in meinen Augen, dass hier eine moderne, aber keineswegs belanglose, sondern ästhetische und konzentrierte Sprache gefunden wurde. In den Abschnitten, die auf die »Einsetzung« des Abendmahls durch Jesus Bezug nehmen, kommen die entscheidenden Worte vor: »Das ist mein Leib« und »Dies ist mein Blut«. Nach reformatorischer Lehre genügt das, damit aus dem Teilen von Brot und Wein eine Abendmahlsfeier wird. Es kommt darauf an, dass die Teilnehmenden daran *glauben*, dass ihnen in diesem Stück Brot, in diesem Schluck Wein Christus selbst begegnet und »unter die Haut geht«, deswegen stellen diese acht Wörter »Das ist mein Leib, das ist mein Blut« das notwendige und hinreichende Minimum an Liturgie dar.

Jenseits des Heiligen

Aber was ist, wenn jemand an der Vorstellung vom Leib Christi, den wir essen, und dem Blut Christi, das wir trinken, Anstoß nimmt – obwohl er oder sie genau dies möchte und auch glaubt: dass Christus selbst begegnet und »unter die Haut geht«? Ich denke an eine Frau, katholisch aufgewachsen, die bei jeder Abendmahlsfeier in meiner Gemeinde dabei war, aber die Worte »Christi Blut, für dich vergossen« einfach weder hören noch selbst aussprechen konnte. Zu sehr wurde ihr in ihrer katholischen Kindheit wohl die Vorstellung eingebläut, dass im Kelch etwas sei, das nur aussieht, riecht und schmeckt wie Wein, »in Wirklichkeit« aber echtes Menschenblut ist. Was ist, wenn jemand mit evangelikaler Vergangenheit so sehr unter einer falsch verstandenen Sühnopfer-Theologie gelitten hat, sich so sehr sündig und verworfen und unwert gefühlt hat, dass er bei den Worten »für euch vergossen zur Vergebung der Sünde« am liebsten schreiend davonlaufen würde? Wie sollen wir damit umgehen? Natürlich können wir erklären, wir können versuchen, die Vorstellungen zu korrigieren und ein theologisch korrektes Verständnis zu vermitteln. Manchmal sitzen die geprägten Vorstellungen aber so tief, dass sie intellektueller Einsicht nicht mehr zugänglich sind. Sie sind in die Gefühlsebene abgesunken und es weckt Unbehagen und Abwehr, wenn bestimmte Begriffe fallen. Können wir diesen Menschen sagen: »Da musst du durch, es ist doch anders gemeint?« Und müssen wir sie, wenn sie da eben nicht »durch« können, bedauernd außen vor lassen?

Aus genau solchen Überlegungen heraus haben wir in der ThomasMesse in München eine »opferfreie« Abendmahlsliturgie entwickelt, ganz ähnlich wie Klaus-Peter Jörns das getan hat.[16] Diese Liturgie enthält einen gesungenen Refrain: »Du lebst in uns, in dir leben wir. Wir sind dein Leib, du bist unser Leben. In diesem Brot sind wir eins mit dir, in diesem Kelch willst du dich selbst uns geben.« Und die Einsetzungsworte hören sich folgendermaßen an:

Am letzten Abend seines Lebens,
bevor er ausgeliefert wurde
von einem seiner Gefährten,
da nahm er das Brot nach der Väter Sitte,
dankte dem Vater und brach es entzwei.

Er gab es den Seinen und sprach:
Nehmt und esst.
So wie dieses Brot,
so wird mein Leib gebrochen werden.
Doch ich werde unter euch sein,
wo immer ihr das Brot brecht.
Denn ihr seid mein Leib, ich lebe in euch.
Nach dem Mahl nahm er den Segenskelch,
er sprach das Dankgebet nach der Väter Sitte.
Er gab den Kelch den Seinen und sprach:
Nehmt und trinkt alle daraus.
Wie dieser Kelch euch vereint im Trinken,
so werdet ihr vereint sein in mir.
Leben gebe ich euch, mein Blut in eure Adern.
Teilt Freude und Leid,
so werde ich unter euch sein
alle Tage bis an der Welt Ende. Ich lebe in euch.

Mit diesem Text kann nach streng liturgischem Verständnis kein »gültiges« Abendmahl gefeiert werden. Und doch bin ich der Überzeugung, dass das Wesentliche enthalten ist. Der Leib Christi, das ist nach 1 Korinther 12, Römer 12 und Epheser 4 die Gemeinde, die Versammlung der Glaubenden. Bei der Abendmahlsfeier während eines Seminars hielt der Liturg bei den Worten »Das ist mein Leib« ein Stück Brot in der Hand und beschrieb damit eine Kreisbewegung, wobei er auf jedes einzelne Mitglied in der Mahlrunde zeigte. *Das* ist der Leib Christi, nicht (nur) dieses Stückchen Brot.

Und müssen wir wirklich glauben, dass wir Blut trinken? Immerhin findet sich diese Vorstellung weder bei Lukas noch bei Paulus. Sie lassen Jesus sagen: »Dieser Kelch ist der Neue Bund in meinem Blut.« Der Kelch enthält demnach nicht Blut als Getränk.

Er steht für den Neuen Bund, der analog zum Sinai-Bund mit dem Blut eines Opfertieres besiegelt wird. Und dieses Blut, das nicht getrunken, sondern auf den Boden gegossen wird, steht für die Lebenskraft – »Leben gebe ich euch, mein Blut in euren Adern.«

Beziehungsgeschehen

Für das Christentum von morgen zählt nicht in erster Linie der korrekte Wortlaut, die wörtlich verstandene Tradition. Für die Christen von morgen zählt die gelingende Beziehung: die Beziehung untereinander, die Beziehung zu Christus, die Ein-Beziehung derer, die sonst draußen stehen.

Die Münchner ThomasMesse ist noch weitergegangen. 18 Jahre lang hatte sich das Team immer an die Vorschrift gehalten, wonach in einem evangelischen Gottesdienst eine ordinierte Person das Abendmahl leiten und die Einsetzungsworte sprechen oder singen muss. Um dennoch deutlich zu machen, dass nicht der Pfarrer oder die Pfarrerin Gastgeberin der Feier ist, sondern die versammelte Gemeinde (der Leib Christi oder, mit Dietrich Bonhoeffer: Christus als Gemeinde existierend), wurden die Einsetzungsworte meist gemeinsam gesungen. So taten wir der Vorschrift Genüge und beteiligten doch die ganze Gemeinde. Manchmal war es mühsam, eine Liturgin oder einen Liturgen zu finden. Irgendwann war die Mühe zu groß, es standen einfach nicht genügend ordinierte Menschen zur Verfügung, um jeden Monat ThomasMesse feiern zu können. So legte die ThomasMesse München ein Sabbatjahr ein, in dem alle, die Verantwortung übernehmen wollten, sich einmal im Monat trafen, um über die Zukunft der ThomasMesse zu beraten. Am Ende stand ein überraschendes Ergebnis. Nachdem sich auch während des Sabbatjahres nicht genügend ordinierte Menschen finden ließen, beschloss das Team, anstelle des Abendmahls ein Mahl mit »Brot des Lebens« und »Wasser des Lebens« zu feiern, mit einer Liturgie, die sich ans Abendmahl anlehnte, aber die Einsetzungsworte bewusst nicht kopierte oder imitierte. Um wiederum den Vorschriften Genüge zu tun, wurde der Name für diese Feier in ThomasVesper geändert.

Für mich, auch für viele Mitarbeitende und Gäste war diese Mahlfeier ein voll gültiges Sakrament, auch wenn die Kelche weder Wein noch Traubensaft enthielten und auch die Worte von Leib und Blut Christi nicht ausgesprochen wurden. Wenn durch Christus alles geschaffen ist, was existiert, wenn Gott in jedem Staubkorn, in jedem Atom und in jedem menschlichen Herzen wohnt – wieso sollte in diesem Brot, in diesem Wasserkelch nicht Christus sein und sich denen schenken, die glauben, dass Er zu ihnen kommt?

Jörg Zink erzählt, dass er im Gefangenenlager mit Mitgefangenen Abendmahl gefeiert hat, mit Brot und Wasser. Wein war natürlich nicht zu bekommen. Und eins meiner intensivsten Abendmahlserlebnisse hatte ich während einer Freizeit von Theologiestudierenden. Obwohl diese Freizeit vom Fortbildungsreferat der Landeskirche veranstaltet wurde, war im Programm kein Abendmahlsgottesdienst vorgesehen. So saßen wir des Abends zusammen in einer Runde von sechs, acht Leuten und beschlossen: Wir machen das selbst! Die Küche des Tagungshauses war längst geschlossen. Wir fanden kein Brot und auch keinen Wein. Bier wollten wir nicht nehmen, so stellten wir einen Teller mit Keksen und ein Glas Orangensaft in die Mitte unserer Runde und feierten Abendmahl. Wenn Christus in dieser Runde nicht anwesend war, wenn Er mit seiner heiligen Geistkraft uns nicht unter die Haut, in die Herzen und in die Adern gefahren ist, dann tut er das auch nicht beim feierlichsten Hochamt. Das ist meine tiefste Überzeugung, und diese Überzeugung hat wiederum mit dem zerrissenen Vorhang im Tempel zu tun.

Und die Taufe?

Eines Donnerstags kam nach der Nachtkirche[17] ein junger Mann auf mich zu, ungefähr 30 Jahre alt. Und er fragte: »Können Sie mich taufen?«

»Na klar«, sagte ich.

»Jetzt?«

»Wie, jetzt? Jetzt gleich?«

Ich war baff. Aber der junge Mann schien es ernst zu meinen. Und während ich noch zögerte, fragte er: »Was spricht denn dagegen?«

Mit diesem Satz hatte er mich gepackt. Sofort fiel mir die Szene aus der Apostelgeschichte[18] ein, in der der Apostel Philippus dem Kämmerer (Finanzminister) der äthiopischen Königin von Jesus erzählt. Der Minister ist begeistert. Und als sie an einem Wasserlauf vorbeikommen, fragt er spontan: »Was hindert's, dass ich mich taufen lasse?«

Diese Frage des Kämmerers schoss mir in den Kopf. Und wie es der Zufall wollte – was man eben so Zufall nennt –, waren zwei Kirchenvorsteherinnen in der Nachtkirche, die ich fragen konnte, was sie davon halten. Gemeinsam beschlossen wir, den jungen Mann an Ort und Stelle zu taufen. Er war vor Kurzem aus der DDR gekommen – über Ungarn oder Jugoslawien, es war noch vor dem Mauerfall. Er wusste nicht viel über den Glauben, aber er wollte getauft werden. Und so haben wir ihn gemeinsam auf diesen Weg, diese Straße gesetzt, auf der der Kämmerer aus Äthiopien unterwegs war und auf der wir alle unterwegs sind, in der Hoffnung, dass auch für diesen jungen Mann gilt: Er zog aber seine Straße fröhlich.

Die Taufe ist in den evangelischen Kirchen das zweite Sakrament neben dem Abendmahl. Durch die Taufe wird ein Mensch offiziell in die Kirche aufgenommen. Früher hieß das auch: Er ist dem Satan entrissen, die Erbsünde wird ihm vergeben, er hat nun die Möglichkeit, das ewige Heil bei Gott zu erlangen – wenn er glaubt. Denn wer nicht getauft ist, hat bei Gott keine Chance, aber zur Taufe muss auch der Glaube kommen. »Wer da glaubt und getauft wird, der wird selig werden; wer aber nicht glaubt, wird verdammt werden.«[19] Diesen Satz hörte ich als Kind jeden Sonntag im Kindergottesdienst, der nach der alten bayerischen Liturgie abgehalten wurde.

Solche Ausschlusskriterien für die Liebesgemeinschaft mit Gott sind für die Christen von morgen schwer erträglich, selbst wenn sie in der Bibel stehen. Haben denn Menschen, die – aus welchen Gründen auch immer – vom christlichen Gott nie etwas gehört haben und nicht getauft sind, einfach Pech gehabt? Und wie kann das ewige Heil, die Gemeinschaft mit Christus an so etwas Schwankendem, Flüchtigem wie dem persönlichen Glauben hängen? Zu den Glaubenssätzen, die die Christen von morgen dekonstruiert haben, gehört der von der ewigen Verdammnis. Anders gesagt: Der Glaube an die allversöhnende Liebe Gottes ist eine der Grundüberzeugungen des Christentums von morgen – und einer der Haupt-Streitpunkte zwischen konservativen und progressiven Christen.

Niemand wird durch die Taufe zum Kind Gottes, Kinder Gottes sind alle Menschen von Beginn an. Wozu ist die Taufe dann aber gut?

Die Taufe ist die öffentliche Proklamation: Dieser Mensch ist ein Kind Gottes. Diese Proklamation erfolgt im öffentlichen Gottesdienst und – meistens – vor der Familie des Täuflings. Das ist vergleichbar mit der Trauung. Zwei Menschen können jahrelang zusammenleben, sie können einander lieben und das Leben teilen, sie können einander treu sein ein Leben lang, auch ohne verheiratet zu sein. Aber durch die Hochzeit geben sie es öffentlich bekannt. Sie bekennen sich zueinander, sie versprechen vor ihren Familien, vor ihren Freunden, vor Gott und seiner Gemeinde, dass sie beieinanderbleiben wollen. Und viele Paare, die vorher schon lange zusammen waren, sagen: Es hat sich tatsächlich etwas geändert. Es fühlt sich anders an.

Die Eheschließung hat institutionelle Konsequenzen – beim Erbrecht etwa oder bei der Steuer. Bei der Taufe geschieht Ähnliches. Der Täufling ist auch schon vor seiner Taufe Gottes Kind. Durch die Taufe wird das aber offiziell bekanntgegeben und erklärt, bekräftigt durch ein Ritual. Auch dieses Ritual hat institutionelle Konsequenzen, wie die Trauung. Der Täufling ist nun eingetragenes Mitglied der Kirche, in der er getauft wurde, hat ab einem bestimmten Alter das aktive und passive Wahlrecht für kirchliche Gremien und muss Kirchensteuer zahlen.

Und doch ist die Taufe viel mehr als nur ein Verwaltungsakt, vor allem für Menschen, die alt genug sind, um sich selbst für die Taufe zu entscheiden. Es ist etwas anderes, wenn einem auf den Kopf zugesagt wurde: Gott liebt dich als sein Kind. Und es ist etwas anderes, vor anderen laut und deutlich zu bekennen: »Ich glaube an Gott, den Vater und den Sohn und den heiligen Geist, und ich will getauft werden.« Das Ritual kann verändernde Kraft entfalten, Gewissheit schenken und eine lebensverändernde Station auf dem Lebensweg sein.

Ähnlich ist es dann auch mit dem Abendmahl. Christus ist gegenwärtig, in jedem Atom, in jedem Herzen, natürlich auch in dem Stück Brot und in dem Weinkelch, ob gesegnet (katholisch: gewandelt) oder nicht. Wenn wir aber gemeinsam in der Runde das Brot brechen und aus dem Kelch trinken, wenn wir der Proklamation glauben, die da ausgerufen wird, können wir – im Leib Christi, der wir als Gemeinde sind – die Gegenwart des Auferstandenen in besonderer Weise erfahren. Dazu gehören nicht nur die acht Worte, die den unentbehrlichen Kernbestand der Abendmahlsliturgie bilden, dazu gehört die Gemeinschaft, dazu gehört die ganze Feier, dazu gehören Glaube, Hoffnung und Liebe.

Rituale

Bei all dem, was über Abendmahl und Taufe im Christentum von morgen zu sagen ist, ist es wichtig zu betonen: Es geht nicht um Beliebigkeit, sondern um Stimmigkeit.

Taufe und Abendmahl sind im Kern Rituale, und ein Ritual bedarf einer bestimmten, gefassten Form. Diese Form soll ohne Not nicht gebrochen werden. Doch wenn nun einmal kein Wein aufzutreiben ist, ohne in die Vorratskammer des Tagungshauses einzubrechen, dann schenkt Christus die Erfahrung seiner Gegenwart auch im Orangensaft.

Es ist wichtig und es hilft, sich mit der Tradition zu beschäftigen und sich ihrer bewusst zu sein. Nicht alles ist besser, nur weil es neu und aktuell ist. Die guten Rituale haben Jahrzehnte, wenn nicht Jahrhunderte auf dem Buckel, sie wurden millionenfach begangen. Sie haben sich bewährt. Und sie haben einen weiteren unschätzbaren Vorteil: Sie sind vorgegeben, die Texte und Regieanweisungen sind vorhanden, wir müssen nicht alles neu erfinden. Das kann entlasten, und es kann die Feiernden anschließen an den Kraftstrom der guten Tradition. Durch sie stehen wir in Kontinuität zu den Generationen vor uns, sind verbunden mit Menschen in anderen

Zeiten und an anderen Orten, die auf dieselbe Weise feiern und gefeiert haben.

Aber: Könnte das nicht auch ein Argument für die lateinische Messe sein? Bis zum Zweiten Vatikanischen Konzil konnte jede Katholikin, jeder Katholik in jedem Land der Erde die Messe mitfeiern und mit den anderen Gläubigen gemeinsam sprechen und singen. Dem steht aber gegenüber, dass viele Menschen zwar die Worte sprechen konnten, aber gar nicht wussten, *was* sie da sprechen.

So ist es für das Christsein heute und morgen wichtig, Rituale auch abzuändern, wo sie ihren Sinn verloren haben. Wenn ein Ritual verkrustet und unlebendig geworden ist, wenn es nur noch deswegen gefeiert wird, weil es eben immer so gefeiert wurde – und wenn es dadurch Menschen den Zugang zu der lebendigen Erfahrung versperrt, dann müssen neue Formen gefunden werden. Manchmal genügt es, die Worte ein bisschen aufzupolieren, manchmal müssen ganz neue Rituale entwickelt werden. Hier gilt dann: Wenn alles bleiben soll, wie es ist, muss sich alles ändern. Das Neue muss sich dann aber bewähren, es gibt eine Experimentierphase, in der sicher nicht immer alles gut gelingen wird. Aber das gehört dazu. Ein Wahlspruch aus dem Design Thinking, der in FreshX oft gebraucht wird, lautet: *Fail early, fail often!* Mach früh Fehler, mach viele Fehler! Denn aus Fehlern können wir nur lernen, wie wir es besser machen können.

Das Christentum von morgen wird Fehler machen, und es wird aus den Fehlern lernen. Es wird vieles bewahren und einiges anders machen. Nicht aus Willkür, aus Lust und Laune, sondern um besser für die Menschen da sein zu können. Und das alles in dem Wissen, dass der Vorhang zerrissen ist. Christus – ja, gerade der gekreuzigte Christus – begegnet uns auch und gerade in unseren Fehlern, in unserem Scheitern. Heute und morgen.

10.
Die Christen von morgen leben mit den Armen ihrer Gesellschaft

Von allen Thesen oder Kapitelüberschriften in diesem Buch beschreibt diese wohl am wenigsten die Wirklichkeit und am meisten ein Ideal, vielleicht auch einen Auftrag für die Christenheit von morgen. Aber es geht durchaus noch steiler. »Wer bei Gott eintaucht, taucht bei den Armen wieder auf«, so sagt es beispielsweise der österreichische Theologe Paul M. Zulehner.[1]

Wer sich eine durchschnittliche Kirchengemeinde, gleich welcher Konfession, ansieht, wird feststellen, dass das nicht ganz der Wirklichkeit entspricht. Materiell arme Menschen spielen dort keine zentrale Rolle, meist nicht einmal dann, wenn die Gemeinde selbst in einem sozioökonomisch benachteiligten Quartier liegt.

Ich möchte mich diesem Thema zunächst von einer persönlichen Seite her annähern. Lassen Sie mich wieder eine kleine Geschichte aus meiner Zeit als Gemeindepfarrer in St. Lukas in München erzählen.

Die Lukaskirche liegt im Lehel, einem schicken, stark gentrifizierten Viertel zwischen dem Isartor am Altstadtring und der Isar. In den Jahren, in denen ich dort als Pfarrer lebte, war der Isartorplatz auch ein Treffpunkt für Männer ohne Arbeit, viele von ihnen alkoholabhängig, manche wohnungslos. Auf dem Weg in die Altstadt – und auch, weil hier am Isartorplatz die beste Eisdiele der Gegend zu finden war – kam ich oft dort vorbei. Und jedes Mal dachte ich mir: Müsste ich als Pfarrer, das heißt als Beauftragter von Jesus, nicht auch zu diesen Männern gehen? Waren sie nicht genauso Mitglieder meiner Gemeinde wie die gutsituierten Familien, mit denen ich sonst zu tun hatte?

Eines Tages im Herbst fasste ich mir ein Herz und machte mich auf. Ich steuerte auf eine Bank zu, auf der zwei, drei Männer mit zerfurchten Gesichtern und Bierflaschen in der Hand saßen, und fragte, ob ich mich dazusetzen dürfe. Ich war erstaunt, wie bereitwillig die Männer zur Seite rückten, um mir Platz zu machen. Und als ich mich als Pfarrer zu erkennen gab, fingen sie rasch an zu erzählen. Geschichten von Arbeitslosigkeit, Ehescheidung, Alkohol, Wohnungsverlust, Sozialhilfe – Geschichten, die ich so in meiner Gemeinde bis dahin nicht gehört hatte. Bewegt und ein bisschen beschämt kehrte ich nach zwei Stunden zurück in meine großzügige Dienstwohnung.

Etwa zur selben Zeit tauchte ein Trupp abgerissener Punks beim »Etwas anderen Gottesdienst« am Samstagabend in der Kirche auf. Sie setzten sich in die hinteren Bänke, mir rutschte das Herz in die Hose. Was hatten sie vor? Doch sie blieben einfach eine Zeit lang da sitzen und verließen die Kirche dann wieder, nicht ganz geräuschlos, aber friedlich.

Am nächsten Tag sah ich beim Spaziergang, dass die Gruppe auf der Kiesbank am Isarufer gegenüber der Kirche ihr Lager aufgeschlagen hatte. Unschlüssig zögerte ich ein paar Tage, dann gab ich mir wieder einen Ruck. Ich stieg die steile Betontreppe zur Kiesbank hinab und näherte mich dem Lagerplatz der Punks. Es war nur ein junger Mann anwesend. Er war am Samstagabend mit in der Kirche gewesen und erkannte mich als Pfarrer. Er sei Kalle, erklärte er mir, und die anderen seien unterwegs, um »Saft« zu holen; er selbst hätte noch einen Vorrat. Es dauerte einen Moment, bis ich begriff, dass es sich um Codein-Saft handelte, den sich die anderen Junkies als Substitutionsmittel für Heroin in der Drogenberatung holten. Etwas verlegen stand ich herum, Kalle zeigte sich nicht unfreundlich, aber auch nicht sehr gesprächig. Schließlich bot er mir seine Bierflasche an. Ich nahm die Flasche, widerstand dem Drang, die Öffnung mit einem sauberen Tempo abzuwischen, und nahm einen Schluck.

Ich setzte mich kein zweites Mal zu den Männern am Isartor auf die Bank. Die Punks auf der Kiesbank brachen ihre Zelte bald darauf ab, ohne dass ich einen zweiten Besuch unternommen hätte. Aber ich erzählte meiner Kollegin Uli Aldebert von meinen Begegnungen, und sie meinte, sie hätte auch schon daran gedacht, dass wir als Kirche doch etwas für diese Menschen tun müssten. Spontan luden wir zu einem »Arbeitskreis Armut« ein. Und als der Winter anbrach, öffnete die Lukasgemeinde ihren Kirchenkeller als Übernachtungsmöglichkeit für obdachlose Menschen und installierte einen monatlichen Obdachlosenbrunch im Gemeindesaal mit Essen und Live-Musik.

Warum erzähle ich diese Geschichten? Vor allem deshalb, weil sie mir selbst zeigen, wie unsicher, ja unbeholfen ich mich fühlte im Umgang mit Menschen, die so anders leben als ich in meiner Obere-Mittelschicht-Behaglichkeit. Was war aus meinen Ideen von einer armen Kirche geworden, die dem heimatlosen Wanderprediger aus Nazareth nachfolgt? Von einer Gemeinschaft, die selbst nichts besitzt oder aber in Gütergemeinschaft lebt, ein Gegenmodell zur spätkapitalistischen Konsumgesellschaft?

Diese Ideen haben ja eine handfeste biblische Grundlage. Die Armen sind ein großes Thema in der Bibel, schon bei den Propheten Israels, dann aber ganz besonders bei Jesus. »Selig seid ihr Armen; denn das Reich Gottes ist euer«, heißt es im Lukasevangelium (6,20). Vor nichts warnt Jesus so eindringlich wie vor materiellem Reichtum. »Ihr sollt euch nicht Schätze sammeln auf Erden, wo Motten und Rost sie fressen und wo Diebe einbrechen und stehlen« (Matthäus 6,19). »Die Füchse haben Gruben und die Vögel unter dem Himmel haben Nester; aber der Menschensohn hat nichts, wo er sein Haupt hinlege« (Matthäus 8,20). Seine Jünger schickt Jesus auf Predigttour mit der Mahnung: »Ihr sollt weder Gold noch Silber noch Kupfer in euren Gürteln haben, auch keine Tasche für den Weg, auch nicht zwei Hemden, keine Schuhe, auch keinen Stecken« (Matthäus 10,9). Im Gleichnis vom reichen Kornbauern sagt Gott zu dem, der seinen Reichtum hortet: »Du törichter Mensch! Noch in dieser Nacht wird dein Leben von dir zurückgefordert werden. Wem wird dann das gehören, was du dir angehäuft hast?« (Lukas 12,20 NGÜ). Der reiche Mann, der den armen Lazarus vor seiner Tür ignoriert und nach dem Tod in der Hölle schmort, bekommt gesagt: »Gedenke, Kind, dass du dein Gutes empfangen hast in deinem Leben, Lazarus dagegen hat Böses empfangen; nun wird er hier getröstet, du aber leidest Pein« (Lukas 16,25). Und so fort. Die Warnung vor den Gefahren des Reichtums und gleichzeitig die Seligpreisung der Armen, das sind zwei Hauptmotive in der Verkündigung Jesu.

Zieht man dies in Betracht, müssten unsere Kirchen eigentlich angefüllt sein mit zerlumpten, ausgemergelten Menschen, mit Obdachlosen, Hartz-IV-Empfängern, alleinerziehenden Müttern, Geflüchteten aus aller Welt. Stattdessen sitzen in den Bänken, schön vereinzelt und jeweils für sich, gutbürgerliche Mittelschichtsmenschen, die auf Anhieb unterscheiden können, ob das Orgelvorspiel von Bach ist oder von Reger. Leute wie ich selbst eben.

Was hatten wir im Studium nicht für hochfliegende Ideen! Als Gemeinschaft wollten wir leben, unseren spärlichen Besitz teilen, das Meiste weggeben; kein Auto, keinen Fernseher und keine Lebensversicherung wollten wir haben. Wie schnell ist das alles verflogen, als wir nach dem Examen plötzlich in die volkskirchliche Realität geworfen wurden!

Und hier, am Isartorplatz, wurde ich nun wieder mit diesem Thema konfrontiert. Der arme Jesus war es, der mich zu den Männern auf der Bank trieb und zu Kalle am Isarufer. Aber weiter kam ich auch nicht. Darin bin ich wohl typisch für so viele in der Kirche. »Eigentlich« wüssten wir ja, dass Jesus die Armen seligpreist und den Reichen ein »Wehe euch!« zuruft – und die Reichen, das ist nicht nur Mark Zuckerberg oder Julia Roberts oder die Familie Quandt – die Reichen, das sind wir. Denn im Vergleich zum allergrößten Teil der Weltbevölkerung sind wir unermesslich reich. Was wir uns dadurch entgehen lassen, das können wir gar nicht ahnen. Dazu etwas später.

Nun ist es nicht so, dass die Armen in der Kirche ganz übersehen würden und gar keine Rolle spielten. Im Gegenteil, die Armenfürsorge wurde schon in der Urgemeinde in Jerusalem, wenige Jahre nach Tod und Auferstehung Jesu, als wichtige Aufgabe erkannt, nachzulesen in der Apostelgeschichte, Kapitel 6. Und in allen Jahrhunderten bekamen Bettler an der Pforte jedes beliebigen Klosters einen Teller Suppe oder einen Kanten Brot. Bis heute ist das so: In der Münchner Insel, »meiner« Krisenberatungsstelle, gibt es eine Liste mit Adressen, an denen in München kostenloses Essen ausgegeben wird. Darauf stehen fast ausschließlich die Anschriften von Klöstern und Ordensgemeinschaften. Und das ist auch gut so. »Aber auch die christlichen Gemeinden waren immer ein Ort, wo den Armen geholfen wurde. Oft waren Kirchenraum und Hospiz mit den Kranken unter einem Dach«, schreibt Paul M. Zulehner.[2]

Davon ist heute vielerorts nicht mehr viel zu sehen. Die allermeisten Kirchengemeinden leben nicht mehr mit den Armen.

Fürsorge, Unterstützung, Lebensmittelausgabe sind delegiert an die Diakonie, die Innere Mission oder die Caritas. Diakonie und Innere Mission sind gemeinnützige eingetragene Vereine, die Caritas ist ein rechtlich selbstständiger Verband. Als eigenständiger Verein gegründet, wurde die Innere Mission in der Mitte des 19. Jahrhunderts, weil die Kirchengemeinden sich eben nicht um die durch die Industrialisierung entwurzelten Kinder und Jugendlichen kümmerten. Heutzutage sind für Nachbarschaftshilfe und häusliche Pflege oft Diakonie- oder Sozialstationen zuständig, die zwar an Kirchengemeinden angegliedert sind, aber als eigenständige eingetragene Vereine betrieben werden. Das hat sicher auch organisatorische und steuerrechtliche Gründe, aber es unterstreicht einmal mehr, dass die meisten Gemeindemitglieder mit sozialen und diakonischen Aktivitäten in aller Regel wenig bis gar nicht in Berührung kommen.

Die Kirche und die Suppe

In jüngerer Zeit gibt es jedoch auch andere Entwicklungen. Immer mehr Kirchengemeinden entdecken ihre Verantwortung für die materiell Armen in ihrer Gegend und fangen z.B. an, eine Versorgung mit Lebensmitteln zu organisieren. Suppenküchen, Vesperkirchen und Tafeln entstehen. Das begann mit dem Ende der wirtschaftlichen Boomphase, den Wirtschafts- und Finanzkrisen seit Beginn des 21. Jahrhunderts, die ältesten Kirchenküchen haben schon ihr 25-jähriges Jubiläum gefeiert.[3] Der Inflationsschock im Jahr 2022 hat der Bewegung einen neuen Schub verliehen, an vielen Stellen sind Essensausgaben in Gemeindehäusern und auch in Kirchenräumen entstanden.

Vor allem die sogenannten Vesperkirchen zeigen, dass in manchen Kirchengemeinden ein tiefgreifendes Umdenken in Gang gekommen ist. Denn für Vesperkirchen werden in der Regel tatsächlich die Kirchenräume zum Speiselokal umfunktioniert. »Die Idee: Die Gemeinde öffnet in der kalten Jahreszeit den Kirchenraum, ihren besten und wichtigsten Raum, ihr ›Wohnzimmer‹«, liest man auf der Website der Vesperkirche in der Nürnberger Südstadt.[4] Die Menschen, die Hilfe benötigen, werden also nicht verschämt in einem Winkel des Gemeindehauses abgefertigt, sondern eingeladen ins »Allerheiligste«. Dafür werden die Kirchen teilweise sogar ausgeräumt. »Um die Kirche in ein stimmungsvolles Restaurant umzugestalten, sei zudem geplant, die Kirchenbänke für den Zeitraum der Vesperkirche zu demontieren«, beschreibt das Sonntagsblatt das Vorhaben im oberbayerischen Neufahrn.[5]

Laut Wikipedia gibt es im Raum Baden-Württemberg derzeit 47 Vesperkirchen, in Bayern sechs und im übrigen Bundesgebiet sieben. Daneben ist in den letzten Jahren eine erkleckliche Anzahl von Kirchenküchen, Suppenküchen oder auch Suppenkirchen entstanden. Eine kleine, zufällige Auswahl umfasst etwa die Suppenküche an der Thomaskirche Leipzig, die Initiative »Mit Laib und Seele« der Nikolaikirche Hamburg-Harvestehude, die Suppenküche der Jona-Gemeinde Ludwigshafen oder die von Caritas und Kirchengemeinden in Rheine; weitere Suppenküchen wurden in St. Laurentius Bergisch Gladbach, in Hagen, in der Gemeinde Herz Jesu in Berlin-Mitte, in Güstrow, Stuttgart-Gablenberg oder Ruhrort-Beeck angeboten. Als Suppenkirche bezeichnen sich die Erlöserkirche Bamberg und die Evangelische Kirchengemeinde in Euskirchen. Und um Menschen, die im Winter 2022/23 mit den rasant angestiegenen Heizkosten zu kämpfen hatten, einen warmen Ort anzubieten, startete die Erlöserkirche Amberg zusammen mit dem Verein Zamhaltn die Aktion WARMumsHERZ: An zwei Nachmittagen in der Woche wurde der geheizte Gemeindesaal geöffnet, ein warmes Essen und Getränke standen bereit, daneben wurde auch Beratung angeboten.

Dabei sind die Angebote sehr unterschiedlich: Manchmal gibt es nur sonntags nach dem Gottesdienst einen Teller Suppe, manchmal an 365 Tagen im Jahr, meistens an mehreren Tagen pro Woche. Viele Vesperkirchen beschränken ihr Angebot auf die Wintermonate oder überhaupt auf wenige Wochen im Jahr. Mancherorts gibt es nur Suppe, häufig aber auch ein 3-gängiges Menü; manchmal bekommen die Gäste nach der Suppe noch Kaffee und Kuchen gereicht. Alle diese Initiativen werden mit großem ehrenamtlichem Engagement gestemmt, und überall betonen die Gäste, wie gut es tut, neben dem warmen Essen auch zwischenmenschlichen Kontakt zu finden. Dementsprechend suchen oft nicht nur materiell arme Menschen diese Orte auf, sondern auch solche, die ein Bedürfnis nach menschlicher Nähe spüren. Beim gemeinsamen Essen ergibt sich viel leichter ein Gespräch als im Gottesdienst, wo man isoliert in seiner Bank sitzt und anschließend wieder nach Hause geht.

Es wäre ein Leichtes, noch viele andere Initiativen und Aktionen aufzuzählen. Manchen mag diese Vielzahl erstaunen; ich finde es allerdings eher erstaunlich, dass Vesperkirchen und Suppenküchen immer noch so große Aufmerksamkeit finden, weil sie etwas Besonderes sind, dass es also nicht zum selbstverständlichen Repertoire einer jeden Kirchengemeinde gehört, die Menschen an Seele und Leib zu nähren.

Vom Helfen und vom Teilen

Ich möchte noch einen anderen Sachverhalt etwas genauer betrachten: Die angesprochenen Aktionen bewegen sich alle im Bereich der *Hilfe*. Hilfe für Menschen in Not ist gut und notwendig und aller Ehren wert – es wäre zu wünschen, dass es noch viel mehr solcher Initiativen zur Hilfe gäbe. Und doch ist solche Hilfe noch etwas anderes als *mit den Armen zu leben*. Die helfenden Menschen zeigen zweifellos durch die Bank Herzlichkeit und menschliche Wärme, gleichwohl ist es in der Beziehung zwischen hilfsbedürftiger und helfender Person schwer, auf gleicher Augenhöhe zu handeln. So richtig und wichtig es ist, Bedürftigen zu helfen, so wenig selbstverständlich ist ein echter, tiefer geschwisterlicher Austausch. Die Helferin steht gewissermaßen »über« dem Hilfsbedürftigen, und das ist kein persönlicher Hochmut, sondern strukturell bedingt. Wenn ich helfe, besteht zwischen mir und der hilfsbedürftigen Person gewissermaßen immer eine Armlänge Abstand. Die Armen sind *Objekte* der Hilfe. Das kann dann auch dazu führen, »dass eher Abhängigkeit vom Helfenden entsteht, statt ein Leben auf eigenen Füßen.«[6]

Vor ein paar Jahren machte in »frommen« Kreisen ein Buch mit auffallendem Titel Furore: »Ich muss verrückt sein, so zu leben« von Shane Claiborne. Der Autor war ein frommer Südstaaten-Bursche, aufgewachsen im Bible Belt der USA, der zum Studium der Soziologie nach Philadelphia ging. Dort luden ihn eines Tages zwei Kommilitonen ein, mit in die Innenstadt zu gehen, um dort mit ihren obdachlosen Freunden »abzuhängen«.[7] Shane, der bis dahin nicht einmal wusste, dass es Menschen gibt, die kein Zuhause[8] haben, war zuerst geschockt, dann neugierig und ging mit. Nachdem er eine Menge Ängste überwunden hatte, stellte er fest: Er wird auf den nächtlichen Straßen nicht ausgeraubt, »die Leute auf den Straßen raubten mir bloß mein Herz. Irgendwann wurden sie Freunde. Ich hab einige der unglaublichsten Leute kennengelernt, die mir je begegnet sind.«[9] Er resümiert: »Ich habe von den Tränen obdachloser Mütter mehr über Gott gelernt als je durch irgendeine systematische Theologie.«[10]

Seine wahre »Bekehrung« erlebte er aber, als eine Gruppe obdachloser Menschen, hauptsächlich Mütter mit Kindern, die leerstehende, aufgegebene Kirche St. Edward's besetzte. Die Bistumsleitung stellte ein Ultimatum: Binnen 48 Stunden hätten die Besetzerinnen die Kirche zu verlassen, andernfalls werde die Polizei zur Räumung gerufen. Spontan machten sich Claiborne und viele seiner Kommilitoninnen und Kommilitonen auf und gingen zu den Familien in die Kirche, rollten ihre Schlafsäcke aus und hängten ein Transparent an die Kirchenmauer: »Wie können wir sonntags einen Obdachlosen anbeten und ihn montags abweisen?« Der Einsatz hatte Erfolg. Die Kirche wurde nicht geräumt, im Lauf der folgenden Wochen fanden alle Familien auf unterschiedlichen Wegen Unterstützung und eine feste Bleibe.

»In St. Ed, da bin ich wiedergeboren worden ... noch einmal«, bekennt Shane Claiborne[11], und nun macht er wirklich Ernst. Er bricht auf nach Kalkutta zu Mutter Teresa und verbringt Monate in der Leprakolonie. Im März 2003 schließlich geht er in den Irak, um dort mit den Menschen zu leben, die von seinem Land, den USA, bombardiert werden. Wenn er Leprakranken in Kalkutta oder Bombenopfern in Bagdad hilft, sitzt er neben ihnen auf dem Boden. Sie sind nicht Objekte seiner Nächstenliebe. Sie sind selbstständige Subjekte, von denen zu lernen Claiborne als Ehre empfindet, auch wenn er ihnen die Verbände wechselt oder beim Essen hilft.

Von Franziskus von Assisi wird ebenfalls eine Begegnung mit einem Leprakranken erzählt. Er gab ihm kein Geld oder sonst ein Almosen. Vielmehr ging Franziskus auf den Aussätzigen zu und umarmte ihn. Er gab ihm dadurch vermutlich mehr, als wenn er ihm aus der Ferne ein Goldstück vor die Füße geworfen hätte. Und vor allem: Er selbst, Franziskus, wurde durch diese Begegnung im Innersten verändert.

Auf eine Veränderung dieser Art hoffe ich, wenn ich meiner Erwartung Ausdruck gebe, dass die Christen von morgen *mit* den Armen ihrer Gesellschaft *leben*. Einen klitzekleinen Bruchteil dieser Erfahrung machte ich selbst, als ich mich am Isartorplatz auf die Bank setzte und als ich zum Lager der Punks hinunterstieg. Jahre später ging mir auf, dass der gemeinsame Schluck aus der Bierflasche mit Kalle, dem substituierten Junkie, ein Abendmahl war.[12] Hier war mir Christus begegnet. Erfahrungen dieser Art berauben wir uns, wenn wir die Armen übersehen.

Aber was macht es einer Kirchengemeinde so schwer, mit den Armen zu leben?

Ich kann und will hier nicht für andere sprechen, deswegen setze ich neu an und beginne wieder bei mir. Was machte mir den Weg zu den Männern auf der Bank am Isartorplatz so schwer? Es war in erster Linie Angst. Angst wovor? Meine Befürchtung war sicher nicht, am helllichten Tag ausgeraubt zu werden. Es war eine diffuse, mir selbst kaum bewusste Angst, und heute glaube ich, es war die Angst, mit meinem eigenen Schatten konfrontiert zu werden. Im Vergleich zu diesen Männern hatte ich doch einfach Glück gehabt: das Glück, in eine einigermaßen gebildete Mittelschichtsfamilie hineingeboren zu werden. Das Glück, aufs Gymnasium gehen und Abitur machen zu können. Das Glück, einen krisenfesten Beruf zu ergreifen. Mir fiel ein Lied ein von Phil Ochs, das durch Joan Baez berühmt wurde:

Show me a prison, show me a jail,
Show me a prisoner whose face has gone pale.
And I'll show you a young man with so many reasons why –
There but for fortune go you or I, you or I.

> Zeig mir ein Gefängnis, zeig mir einen Knast,
> Zeig mir einen Gefangenen, dessen Gesicht fahl geworden ist.
> Und ich zeige dir einen jungen Mann, der so viele Chancen hatte –
> Dort, wenn wir nicht Glück gehabt hätten, wären jetzt auch du oder ich, du oder ich.[13]

Ich glaube, das war – wie unbewusst auch immer – meine Hauptangst, mit dieser Möglichkeit konfrontiert zu werden: Dort, wenn ich nicht Glück gehabt hätte, könnte ich jetzt auch sein.

Wie meine ganze Kirche lebe ich in der babylonischen Gefangenschaft der Mittelschicht. Wir sind bürgerlich und halten uns für normal. Was von dieser Normalität abweicht, erzeugt bei uns Angst oder auch Ekel, verbunden mit Scham der Besitzenden, Schuldgefühlen, vielleicht aber auch mit Stolz: »Seht her, ich habe es geschafft, ich bin nicht so wie *die da*.« Das sind alles Gefühle, die wir nicht so gerne fühlen wollen. Nirgends wurde mir dieses Gefühlsgemisch – bei mir und anderen Gemeindegliedern – so deutlich wie an den Sonntagen, an denen eine rumänische Bettlerin vor und nach dem Gottesdienst auf den Stufen der Kirche saß und den Kirchgängern mit aufgehaltener Hand »Alles Gute!« wünschte. Alle waren wir hilflos, fühlten uns gestört und zugleich gerufen. Aber was hätten wir mit der guten Frau machen sollen? Wir ließen sie sitzen, manche drückten ihr einen Euro in die Hand und versuchten, die Begegnung so schnell wie möglich zu vergessen.

Noch einmal: Warum erzähle ich diese Geschichten? Sicher nicht, um jemanden zu verurteilen, als Erstes müsste ich mich da ja selbst verurteilen. Nein, mir wurde bei der Beschäftigung mit diesem Thema immer wieder bewusst, was uns entgeht, wenn wir in unserer Blase bleiben. Dabei kann ich gar nicht genau sagen, wie es sich auswirken würde, wenn wir uns tatsächlich aufmachten, um mit den Armen unserer Gesellschaft zu leben. Doch ich bin mir sicher: Wo sich eine Gemeinde, eine Initiative, eine Gruppe oder ein einzelner Mensch auf den direkten, echten, menschlichen Kontakt mit armen Menschen einlässt, da geschieht etwas. Was genau geschieht, ist vermutlich immer wieder etwas anderes. Auf jeden Fall, davon bin ich überzeugt, jauchzen die Engel. Und Christen werden wahrhaft zu Nachfolgern des armen Wanderpredigers Jesus.

»Verkaufe, was du hast, und gib's den Armen!«

Das heißt nicht automatisch, dass Christen selbst im buchstäblichen Sinn arm werden müssen. Wer nichts hat, kann auch nichts abgeben. Lange Zeit meines Lebens erschien mir der letzte Satz wie eine billige Ausrede. Lange habe ich mich etwa mit der Geschichte vom »Reichen Jüngling« (Matthäus 19,16–23) auseinandergesetzt. In dieser Geschichte spricht ein junger Mann Jesus an und fragt ihn, was er tun müsse, um das ewige Leben zu erlangen. Jesus antwortet ganz schlicht mit dem Hinweis auf die Zehn Gebote und die Nächstenliebe. Doch dem jungen Mann genügt das nicht. »Das habe ich alles gehalten; was fehlt mir noch?«, fragt er weiter. Und nun kommt der Satz, der mich lange Zeit so umtrieb: »Jesus sprach zu ihm: Willst du vollkommen sein, so geh hin, verkaufe, was du hast, und gib's den Armen, so wirst du einen Schatz im Himmel haben; und komm und folge mir nach!« An diesem Rat aber scheitert der junge Mann. Er geht betrübt davon, »denn er hatte viele Güter«.

Immer wieder setzte ich mich mit dieser Geschichte auseinander, denn ich sah mich selbst in dem Jüngling. Sollte Jesus von mir verlangen, alle meine Habe aufzugeben und gewissermaßen unter der Brücke zu leben wie die Punks? Franz von Assisi hat es so gemacht.

Aber musste ich ein Franz von Assisi sein? Ich sah und sehe mich dazu nicht in der Lage. Mittlerweile ist mir an der Geschichte aber ein Detail aufgefallen, das ich lange übersehen hatte. Jesus verlangt von dem jungen Mann gar nicht, alles aufzugeben. Das Einhalten der Gebote – was schwer genug ist – genügt. Erst als sich der Jüngling mit diesem Weg nicht zufriedengeben will, macht Jesus den weitergehenden Vorschlag. Die entscheidenden Worte Jesu lauten: »Willst du vollkommen sein ...«

Ich habe für mich daraus den Schluss gezogen, dass es tatsächlich mehrere christliche Wege gibt. Nicht alle, die als Christen leben wollen, müssen vollkommen sein in dem Sinn, dass sie selbst arm leben. Auch Jesus hatte Unterstützerinnen und Unterstützer wie die Geschwister Martha, Maria und Lazarus oder Joseph von Arimathäa, die Haus und Gut behielten, damit aber Jesus (und vermutlich andere mittellose Menschen) unterstützten. Schon immer gab es also mindestens zwei unterschiedliche Wege der Nachfolge: »In der Gruppe der ›Wanderradikalen‹ mit Jesus zu gehen oder im Rahmen der gewohnten Lebensumstände nach dem Prinzip der Liebe zu leben.«[14]

Hingehen

Was mir Hoffnung gibt, sind Initiativen und Gemeinschaften, die Ernst machen. Menschen und Gruppen, die ihre Mittelschicht-Schranken überwinden und tatsächlich dorthin ziehen, wo sozioökonomisch benachteiligte Menschen leben. Dazu zählt etwa die schon erwähnte Lebensgemeinschaft Polylux in Neubrandenburg, es gibt aber eine ganze Reihe weiterer, ähnlicher Aufbrüche. Da ist zum Beispiel die Lampion Community in Iserlohn, gegründet von einer Familie, die vorher sieben Jahre bei Polylux lebte und dann aus familiären Gründen ins Sauerland zog, und einem jungen Paar. Ganz bewusst mieteten sie sich in einem Hochhaus ein, »in das wenige Menschen freiwillig ziehen würden: Hohe Arbeitslosigkeit, Graffiti an den Wänden und man muss Glück haben, wenn der Aufzug funktioniert.«[15] Die Wohnungen werden übers Sozialamt vergeben, also mussten sie erst einmal dafür sorgen, »dass man vorher so wenig verdient, dass man einen Wohnberechtigungsschein bekommt«.[16] Dabei ging und geht es ihnen um das »Teilen der wertvollen Alltäglichkeit ... Authentisches Leben ohne Bühne und Mikrophon. Um Liebe ohne zweite (Missionierungs-)Agenda«.[17] Das Wichtigste ist, das Leben der Menschen zu teilen im am stärksten sozial-ökonomisch belasteten Teil der Stadt, in einer Gegend, in der Kinder neben Drogendealern Fußball spielen. Und die Mitglieder der Community berichten von vielen gelingenden und beglückenden, aber auch vielen ganz normal-menschlichen Begegnungen und Kontakten. Mittlerweile ist in unmittelbarer Nähe des Hochhauses ein sozialer Coworking-Space mit dem schönen Namen »Frohet Schaffen« entstanden, dessen Ziel Jonte Schlagner, einer der Initiatoren, so beschreibt: »Wir wollen der Tendenz gesellschaftlicher Trennung entgegenwirken. Wir wollen Brücken bauen zwischen dem Quartier und der lokalen Gesellschaft ... Eine Heimat für Netzwerkarbeit, Quartiersentwicklung und soziale Arbeit«[18] soll entstehen. Die Community arbeitet als Teil der Evangelischen Versöhnungskirchengemeinde eng mit deren Sozialzentrum Lichtblick zusammen und möchte dazu beitragen, dass den Menschen im Hochhaus geholfen wird. Helfen geschieht hier aber nicht von der »höheren« Position des Besitzenden, die Mitglieder der Community leben unter genau denselben Bedingungen wie die anderen Bewohnerinnen und Bewohner.

Mich beeindruckt diese Haltung, erst einmal absichtslos da zu sein. Keinen Zweck zu verfolgen. Diese Form der Lebensgestaltung scheint mir charakteristisch zu sein für die in Kapitel 8 angedeutete »postevangelikale« Haltung. Die Community-Mitglieder sind von einer tiefen Liebe zu Jesus und zu den Menschen erfüllt, aber sie müssen niemanden bekehren. Sie sind einfach da, als Menschen, als Nachbarn.

Sie sind nicht die Einzigen, die dem Impuls folgen, *mit* benachteiligten Menschen zu leben. Im Jahr 2010 wird im Wohnzimmer von Familie Riewesell in Kaufungen der Verein Jumpers (Jugend mit Perspektive) e.V. gegründet. Das Ziel ist, Kindern aus benachteiligten Gegenden bessere Lebenschancen zu eröffnen. Die Website www.jumpers.de vermeldet lakonisch: »März 2011: Projektleiter Kai Bißbort zieht mit seiner Familie nach Helleböhn, um ganz nah bei den Menschen im Stadtteil zu sein.«[19] Wenige Worte für eine große Entscheidung, für ein Leben in Solidarität und auf Augenhöhe.

Im Plattenbaugebiet Silberhöhe in Halle an der Saale steht einer der vielen Bauwagen, die die Christen von morgen aufstellen (siehe Kapitel 6). Am Anfang stand die Frage des örtlichen Pfarrers, »warum kaum einer aus der ›Platte‹ hier bei mir ist in diesem riesigen Begegnungszentrum, das doch extra für die Menschen dieses Viertels gebaut worden ist.«[20] Also stellte die Kirchengemeinde zusammen mit der Stadtmission einen alten, verrosteten Bauwagen aus DDR-Zeiten auf der Silberhöhe auf, dem »Spitzenreiter in vielen Statistiken: die meisten Sozialhilfeempfänger, Teenie-Mütter, Kinder mit Förderbedarf und Drogenabhängige«.[21] Das Ziel: »Wir wollten kennenlernen, was uns oft fremd erscheint. Wir wollten nicht als die Helfer in ein ›Problemviertel‹ einreiten. Wir waren einfach nur neugierig auf das Leben und auf die Geschichten, die sich in ihm ereignen.« Die Betreiber verstehen den Bauwagen in erster Linie als »Kontaktfläche«, als »Ort, an dem Menschen in Kontakt kommen. Freude und Sorge teilen.« Mit großer Verlässlichkeit: »Bei Schneesturm, oder wenn wegen Corona alles andere ausfällt. Wir sind da.«[22]

Es ist weniger als klassische Sozialarbeit und zugleich viel mehr. Die Menschen, die hinter dem Bauwagen oder mit dem Bauwagen auf der Silberhöhe stehen, verfolgen keine eigene, vorgefasste Agenda, die sie mitbringen und umsetzen wollen. Sie sind offen für das, was die Menschen vor Ort brauchen. Und das ist vielleicht zuallererst Aufmerksamkeit und ein verständnisvoller Blick. Alles Weitere mag sich ergeben.

Auch die Menschen von »Nebenan« im Ortsteil Rotensee in Bergen auf Rügen[23] leben vor Ort in der »Platte« und richten ihre Aktivitäten an dem aus, was ihre Nachbarn brauchen und wollen. Ähnlich in Marburg im Stadtteil Richtsberg, einem der Quartiere, für die die Bezeichnung »sozialer Brennpunkt« erfunden wurde. Hier leben die Menschen der offenen christlichen Gemeinschaft CENTRAL, die mit mittlerweile 80 ehrenamtlich Mitarbeitenden eine breite Angebotspalette bereithält, ausgerichtet an den Bedürfnissen der Menschen in der Nachbarschaft: »Café, Lernzeit, Girlsclub, Krabbelgruppe, Gebet, Brot&Butter, Kinderclub, Teensclub S, M, XL und Feuer, Gipfelstümer, Spielplatz im Winter, Kindergeburtstage, Lichtberg-Lobpreis, Frau&Sein, Gottesdienste, Kindergottesdienste, T-Time, Schulungen und Einsätze, Konferenz, 24/7 Gebet, Feste, Kleingruppe.«[24]

An vielen Orten, vor allem in den östlichen Landesteilen, gibt es diese Bewegung hin zu den Menschen vor Ort, und eben nicht nur als »einreitende« Helfer, sondern als Mitmenschen, die das Leben der Leute vor Ort teilen. Für die Gründung der senfkorn. STADTteil-

MISSION in Gotha zog das Pfarrerehepaar Christiane und Michael Weinmann aus dem gutbürgerlichen Pfarrhaus nach Gotha-West ins Plattenbaugebiet; bald folgte ein zweites Paar, um das Team zu verstärken. Und auch hier ist der Wunsch bestimmend, »nichts ohne die Menschen zu tun, die mit uns in Gotha-West wohnen. Ihre Gedanken, Meinungen und ihre konkrete Mitarbeit lassen das senfkorn. wachsen. Deshalb suchen wir ständig Gelegenheiten, mit den Menschen gemeinsam zu handeln.«[25]

Ebenfalls in Gotha befindet sich STADTteilLEBEN, auch hier erklären die Mitglieder der Community, dass sie bewusst in die »Platte« an der Clara-Zetkin-Straße gezogen sind; dieses Quartier wurde ihnen zum »STADTteil unseres Herzens, in dem wir leben und Leben teilen«.[26]

Wieder ist die Auswahl an Initiativen und Gemeinschaften, die ich hier nennen kann, eher zufällig, und wer sucht, wird sicher noch viele weitere Initiativen und Gemeinschaften finden, die sich aufmachen, um als Mitmenschen und Nachbarn mit den Armen und Benachteiligten zu leben.

Ein wesentlicher Faktor, wie eine solche Lebenshaltung gelingen kann, besteht in dem schlichten Satz »Don't go alone«, den Jonte Schlagner im FrischeTheke-Podcast zitiert. Im Rückblick auf meine eigenen schüchternen Versuche denke ich, dass hier wohl mein größter Fehler lag: allein und auf eigene Faust den Kontakt suchen – und dann nicht weiterwissen. Mit der Gründung des Arbeitskreises Armut haben wir dann eine breitere Basis geschaffen. Meine Kollegin Uli übernahm die Begleitung des AK, für mich war damit das Thema Armut in der Gemeinde erst einmal abgeschlossen. Ganz losgelassen hat es mich nie, es ist so etwas wie der Stachel in meinem Fleisch.[27]

In einer Zeit nach der Volkskirche verstehen sich immer weniger Menschen allein deswegen als Christen, weil es »eben dazugehört«. Wer sich als Christ bekennt, tut dies viel eher bewusst und aus Überzeugung. Das bedeutet dann auch, dass sich viele Christinnen und Christen intensivere Gedanken darüber machen, wie sie ihr Christsein leben wollen, was ihren Lebensstil ausmacht. Ich bin daher der Überzeugung, dass die skizzierte Bewegung hin zu den Menschen, hin zu den Armen erst ein Anfang ist. Eine solche Haltung, eine solche Lebensweise wird für viele eine Möglichkeit sein, den Ruf in die Nachfolge, das Geschenk der Liebe zu verwirklichen.

Es werden natürlich nicht alle Christinnen und Christen in soziale Brennpunktviertel ziehen. Es müssen auch nicht alle ihren Schlafsack bei den Obdachlosen unter der Brücke ausrollen, wie Shane Claiborne das getan hat. Nicht viele sind solche »Helden« im Glauben, die Gaben sind unterschiedlich verteilt. Aber ich denke, jeder christlichen Gruppe und Gemeinschaft würde es wohl anstehen, sich zu überlegen, wie sie unter ihren Bedingungen an ihrem Ort mit den Armen leben kann. Das kann eine Suppenküche sein, die sie einrichten, eine Wärmestube in der kalten Jahreszeit, ein Besuch mit der Thermoskanne unter der Brücke. Oder ein Gespräch auf Augenhöhe – die Bettlerin auf einen Kaffee einladen und ihr zuhören. Oder Mitarbeit bei der Hausaufgabenhilfe im sozial benachteiligten Viertel in der Nachbarschaft. Möglichkeiten gibt es genug, in der Nachfolge des armen Jesus, aus dem Hören auf das höchste Gebot – und in der Hoffnung, dass diejenigen, die sich von Herzen auf ihre armen Geschwister einlassen, selbst davon ungeahnten Gewinn haben.

11.
Das Christentum von morgen ist m/w/d, es ist schwarz, weiß und bunt

In der Hossa-Talk-Folge #137 malen Gofi Müller und Jay Friedrichs sich aus, wie eine Hossa-Kirche aussehen könnte, also eine Kirche, die ohne Rücksicht auf Vorhandenes einfach nach ihren Idealvorstellungen gestaltet wäre. Gofi erklärt, die Leitung müsse bei einem Team liegen, das selbstverständlich »paritätisch« besetzt sei, also ebenso viele Frauen wie Männer umfasse. Er spricht sich sogar für eine Quote aus.

Frauen in Leitungsfunktionen in der Kirche – ist das nicht ganz normal? Heute sieht das, zumindest in den evangelischen Kirchen, so aus. Tatsächlich aber ist es alles andere als selbstverständlich, zumindest wenn man von der Möglichkeit spricht, dass Frauen ein Leitungs-»Amt« ausüben, vor allem die Leitung des Gottesdienstes.

Bekanntlich ist in der katholischen Kirche die Priesterweihe ausschließlich Männern vorbehalten. Auch in vielen Freikirchen und freien Gemeinden – vor allem denen, die sich als »bibeltreu« bezeichnen –, ist es Frauen verwehrt, Gemeindeleiterin zu werden. Ich kann und will die Diskussion zu dieser Frage hier nicht in ihrer ganzen Breite aufrollen; es gibt dazu mehr als reichlich Literatur.

Doch ein Hauptargument, Frauen nicht zur Leitung des Abendmahls zuzulassen, möchte ich kurz beleuchten: Jesus habe bei der »Einsetzung« des Abendmahls nur Männer um sich gehabt und nur zu Männern gesprochen. Auch den Auftrag, »auf Erden zu binden und zulösen«, habe er zunächst nur Petrus, einem Mann, gegeben (Matthäus 16,18), etwas später erhalten auch die übrigen Jünger diesen Auftrag und diese Vollmacht (Matthäus 18,18).

Selbst wenn Jesus tatsächlich seine letzte Mahlzeit ausschließlich mit Männern gehalten haben sollte, selbst wenn also nur Männer den Auftrag »Tut dies zu meinem Gedächtnis« gehört haben sollten – was sehr unwahrscheinlich ist, wie wir gleich sehen werden –, wäre diese Argumentation doch sehr fragwürdig. Welches Verständnis der Bibel steht dahinter? Welcher Umgang mit biblischen Texten und einzelnen biblischen Aussagen bringt ein solches Verständnis hervor? Es ist eine Weise der Auslegung, die biblische Aussagen unhinterfragt in die Gegenwart holt und für gültig erklärt, ohne den historischen – und oft auch den innerbiblischen – Kontext zu berücksichtigen. Dieses Verständnis ist darum gar keine *Auslegung*. Es behauptet, dass das, was einmal als Gottes Wort identifiziert wurde, nur eins zu eins und ohne Kontextbezug weitergesagt werden müsse. Nur dann bliebe das Gotteswort unverfälscht erhalten.

Dabei wird nicht nur übersehen, dass sich die Lebensumstände heutiger Menschen von denen zu biblischen Zeiten radikal unterscheiden. Wir verstehen schon einzelne Wörter meist ganz anders als die Menschen vor 2000 Jahren. Wenn in der Bibel beispielsweise von einem »Haus« die Rede ist, dann ist damit oft nicht nur ein Gebäude gemeint, sondern vielfach ein ganzer sozialer Raum mit all den Beziehungsgeflechten zwischen denen, die zu diesem »Haus« gehören. Hinzu kommt, dass selbst »bibeltreue« Christen sich auf Übersetzungen des Bibeltextes berufen, die ihrerseits zwangsläufig

Interpretationen enthalten und sich damit schon vom Original des Ursprungstextes entfernt haben.

Schließlich ist die Bibel ein Buch, das über einen Zeitraum von mehr als tausend Jahren entstanden ist, geschrieben von Menschen, die von ihren Erfahrungen mit Gott erzählen. Sie transportieren damit auch ihre Weltsicht, die von den historischen Umständen geprägt ist. Und diese Weltsicht, innerhalb derer sich das Reden von Gott entfaltet, ist nicht einfach identisch mit dem, was Gott sagt und will. Der Rahmen ist wichtig für das Bild, aber er ist nicht das Bild selbst.

Sehen wir uns also zunächst an, wie die »Einsetzung des Abendmahls« in einer reinen Männerrunde im innerbiblischen Kontext zu betrachten ist.

Jesus pflegte einen für die damalige Zeit unkonventionellen, unbefangenen Umgang mit Frauen, wie etwa die Geschichte mit der samaritanischen Frau am Brunnen zeigt, die zu einer Art Apostelin wird, indem sie in Jesus den Messias erahnt (Johannes 4,1–29.39–42). Auch die Begegnung mit der namenlosen »Sünderin«, die in Lukas 7,36–50 erzählt wird, zeigt, dass Jesus offenbar keine Berührungsängste hatte, sich Frauen mit »zweifelhaftem Ruf« im öffentlichen Raum zuzuwenden. Aber nicht nur das. In den Evangelien wird immer wieder berichtet, dass im engsten Kreis, der Jesus nachfolgte, Frauen waren. Sie werden sogar mit Namen genannt. Von Maria, der Schwester von Marta und Lazarus, heißt es in Lukas 10,39: »Sie setzte sich dem Herrn zu Füßen und hörte seiner Rede zu.« Einem Rabbi zu Füßen zu sitzen, das hat nichts mit weiblicher Schwärmerei für den männlichen Superstar zu tun. »Zu jemandes Füßen sitzen« ist vielmehr im damaligen Judentum der gängige Ausdruck für ein Schülerverhältnis – in diesem Fall ein Schülerinnenverhältnis. Maria ist eine *Jüngerin*, die bei Jesus gleichberechtigt mit Petrus, Jakobus, Johannes und den anderen in die Lehre geht.[1]

Bekannter noch ist eine andere Maria, die aus Magdala. Sie ist eine enge Vertraute Jesu und nach übereinstimmendem Zeugnis aller Evangelien die erste Zeugin der Auferstehung. Der Auferstandene schickt sie zu den anderen Jüngern, um ihnen mitzuteilen, dass er lebt. So wird sie zur ersten Apostelin, ja zur Apostelin der Apostel. Das Thomasevangelium und das apokryphe Evangelium der Maria zeichnen diese besondere Stellung Marias noch deutlicher nach als die Evangelien, die in den biblischen Kanon aufgenommen wurden. Maria aus Magdala, die Apostelin der Apostel; Maria, die Schwester von Marta und Lazarus, eine Schülerin: Frauen hatten im Umkreis Jesu prominente Rollen inne.

Das wurde in einer von Männern geprägten Gesellschaft offenbar als eigenartig und anstößig empfunden. Als in den ersten Jahrzehnten nach Tod und Auferstehung Jesu die Gruppe der Jesusnachfolgenden mehr und mehr Gestalt gewann, versuchte man darum offenbar, Frauen zurückzudrängen. In der Bekenntnisformel, die Paulus in 1 Korinther 15,3–7 zitiert und die die Zeugen der Auferstehung aufzählt, ist Maria Magdalena, die allererste Zeugin, schlicht weggelassen.

Man kann mit guten Gründen auch hinter den Berichten vom letzten Abendmahl einen solchen Prozess vermuten. Nach den synoptischen Evangelien – Matthäus, Markus und Lukas – war dieses letzte Mahl ein Passamahl, ein Pessach-Seder. Dieser erste Abend des Pessach war und ist bei den Juden ein ausgesprochenes Familienfest. Ohne Frauen und Kinder geht es an diesem Abend nicht. Kinder spielen sogar eine wichtige liturgische Rolle: Sie stellen die essenzielle Frage: »Warum ist diese Nacht anders als andere Nächte?« Jesus müsste ein sehr eigenartiges Verständnis seiner eigenen Religion gehabt haben, wenn er sich allein mit zwölf anderen Männern zum Seder zurückgezogen hätte. Mit an Sicherheit grenzender Wahrscheinlichkeit waren darum beim letzten Abendmahl auch Frauen und Kinder dabei. Somit hat sich die Aufforderung »Tut dies zu meinem Gedächtnis« auch an Frauen gerichtet.

Unbestritten hat Jesus zwölf Männer in seinen engsten Umkreis berufen. Diese sollten aber nicht die künftigen Gemeindeleiter sein, sondern vielmehr die neuen Söhne Jakobs symbolisieren, die Stammväter des erneuerten Gottesvolks, des reformierten Judentums. Erst nach Pfingsten entwickelte sich daraus so etwas wie der Lenkungskreis der Jesus-Nachfolgenden und im patriarchalen Kontext jener Zeit wurden die Frauen in ihre hergebrachte Rolle zurückgedrängt. Trotzdem finden sich selbst bei Paulus Spuren von Frauen in Leitungsämtern: die Purpurhändlerin Lydia, die »mit ihrem ganzen Haus« getauft wird und damit die erste Hausgemeinde in Europa leitet[2], sowie Junia in Rom, die gemeinsam mit Andronikus »berühmt ist unter den Aposteln«.[3] Innerbiblisch lässt sich also gut begründen, dass eine Frau eine Gemeinde leiten kann.

Biblische Botschaft und die Macht des Patriarchats

Warum aber hat es dann so lange gedauert, bis sich Frauen in Leitungsämtern durchsetzen konnten, und warum gibt es Kirchen und Gruppen, in denen das heute immer noch umstritten ist? Die Bibel ist in einer nomadischen, später agrarischen oder feudalistischen Zeit entstanden, und in Israel zur Zeit Jesu herrschte, wie im gesamten Alten Orient, das Patriarchat: eine Gesellschaftsordnung, in der die Männer das Oberhaupt der Familie waren, diese nach außen vertraten und nach innen bestimmten. Nur Männer galten als geschäftsfähig. Die Frauen waren für Haushalt und Kinder zuständig.

Bis weit ins 20. Jahrhundert hinein war das die gängige Ordnung auch in Europa. In Deutschland erhielten Frauen das Wahlrecht erst im Jahr 1918; im Schweizerischen Kanton Appenzell Innerrhoden sogar erst 1990, nach einem Urteil des Bundesgerichts. 1958 verabschiedete der Deutsche Bundestag das Gleichberechtigungsgesetz, wodurch unter anderem die Bestimmung abgeschafft wurde, dass eine Frau nur mit Zustimmung ihres Ehemanns eine Arbeitsstelle antreten durfte. Noch bis 1977 aber durfte eine Frau in Westdeutschland nur dann berufstätig sein, wenn das »mit ihren Pflichten in Ehe und Familie vereinbar« war.[4]

Vieles hat sich also geändert, jedenfalls in den meisten modernen Industrieländern. Und auch wenn die Menschen- und die Frauenrechte teilweise gegen den Widerstand der Kirchen erkämpft wurden, würde ich sie doch der Wirkungsgeschichte des Evangeliums zurechnen. Die hohe Wertschätzung des Individuums, die Botschaft, dass der und die Einzelne von Gott unendlich geliebt ist, hat letztlich auch dazu beigetragen, dass die Rechte von Frauen und marginalisierten Personen proklamiert und durchgesetzt wurden.

So war es nur natürlich, dass Frauen zunehmend auch Leitungsfunktionen übernahmen. Die Kirchen taten sich aber unterschiedlich schwer damit. In den evangelischen Kirchen ergibt sich ein buntes Bild: Die Reformierte Kirche des Kantons Zürich führte die Frauenordination 1918 ein, die deutschen Landeskirchen nach und nach in der zweiten Hälfte des 20. Jahrhunderts, als letzte ließ die Schaumburg-Lippische Kirche im Jahr 1991 die Frauenordination zu. Eine Besonderheit gibt es im Baltikum: Die Synode der Lutherischen Kirche Lettlands schaffte die Frauenordination 2016 wieder ab.

Die katholische Kirche dagegen ist, wie gesagt, weit von einer Zulassung von Frauen zu Weiheämtern entfernt. Auch wenn die Argumente für ein rein männliches »Amt« als haltlos gelten können, es wird sich bei diesem Thema – dem Synodalen Weg und allen Bemühungen um Modernisierung zum Trotz – so schnell nichts ändern, jedenfalls solange alte Männer darüber zu entscheiden haben. Dort, wo das Patriarchat nach wie vor das Sagen hat, wird es eine Frauenordination so schnell nicht geben.

Die Christen von morgen lassen sich von derartigen Hierarchiestrukturen nicht beeindrucken. Frauen und Männer haben selbstverständlich gleiche Rechte und Pflichten. Tatsächlich könnte die Quote, von der Gofi Müller im zitierten Podcast spricht, in vielen Gemeinschaften, Initiativen und Projekten eher für Männer eingeführt werden. Frauen sind selbstverständlich Gründerinnen und Leiterinnen. Auch wenn die Gleichstellung der Geschlechter vielfach immer noch Wünsche offenlässt: Das Christentum von morgen hat die hergebrachten Geschlechterrollen hinter sich gelassen und achtet auf Gerechtigkeit und Ausgleich.

Sprengstoff LGBTQI*

Gendergerechtigkeit heißt allerdings nicht nur, dass Frauen gleiche Rechte haben wie Männer. Sie bezieht sich auf alle Menschen jedweder geschlechtlichen Orientierung oder Selbstwahrnehmung. Das Christentum von morgen ist nicht nur *m (männlich)* und *w (weiblich)*, sondern auch *d (divers)*. Hinter diesem kleinen »d«, das heute in keiner Stellenausschreibung mehr fehlen darf, verbergen sich mehrere Großbuchstaben, LGBTQI*, und hinter diesen Großbuchstaben stehen Menschen in ihrer ganzen bunten Unterschiedlichkeit. Lesbisch, Gay (schwul), Bisexuell, Trans- und Intergeschlechtlich sowie Queer, dazu noch das Gendersternchen für alle, die sich unter den genannten Bezeichnungen nicht wiederfinden. Im Folgenden werde ich hauptsächlich den Sammelbegriff »queer« verwenden, der im Grunde alle Personen bezeichnet, die sich anders definieren, als es die herkömmliche, »heteronormative« Lesart vorgibt.

Das Thema Queerness ist für viele Gemeinden, besonders wieder im katholischen und im freikirchlich-evangelikalen Bereich, aber auch etwa in den orthodoxen Kirchen ein heißes Eisen. Oft ist die Haltung zu schwulen, lesbischen und anderweitig queeren Menschen ein Grund für heftige Auseinandersetzungen bis hin zu Trennungen und Spaltungen. Gemeinden und Familien zerbrechen darüber. Der amerikanische Ethikprofessor David Gushee stellt fest, dass in vielen Gemeinden Pazifisten durchaus mit Menschen zusammenleben und Gottesdienst feiern können, die einen »gerechten Krieg« befürworten, ohne dass die beiden Gruppen sich gegenseitig verdammen oder ausschließen, obwohl sie um nichts weniger als die Frage streiten, ob Christen andere Menschen töten dürfen. In der Frage hingegen, wer wen auf welche Weise lieben »darf«, gibt es die heftigsten Auseinandersetzungen.[5]

Hinter diesen Auseinandersetzungen steht ein unterschiedliches Verständnis einzelner Bibelstellen. Ich möchte diese Stellen wieder in ihrem Kontext betrachten.

Der biblische Befund zum Thema Homosexualität ist äußerst schmal. Es gibt exakt sechs Stellen in der gesamten Bibel, die immer wieder zitiert werden, wenn es darum geht, ein angeblich biblisches Verbot der Homosexualität zu begründen.[6]

Da ist zunächst die Geschichte von Sodom und Gomorrha in 1 Mose 19. Die männlichen Einwohner der Stadt Sodom, »Jung und Alt, das ganze Volk aus allen Enden« fordern von Lot, der zwei Fremde über Nacht in sein Haus aufgenommen hat, diese Fremden herauszugeben, »dass wir ihnen beiwohnen« (Genesis/1 Mose 19,5). Hier geht es in keiner Weise um sexuelle Anziehung durch das gleiche Geschlecht. Anale Vergewaltigung eines Mannes ist –

zu biblischen Zeiten wie auch heute – eine der schlimmsten denkbaren Demütigungen und wird etwa in Gefängnissen oder Kriegsgefangenenlagern weltweit nur zu dem Zweck vorgenommen, den anderen zu erniedrigen. Zweifellos sind die Vergewaltiger, von denen die Bibel berichtet, heterosexuell; in der Geschichte geht es um Gewalt und Fremdenfeindlichkeit, nicht um gleichgeschlechtliche Liebe.

Ähnlich in der berühmten Stelle Römer 1,17. Paulus geht es im Einführungskapitel des Römerbriefs darum, die allgemeine Verworfenheit aller Menschen zu beschreiben. Weshalb sollte er dann in einem prominent ausgeführten Beispiel eine Frage der sexuellen Orientierung ansprechen, die nur etwa fünf Prozent der Bevölkerung betrifft? Es geht ihm aber gar nicht um sexuelle Orientierung – die Antike hat gar keinen Begriff von Homosexualität und kein Wort dafür –, sondern um das Verhalten der reichen Oberschicht in Rom. Der Hintergrund ist, dass sich heterosexuelle Männer in Machtpositionen das Recht herausnahmen, Menschen mit niedrigerem sozialen Status zu penetrieren: Sklavinnen und Sklaven oder Jugendliche – gleich, ob weiblich oder männlich. »Sexualität ist eine Frage – in der Antike – nicht der Orientierung, der intrinsischen Anlage, der Kommunikation in einer Beziehung, sondern Sexualität ist eine Frage des Status ... Sexualität in der Antike ist immer, immer, immer eine Statusfrage.«[7] Diese Stelle im Römerbrief, die sich auf den ersten Blick ausnehmen mag wie eine Verurteilung homosexueller Praktiken, sagt tatsächlich über die Liebe und Beziehung zwischen zwei Männern rein gar nichts aus.

Auch bei den beiden Stellen im 3. Buch Mose und den beiden »Lasterkatalogen« in 1 Korinther 6,9 sowie 1 Timotheus 1,10 geht es nicht um gleichgeschlechtliche Liebe, um erotische Anziehung, gar um eine Lebensgemeinschaft, sondern um die nicht zu rechtfertigende Ausnutzung von Abhängigkeitsverhältnissen.

Dazu kommt: Unsere Vorstellung einer liebevollen, einvernehmlichen sexuellen Beziehung – und darum geht es in aller Regel ja hetero- wie homosexuell orientierten Menschen und allen dazwischen und daneben – ist ein Konzept der Moderne und darf nicht einfach in antike Texte hineingelesen werden.

Wir sehen: Nicht eine der als biblische Belege gegen Homosexualität ins Feld geführten Textstellen spricht über homosexuelle Partnerschaft. Und: Kein einziges Jesuswort ist unter diesen Stellen! Mich erstaunt, mit welcher Vehemenz queeren Menschen mit Verweis auf die Bibel ihr Recht abgesprochen wird, zu sein, wie sie sind – während andere Themen, zu denen sich Jesus sehr eindeutig und häufig geäußert hat, übergangen werden. Gerne würde ich sehen, dass die Aussagen Jesu zu Reichtum, Macht, Gewalt und Hochmut mit demselben Eifer betont würden wie die fragwürdigen biblischen Belege zum Thema Homosexualität.

Woher dieser Eifer?

Weshalb hat aber gerade das Thema gleichgeschlechtliche Liebe eine solche Sprengkraft? Weshalb werden aus einem ganzen biblischen Buch, dem Buch Leviticus/3 Mose mit 27 Kapiteln voller Vorschriften genau zwei Verse herauspickt? Weshalb werden unter Berufung auf diese Verse Menschen erniedrigt und verstoßen – während die allermeisten anderen Vorschriften in diesem Buch in frommen Kreisen keine Rolle spielen? Weshalb löst der Verzehr von Schalentieren, der in 3 Mose 11,10 als »Gräuel«[8] bezeichnet wird, heute keinerlei Entrüstung aus, gleichgeschlechtlicher Sex aber Stürme der Empörung? Wie absurd das ist, macht ein im Internet kursierender offener Brief an die Radiomoderatorin Laura

Schlessinger deutlich. Sie vertritt sehr konservative Positionen im Hinblick auf gesellschaftspolitische Fragen und hatte diese in einer jüdischen Phase ihres Lebens auch mit dem Judentum in Verbindung gebracht. Bitter-ironisch fragt der Briefschreiber: »Die meisten meiner Freunde lassen sich ihre Haupt- und Barthaare schneiden, inklusive der Haare ihrer Schläfen, obwohl das eindeutig durch Leviticus 19,27 verboten wird. Wie sollen sie sterben?«, oder: »Mein Onkel hat einen Bauernhof. Er verstößt gegen Leveticus 19,19, weil er zwei verschiedene Saaten auf ein und demselben Feld anpflanzt. Darüber hinaus trägt seine Frau Kleider, die aus zwei verschiedenen Stoffen gemacht sind (Baumwolle/Polyester). Er flucht und lästert außerdem recht oft. Ist es wirklich notwendig, dass wir den ganzen Aufwand betreiben, das komplette Dorf zusammenzuholen, um sie zu steinigen (Leviticus 24,10–16)? Genügt es nicht, wenn wir sie in einer kleinen familiären Zeremonie verbrennen, wie man es ja auch mit Leuten macht, die mit ihren Schwiegermüttern schlafen (Leviticus 20,14)?«[9]

Es ist deutlich: Wer die biblischen Vorschriften heute wörtlich nimmt, wird entweder zum Clown oder bekommt es bald mit der weltlichen Justiz zu tun. Weshalb aber werden dann genau zwei Sätze, und genau *diese* zwei Sätze, aus einem riesigen Katalog heute unbrauchbarer Rechtsvorschriften herausgelöst und absolut gestellt, um die gleichgeschlechtliche Liebe zu verdammen? Gleiches kann man auch in Bezug auf die »Lasterkataloge« in den neutestamentlichen Briefen fragen. Wieso werden aus der Liste »Unzüchtige, Götzendiener, Ehebrecher, Lustknaben, Knabenschänder, Diebe, Habgierige, Trunkenbolde, Lästerer, Räuber« (1 Korinther 6,9) nicht die Habgierigen gewählt, von denen es in jeder Gemeinde etliche geben dürfte, oder die Trunkenbolde? Ganz abgesehen davon, dass die Kombination »Lustknaben/Knabenschänder« nichts mit einer Liebesbeziehung zu tun hat. Denn darum geht es doch:

dass sich zwei Männer ineinander verlieben – weibliche Homosexualität spielt in der ganzen Bibel keine Rolle – und sich auf eine Beziehung einlassen, in der Treue, Fürsorge, Unterstützung, das Teilen von Freude und Leid und natürlich auch eine möglichst erfüllende Sexualität Platz finden.

Vielleicht sollte man nicht einzelne Verse aus ihrem Kontext lösen und auf Basis dieser einzelnen Verse Gemeinde- und Familienmitglieder verurteilen, sondern besser den Grundlinien der Botschaft Jesu folgen: Neben dem Gebot der Nächstenliebe, neben der Betonung von Barmherzigkeit kommt hier vor allem die Warnung vor Heuchelei und Selbstgerechtigkeit in Betracht, etwa wenn Jesus in der Bergpredigt formuliert: »Was siehst du aber den Splitter in deines Bruders Auge und nimmst nicht wahr den Balken in deinem Auge?« (Matthäus 7,3). Um den eigenen »Balken« zu erkennen, könnten die einschlägigen Lasterkataloge (mit Habgier, Trunksucht, Lüge, Ehebruch und so fort) durchaus eine Hilfe sein. Als hilfreich könnte es sich auch erweisen, Worte Jesu wie die in Matthäus 23,23–28[10] probehalber einmal auf sich selbst zu beziehen, statt der Überzeugung zu huldigen: Die Schriftgelehrten und Pharisäer, das sind immer die anderen.

Die Ablehnung von Homosexualität muss man wohl auf dem Hintergrund sozial- und tiefenpsychologischer Aspekte sehen. Es geht um Geschlechterrollen, um Verteilung von Macht innerhalb der Familie und der Gemeinde, um ein festgefügtes, traditionelles Bild von »Männlichkeit« und »Weiblichkeit«, das sich in der Postmoderne zunehmend auflöst.

Menschen, die in einem traditionellen Umfeld mit starren, als unveränderlich angesehenen Werten leben, werden durch eine solche Auflösung natürlich stark verunsichert. Der beste Weg, sich gegen Verunsicherung zu schützen, ist in dieser Perspektive das Festhalten an den alten, »bewährten« Normen. Daraus erwächst die Rigidität, mit der konservative Menschen oft ihre Ansichten verteidigen: Für sie steht ihr ganzes Wertesystem und damit ihre Orientierung in der Welt auf dem Spiel.

So gesehen ist es kein Wunder, wenn der verbrecherische Angriffskrieg Russlands gegen die Ukraine vom höchsten Vertreter der Russisch-Orthodoxen Kirche, Patriarch Kyrill, unter anderem damit gerechtfertigt wird, dass hier die wahren »christlichen« Werte gegen die postmodernen Perversionen des Westens verteidigt würden. Aus der Tatsache, dass queere Lebensformen gleichberechtigt anerkannt werden, macht die Angst der Ultrakonservativen nicht nur angeblich immer und überall stattfindende Gay-Pride-Paraden, sondern auch das Märchen, der Westen wolle alle Männer zwingen, homosexuell zu »werden«. Die geschlechtliche Orientierung ist aber nichts, wofür man sich entscheidet, sondern etwas, das Menschen in sich vorfinden. Theologisch gesprochen: Gott hat uns so geschaffen, wie wir sind: hetero-, homo-, bisexuell, trans- oder intergeschlechtlich oder wie auch immer.

Tiefenpsychologisch betrachtet, steht hinter der vehementen Ablehnung wohl auch die Angst vor eigenen homo- oder bisexuellen Anteilen[11]. Beides »muss« verdrängt werden, sowohl die Anteile als auch die Angst. Allein die Vorstellung, man selbst könnte in sich den unbewussten Wunsch tragen, von einem Mann erotisch berührt zu werden! Das würde die eigene Männlichkeit torpedieren, die im traditionell patriarchalen Verständnis sehr viel mit Stärke, Potenz und Dominanz zu tun hat. Die unbewusste Angst, diesem Männerbild nicht zu entsprechen, ist wohl auch einer der Gründe für die weitverbreitete Homophobie in autoritär strukturierten Gesellschaften.

Man sieht: Es geht bei dieser Frage nicht bloß um das Verständnis von ein paar Bibelversen, sondern um grundlegende hermeneutische Fragen. Um Fragen des Lebens und Liebens, um die es sich zu kämpfen lohnt.

Und die Kämpfe werden geführt. Die rigide Einstellung zu Homosexualität und anderen queeren Lebensformen bringt viele Menschen dazu, sich von ihrer evangelikalen Gemeinde zu distanzieren und ihren evangelikalen Glauben zu dekonstruieren. Gerade hier liegt laut David Gushee ein Hauptgrund für die Entstehung des Postevangelikalismus überhaupt und für die Entstehung ganzer postevangelikal orientierter Gemeinden. Häufig läuft dies so ab, dass zwei Menschen in der Gemeinde sich als schwules oder lesbisches Paar outen. Wenn sie nicht sofort ausgeschlossen werden, beginnen oft die Diskussionen. Man studiert neu die Bibel, informiert sich, debattiert auf verschiedenen Ebenen in der Gemeinde – und trifft eine Entscheidung. Entweder wird das Paar angenommen, wie es ist, woraufhin konservativere Gemeindeglieder die Gemeinde verlassen. Oder das Paar wird ausgeschlossen, dann verabschieden sich die aufgeschlosseneren Gemeindeglieder und gründen eventuell eine neue Gemeinde – was in den USA sehr einfach ist.

Und auch hierzulande führt gerade die Einstellung gegenüber schwulen, lesbischen oder sonst queeren Personen zu Trennungen. In vielen Fällen entstehen dann neue Gruppierungen, vielleicht nicht unbedingt neue Gemeinden, aber Gemeinschaften, Gruppen, Treffpunkte oder Bewegungen.

Wenn nun gerade die Auseinandersetzung über Homosexualität und Queerness entscheidend zur Dekonstruktion und zu einer postevangelikalen Mentalität beiträgt, dann folgt daraus ganz natürlich, dass die Christenheit von morgen Menschen aus dem gesamten Spektrum geschlechtlicher Identität und Orientierung willkommen heißt. So heißt es beispielsweise auf der Website von UND Marburg, einer neu gegründeten, postevangelikalen Gemeinde: »Wir wollen jedem Menschen offen und mit Wertschätzung begegnen, unabhängig von Herkunft und Milieu, sexueller Orientierung, Religion oder Weltanschauung, Stärken und Schwächen sowie Geschlecht und Alter.«[12] Im Berlinprojekt, einer dem Bund freier evangelischer Gemeinden angeschlossenen postevangelikalen Gemeinde, wurde ein ehrenamtlicher diverser Arbeitskreis BP_Vielfalt ins Leben gerufen, dessen »Kerngedanke« lautet: »Wir planen und organisieren Formate, um die Auseinandersetzung mit vielfältigen Identitäten und Beziehungsformen und queeren Themen zu fördern.«[13] Die Instagram-Community #glaubensweite formuliert in ihrem Verhaltenskodex auf Slide 3: »Wir dulden keine diskriminierenden (z.B. rassistische, queer-feindliche, ableistische, antisemitische, misogyne ...) Kommentare ...«[14] Zahllose Blogs, Podcasts und Predigten widmen sich dem Thema Homosexualität und Queerness unter positiver, zugewandter Perspektive. Worthaus hat die beiden bereits zitierten Vorträge von Siegfried Zimmer und Thorsten Dietz im Programm, die sich ausführlich und wissenschaftlich mit dem Thema auseinandersetzen.[15] Die Macher von Hossa-Talk haben in der 18. von bisher mehr als 200 Folgen eine lesbische Christin interviewt und anschließend mehrfach über das Thema gesprochen.[16] Instagram-Accounts wie #amen.aber.sexy oder #holyshit_zh werden bewusst und öffentlich aus queerer Perspektive geführt. Die »Zwischenraum«-Community versteht sich als Schutzraum für Menschen, »die Gottes uneingeschränkte Liebe suchen« und »sich angstfrei mit sich selbst, ihrem Glauben und ihrer sexuellen Orientierung oder geschlechtlichen Identität« auseinandersetzen möchten.[17] Die Website www.zwischenraum.net listet gut zwei Dutzend Regionalgruppen und ebenso viele »Willkommensgemeinden« auf.

Natürlich stammen nicht alle Initiativen des Christentums von morgen aus der (post-)evangelikalen Szene. Viele Christinnen und Christen sind auf anderen Wegen zu einem offeneren, weiteren Glauben gelangt. Manche entwickeln ihren Glauben, den sie durch die Familie, durch Kindergottesdienst, Religions-

oder Konfirmationsunterricht gewonnen haben, bruchlos mit ihrer gesamten Persönlichkeit in weite, postmoderne Räume hinein. Manche wenden sich von Kirche und Christentum ab, oft viele Jahre lang, gehen ihren spirituellen Weg anderswo, in Zen, Yoga, Vipassana, Naturspiritualität, der integralen Community oder weiß Gott wo. Irgendwann suchen sie wieder nach ihren spirituellen Wurzeln und werden, wenn es gutgeht, fündig. Sie stoßen auf eine Gemeinschaft von Menschen, die ihr Christsein glaubwürdig leben, oder auf Bücher und Podcasts, in denen sie ihren spirituellen Weg wiedererkennen. Wer auf diese Weise seinen Glauben wiederfindet oder weiterentwickelt, wird womöglich nie mit den evangelikalen Vorbehalten in Kontakt gekommen sein und niemals ein Problem mit den Spielarten menschlicher Geschlechtlichkeit gehabt haben.

Wie auch immer die Wege sind, für Christen von morgen spielt die sexuelle Orientierung und das geschlechtliche Selbstverständnis ihrer Mitmenschen – und ihrer selbst – in Glaubensdingen einfach keine Rolle. Sie leben nach der Devise: Menschen sind verschieden, und das ist gut so.

Schwarz und weiß[18]

Das Thema Diversität endet nicht bei den Genderfragen. Das Christentum von morgen ist nicht nur m/w/d, es ist auch schwarz und weiß. Oder besser: Es ist Schwarz und *weiß*. Damit sind wir schon mitten im Thema. Das großgeschriebene Adjektiv Schwarz und das kursiv gesetzte *weiß* stehen nämlich in Zusammenhang mit der Rassismusdiskussion. Schwarz (großgeschrieben) ist die Selbstbezeichnung von Menschen, die in unserer *weiß* dominierten Gesellschaft als Schwarze rassifiziert werden. Hierher gehört auch das Kürzel PoC; es steht für Person of Color (Singular) oder People of Color (Plural) und ist ebenso eine Selbstbezeichnung von Menschen, die aufgrund ihrer Herkunft, Hautfarbe und/oder Religion diskriminiert werden. BIPoC schließlich ist die inklusivste Formulierung, es steht für Black, Indigenous and People of Color (Schwarze, Indigene und Personen of Color). »Der Begriff PoC beschreibt, ähnlich wie Schwarz oder *weiß*, keine Hautschattierungen. Es geht um die Marginalisierung aufgrund von Rassismus. In Deutschland zählen daher unter anderem Menschen aus der afrikanischen, asiatischen oder lateinamerikanischen Diaspora dazu. Dabei spielt ein eurozentrischer, rassifizierender Blick eine Rolle, der eine Folge der einstigen, nicht aufgearbeiteten Kolonialisierung vieler Länder ist.«[19] Für die Formulierung »of Color« gibt es im Deutschen (bisher) keine angemessene Übersetzung, da alle Übersetzungsmöglichkeiten durch die Kolonialgeschichte und die Nazizeit kontaminiert sind.

Rassismus ist unter Christen ein womöglich noch heißeres Eisen als Genderfragen, und zwar vor allem deshalb, weil die meisten *weißen* Christen sich selbst als antirassistisch oder zumindest als nicht rassistisch bezeichnen würden. Sie weisen es weit von sich, in manchen ihrer Äußerungen oder Verhaltensweisen rassistisch zu sein. Denn Rassismus, das ist etwas, das die Deutschen 1945 abgelegt haben und abgesehen von einigen unbelehrbaren Vorgestrigen gibt es in Deutschland keine Rassisten, zumal nicht unter Christen – so zumindest die weit verbreitete Überzeugung.

Deswegen halte ich an dieser Stelle eine weitere Klärung für notwendig. Rassismus ist böse, darin sind sich Menschen guten Willens einig, und ich würde mich diesem Urteil anschließen. Aber: Nicht jede Person, die sich rassistisch äußert oder verhält, ist böse. Es gibt, auch und gerade unter »uns« wohlmeinenden, aufgeschlossenen Menschen, einen unbewussten, deswegen aber nicht weniger wirksamen Rassismus. Er kommt nicht mit der dicken Keule bösartiger, abwertender, verletzend gemeinter Sprüche daher. Dieser Alltagsrassismus »ist schon so lang und so massiv in unserer Geschichte, unserer Kultur und unserer Sprache verankert, hat unsere Weltsicht so sehr geprägt, dass wir gar nicht anders können, als in unserer heutigen Welt rassistische Denkmuster zu entwickeln.«[20]

Lassen Sie mich ein Beispiel bringen für einen der kleinen, unbewusst und ungewollt rassistischen »Mückenstiche«. Meine Nichte ist Schwarz, denn ihr Vater, der Mann meiner Schwester, stammt aus dem Senegal. Im Jahr 2015, als besonders viele Menschen auf der Flucht in München ankamen und schon die ersten Abwehrreflexe in der Bevölkerung spürbar wurden, war meine Nichte, damals 18 Jahre alt, mit der U-Bahn unterwegs. Da beugte sich eine ältere Dame zu ihr herüber und sagte freundlich, laut und deutlich: »Welcome to Germany!«

Diese Dame wollte sicher etwas Gutes tun. Angesichts der größer werdenden Fremdenfeindlichkeit wollte sie der jungen Schwarzen Frau etwas Nettes sagen. Womöglich hatte sie sich vorgenommen, mutig ein Zeichen zu setzen. Meine Nichte war perplex und sagte nur: »Ach, danke schön!« Mehr fiel ihr in diesem Moment nicht ein. »Sie hat es doch nett gemeint«, erklärt sie heute im Rückblick. Und dennoch ist diese nett gemeinte Geste ein Beispiel für ungewollten Rassismus. Die nette Dame sah eine junge Frau mit brauner Haut und schwarzen Locken und stufte sie sofort als geflüchtete Person ein. Dass sie in Deutschland geboren sein, einen deutschen Pass haben, einen deutschen Kindergarten und eine deutsche Grundschule besucht haben und dabei sein könnte, an einem deutschen Gymnasium das Abitur zu machen, war nicht innerhalb des Horizonts der netten Dame. Meine Nichte war für sie eindeutig keine Deutsche, weil sie von der Norm abweicht, nach der die Dame »Deutschsein« definiert. Aber »es ist kein schönes Gefühl, als Abweichung der Norm definiert zu werden. Man nennt das *Othering*, und es ist mein Alltag«, schreibt die Schwarze Autorin Alice Hasters.[21]

Ich kenne von mir selbst den Reflex, der bei vielen Menschen anspringt, wenn sie Geschichten wie diese hören: »Aber das ist doch kein Rassismus!« Und ich muss sagen: »Doch, leider doch. Das ist Rassismus.« Es ist der unbewusste und unbeabsichtigte Rassismus, den »wir« *Weiße* kaum identifizieren können, wenn wir nicht darauf hingewiesen werden. Wir sind befangen in einer Weltsicht, die wir gar nicht bemerken, weil sie uns so selbstverständlich ist – und weil wir in dieser Weltsicht die Privilegierten sind. *Weiße* Menschen sind nicht diejenigen, denen Rassismus wehtut. Sie sind nicht diejenigen, die unter der Perspektive leiden, die die Schwarze Gemeindepädagogin und Autorin Sarah Vecera als die »*weiße*, heteronormative, eurozentrische Mittelschichts-Perspektive auf diese Welt« bezeichnet.[22] Und die Autorin folgert: »Es ist unmöglich für *weiße* Menschen, manche Dinge zu sehen, weil ihnen schlichtweg die Erfahrung fehlt.«[23]

Gerade Christinnen und Christen, in deren Wertesystem Rassismus gar keinen Platz hat, tun sich oft schwer mit dieser Diagnose. Sarah Vecera, als Mitarbeiterin der Vereinten Evangelischen Mission bestens vertraut mit der kirchlichen Mentalität, hält fest: »In den Medien begegnen uns People of Color, die in Verbindung gebracht werden mit Rassismus, Verbrechen, Armut oder Fluchterfahrungen. Diese Geschichten erzählen wir im Prinzip auch in der Kirche und ergänzen den Deckmantel der Nächstenliebe, indem wir für sie spenden oder beten.«[24] So werden sie zum Objekt unserer guten Absichten. Schwarze deutsche Anwältinnen, Ärzte, Lehrerinnen kommen in unserer Vorstellung nicht vor. Die in Somalia geborene, in Göttingen aufgewachsene Ärztin Muna Ismail Abdi erzählt im Gespräch mit der Podcasterin Tupoka Ogette, wie sie zu einem Patienten ins Zimmer kommt, um ihm Blut abzunehmen. »Entschuldigung, hier wurde schon gewischt!«, bekommt sie zu hören. In der Vorstellungswelt des Patienten waren Ärztinnen *weiß*, Schwarz war das Putzpersonal.[25]

Und diese Vorstellungswelt teilen – unvermeidlich, wie Sarah Vecera konstatiert – auch die wohlmeinenden, aufgeschlossenen Christinnen und Christen von morgen. Hier wird es oft schwierig. Wir müssen es uns von Menschen of Color sagen lassen, dass wir bei all unseren guten Absichten und guten Meinungen auch als Christinnen und Christen rassistisch denken und handeln. Das ist für viele sehr schwer zu akzeptieren, weil wir es doch so gut meinen. Und »das Wort ›Rassismus‹ wirkt wie eine Gießkanne voller Scham, ausgekippt über die Benannten«, wie Alice Hasters feststellt.[26] Sich dieser Scham zu stellen, die eigenen Motive, Impulse, Äußerungen und Handlungen auf den Prüfstand zu stellen, das ist der erste Schritt.

Noch einmal Sarah Vecera: »Durch die fehlenden Stimmen [der PoC] ist uns vieles in der Kirche einfach nicht bekannt und wir wissen oft gar nicht, was wir ändern sollten, damit sich Menschen of Color tatsächlich willkommen und nicht mehr anders fühlen.«[27]

Wenn weiße Menschen also mit dem beschriebenen Phänomen konfrontiert werden, fragen sie oft: »Was darf ich denn nun überhaupt noch sagen?« Es entsteht eine große, sehr verständliche Unsicherheit – als sollte eine Rechtshänderin plötzlich mit der linken Hand schreiben. Umso wichtiger ist es, über die Thematik zu reden – am besten natürlich direkt mit Menschen of Color. Zu fragen, was man selbst nicht weiß oder was einem neuerdings fraglich geworden ist. Wenn im unmittelbaren Umfeld erst einmal kein solcher Gesprächskontakt herzustellen ist, hilft es zu lesen – etwa die Literatur, die ich für dieses Kapitel verwendet habe – oder Podcasts zu hören, beispielsweise den Podcast »Stachel und Herz« von Sarah Vecera und Thea Hummel, »Tupodcast« von Tupoka Ogette oder »Feuer und Brot« von Alice Hasters und Maxi Häcke. Und manchmal kann es sogar besser sein, sich erst einmal durch Lesen oder Hören zu informieren. Denn es könnte auch sein, dass es einer Person of Color zu viel wird, wenn ihr nun dieselben, an sich sinnvollen und weiterführenden Fragen immer wieder gestellt werden – auch wenn es nicht die bis zum Überdruss gehörte Frage ist: »Wo kommst du her? Also, ich meine, wo kommst du *wirklich* her?«

Christinnen und Christen von morgen bemühen sich, Rassismus zu vermeiden und zu ächten – dazu gehört eben auch, den eigenen eingefleischten, systemisch bedingten Rassismus zu identifizieren und sich der damit verbundenen Scham zu stellen. Und vielleicht ist es gut, nicht zu große Worte zu machen. So manche Schule schmückt sich mit einem Schild »Schule ohne Rassismus«. Den guten Willen mag man der Schulleitung, dem Kollegium, der Schüler*innenvertretung nicht absprechen. Trotzdem könnten Schülerinnen und Schüler of Color, wenn man sie fragte, wohl viele Geschichten von kleinen, unbeabsichtigten, aber schmerzhaften alltagsrassistischen »Mückenstichen« erzählen. Sarah Vecera schlägt daher folgende Formulierung vor:

»Hier ist kein rassismusfreier Raum, aber wir wissen darum und wollen Rassismus gemeinsam entlarven, dekonstruieren und daran arbeiten, dass dies eine Kirche wird, in der sich alle gleich willkommen und geliebt fühlen!«[28]

… und bunt

Dies ist meine Hoffnung:

- Wenn die Christenheit von morgen Diversität zulässt und fördert, ja: sich an ihr freut;
- wenn die Christenheit von morgen Menschen unterschiedlicher sexueller Orientierung und geschlechtlicher Identität sowie Menschen of Color bewusst willkommen heißt;
- wenn die Christenheit von morgen bereit ist, von PoC und LGBTIQ* zu lernen, über sich und über die Welt, in der wir leben;
- wenn die Christenheit von morgen sich also einlässt auf die anstrengende, befreiende Reise,

dann wird das Ergebnis bunt und lebendig sein.

Ich schließe dieses Kapitel mit einem weiteren Zitat, von einer *weißen* Pfarrerin, die ihre Hoffnung für die Christenheit von morgen beschreibt:

»In meiner Utopie ist Kirche der Leib Christi. Hier hat keiner Macht über den anderen. Pfarrerin und Gemeindeglied, Alt und Jung, Verwalterin und Arbeiter im Weinberg, Weiße und Schwarze, Bischöfin und Pfarrer, Hetero und Queer, Mann und Frau – sie alle sollen wissen: Wenn einer leidet, leidet der ganze Körper.«[29]

Und hoffentlich gilt dann auch die Fortsetzung des Bibelzitats: »Wenn ein Glied geehrt wird, freuen sich alle anderen mit« (1 Korinther 12,26b).

12.
Das Christentum von morgen ist demütig – Es tut Buße

Die Kirchen sind vielen Menschen vieles schuldig geblieben, sie haben eine Menge Schuld auf sich geladen. Zum ganz überwiegenden Teil leben sie nicht mit den Armen, wie wir in Kapitel 10 gesehen haben. Sie haben queere Menschen ausgegrenzt, verfolgt und umgebracht, sie haben Schwarzen, Indigenen und Menschen of Color die Menschenwürde abgesprochen (Kapitel 11). Das wird heute immer mehr Christinnen und Christen bewusst.

Sehen wir zunächst noch einmal zu den Armen. Die meiste Zeit waren sie den Kirchen keine Mitglieder, deren Lebenswirklichkeit man attraktiv und vorbildlich fand. Bestenfalls waren und sind sie Objekt der Nächstenliebe und Fürsorge. Die Kirche selbst, wohlhabende Mitglieder und »Würdenträger« haben sich die Warnungen des armen Wanderpredigers aus Nazareth vor dem »Sammeln von Schätzen« eher selten zu Herzen genommen. Stattdessen schwelgen sie im Pomp, Bistümer und Abteien sind teilweise unermesslich reich. Ich war in meinem Leben dreimal in Rom, immer habe ich dabei auch den Petersdom aufgesucht. Immer blieb ich zwar ein paar Minuten staunend und andächtig vor Michelangelos wundervoller Pietà stehen, die ihren Platz gleich rechts im Eingangsbereich hat. Dann aber hat mich jedes Mal das nackte Grauen gepackt. Diese Massen an Marmor und Gold! Diese Kuppel! Diese erschlagende Größe, die angeblich dazu dient, Gott zu ehren, in Wahrheit jedoch diejenigen, die den Dom betreten, klein macht. Ich hielt es nie lange aus, rasch verließ ich diesen pompösen Ort wieder und suchte mir eine Bar in Trastevere, um wieder ins Normale und Alltägliche zurückzufinden.

Wie ausgeprägt der Wille der Kirche zur Größe und zur Darstellung ihrer Macht ist, wird mir besonders daran deutlich, wie sie mit dem heiligen Franz umgegangen ist. Der reiche Kaufmannssohn aus Assisi hatte sich zu radikaler Armut bekehrt und lebte als Bettelmönch. Seine »Homebase« war die Portiuncula, eine winzige, unscheinbare Kapelle im Wald vor den Toren der Stadt. Heute liegt diese Kapelle nicht mehr im Wald, sie liegt *in* einem Dom. Ja, sie ist immer noch winzig und unscheinbar, aber man hat eine riesige marmorne Kirche um sie herum gebaut, fast möchte ich sagen: über sie gestülpt! Angeblich – oder vielleicht auch in der ehrlichen Absicht –, um den Heiligen zu ehren. Aber welche Ehre ist es für den, der nichts besitzen wollte, buchstäblich nichts, wenn ein millionenteurer Marmorkasten über seine Kapelle gebaut wird! Franziskus, hätte man ihn noch fragen können, hätte sich sicher dagegen verwahrt. »Gebt das Geld den Armen«, hätte er gesagt. »Baut Spitäler und ordentlich ausgestattete Waisenhäuser!« Er konnte sich nicht mehr wehren, und so hat die reiche, mächtige Institution den armen Propheten domestiziert und damit unschädlich gemacht, getreu dem Motto: Was du nicht besiegen kannst, das umarme. Hundert Jahre nach dem Tod des Franziskus wurden die ersten Franziskaner als Ketzer verbrannt, weil sie hartnäckig festhielten an ihrer Wahrheit, dass Jesus keinen persönlichen Besitz gehabt habe. Umberto Eco hat diesen

Prozess in seinem Roman »Der Name der Rose« anhand von Original-Akten eindringlich nachgezeichnet.

Ich will als Evangelischer aber nicht nur meine katholischen Geschwister kritisieren. Als ich das erste Mal das Kirchenamt der EKD in Hannover von innen sah, überkamen mich ähnliche Gefühle wie im Petersdom. Hier ist der Raum zwar nicht mit Marmor umbaut, sondern mit Beton, aber das Ergebnis ist ähnlich: Wer hereinkommt, fühlt sich klein und ohnmächtig. Und hat »meine« Lukaskirche nicht auch eine Kuppel von 66 Metern Höhe?

Der Pomp setzt sich fort an den Personen und ihren Gewändern. Mit Samt und Seide, Spitze und Brokat werden manche katholischen Priester und Bischöfe ausstaffiert, und der Talar, die schwarze Einheitskluft der evangelischen Pastorinnen und Pfarrer, wird konterkariert durch die Amtskreuze, die die Würdenträger verschiedener Grade ausweisen. Der Landesbischof trägt ein großes, goldenes Kreuz um den Hals, die Regionalbischöfin ein kleineres, goldenes, Dekan und Dekanin müssen sich mit einem noch kleineren aus Silber zufriedengeben, so ist es jedenfalls in Bayern. Das Folterinstrument als Rangabzeichen!

Und auch wir Pfarrerinnen und Pastoren sind keineswegs arm. Wir schwimmen zwar nicht im Geld, aber wir bekommen eine ordentliche Beamtenbesoldung, Beihilfe, eine mietfreie Dienstwohnung oder ein Pfarrhaus und eine auskömmliche Altersversorgung. Was dem armen Wanderprediger dazu wohl eingefallen wäre?

Diese Frage stelle ich mir auch, wenn ich von evangelikalen oder pfingstlichen Freikirchen höre, die teilweise zu den weltweit am schnellsten wachsenden christlichen Gemeinschaften gehören. Hier hört man nichts von den Warnungen Jesu vor Reichtum und Schätze-Sammeln. Im Gegenteil: Offen vorgezeigter Wohlstand der Pastoren – Villa mit Pool, Rolex-Uhren, Businessclass-Flüge und so fort – wird als Ergebnis göttlichen Segens interpretiert, der auf denen liegt, die in der »richtigen« Weise glauben. »Wenn du selbstlos mitarbeitest, alle Regeln befolgst, regelmäßig den zehnten Teil deines Bruttogehalts und gerne auch noch etwas mehr spendest, dann wird Gott dich auch segnen und du wirst dir einen ähnlich luxuriösen Lebensstil leisten können wie wir«, scheint die Botschaft zu sein.[1]

Macht und Machtmissbrauch

Genauso eindringlich wie vor dem Reichtum hat Jesus vor den Gefahren der Macht gewarnt. »Ihr wisst, die als Herrscher gelten, halten ihre Völker nieder, und ihre Mächtigen tun ihnen Gewalt an. Aber so ist es unter euch nicht; sondern wer groß sein will unter euch, der soll euer Diener sein; und wer unter euch der Erste sein will, der soll aller Knecht sein«, sagt er (Markus 10,42–44), und: »Ihr sollt euch nicht Rabbi nennen lassen; denn einer ist euer Meister; ihr aber seid alle [Schwestern und] Brüder. Und ihr sollt niemand euren Vater nennen auf Erden; denn einer ist euer Vater: der im Himmel. Und ihr sollt euch nicht Lehrer nennen lassen; denn einer ist euer Lehrer: Christus. Der Größte unter euch soll euer Diener sein. Wer sich selbst erhöht, der wird erniedrigt werden; und wer sich selbst erniedrigt, der wird erhöht werden« (Matthäus 23,8–12). Es gibt vielleicht kein Jesus-Wort, das von den Kirchen so hartnäckig und anhaltend missachtet wird wie dieses. »Ihr sollt niemand euren Vater nennen auf Erden«, sagt Jesus, und trotzdem werden katholische Ordensleute, wenn sie geweiht sind, mit »Pater« angesprochen, im Englischen sogar mit dem muttersprachlichen »Father«, und in Rom residiert ein »Heiliger Vater«. »Der Größte unter euch soll euer Diener sein«, also nennt sich der Papst zusätzlich »servus servorum dei«, »Diener der Diener des Herrn«. Diese Terminologie versucht allerdings, die realen Machtverhältnisse nur zu verschleiern, denn trotz der bescheidenen Bezeichnung ist der Papst nun mal nicht Diener, sondern Herr.

Die ehemals katholische Journalistin Christiane Florin brachte es bei ihrer Dankrede für den Walter-Dirks-Preis am 6. Mai 2023 auf den Punkt: »Die Mutter meiner Mutter war Mädchen für alles, in einem Kloster-Internat für höhere Töchter. Sie musste für die weiblichen Herrschaften den Boden fegen, Betten machen, Nachttöpfe auskippen. Als gute Katholikin sollte sie ihren niederen Dienst demütig lächelnd tun, das war der Platz für ein einfaches Mädchen vom Land Anfang des 20. Jahrhunderts. Höre ich heute von Kirchenmännern: ›Alle Macht ist Dienst‹, glaube ich ihnen schon deshalb nicht, weil man hochwürdigste Herren so selten bodenfegend und nachttopf-leerend sieht.«[2]

Kirchliche Funktionäre aller Konfessionen nehmen gerne Machtpositionen ein. Das fängt an beim Dorfpfarrer, der zu den Honoratioren gezählt und dessen Meinung allseits geschätzt und geachtet wird (jedenfalls war das in früheren Zeiten so), und führt bis zu Fürstbischöfen, die bis zur Säkularisation ganz reale weltliche Macht innehatten, Länder regierten und Kriege führten. Manche gehörten als Kurfürsten gar dem Gremium an, das den Kaiser wählte. Im Investiturstreit zwischen Papst Gregor VII. und Kaiser Heinrich IV. (siehe Kapitel 2) ging es um die Frage, wem die höchste Macht auf Erden zusteht: dem Kaiser oder Gott – in Gestalt seines »Stellvertreters«. Und wer weiß, wie viel Macht die »geistlichen« Beraterinnen und Berater von Donald Trump, Jair Bolsonaro und Wladimir Putin, ausgeübt haben und noch ausüben.

Wieder zur evangelischen Seite, wieder ein paar Nummern kleiner: Bevor eine Pfarrperson ordiniert wird, muss sie eine »Stellungnahme zu Schrift und Bekenntnis« aufschreiben, die dann im Gespräch mit dem Regionalbischof erörtert wird. Meine damalige

Frau Johanna hatte in ihrer Stellungnahme etwas darüber geschrieben, dass die Macht, die ein Pfarrer und eine Pfarrerin hat, sorgsam reflektiert und kontrolliert werden muss. Der Regionalbischof gab sich ehrlich erstaunt. »Wir haben doch keine Macht«, meinte er. »Wir dienen.« Uns blieb der Mund offenstehen. Wie kann einer, der – beispielsweise – uns kleine Vikare nach seinem Ermessen auf irgendeine Pfarrstelle schicken kann, der Kolleginnen und Kollegen beurteilt und damit über Lebenswege entscheidet – wie kann der allen Ernstes bestreiten, dass er Macht besitzt und ausübt? Aber das ist typisch für die Kirche, für alle Kirchen. Sie haben ein äußerst problematisches und offenkundig viel zu wenig reflektiertes Verhältnis zur Macht.

Macht und Sex

Das ist insofern fatal, als Macht jeder Art allzu leicht zum Machtmissbrauch verführt, vor allem, wenn der- oder diejenige, die die Macht ausübt, sich gar nicht klarmacht, dass er oder sie sie besitzt. Machtmissbrauch gegenüber Menschen äußert sich im spirituellen Zusammenhang oft als geistlicher Missbrauch und mindestens genauso häufig als sexueller Übergriff. Gerade beim sexuellen Missbrauch geht es in den meisten Fällen nicht (nur) um die sexuelle Lust des Täters. Mindestens ebenso ausschlaggebend ist das Machtgefälle zwischen den Personen. Und es ist gerade die erlebte Ohnmacht, die das Trauma aufseiten des Opfers verstärkt. Als ohnmächtig erleben sich dabei nicht nur Kinder und Jugendliche, sondern oft genug auch erwachsene Menschen, die dem Täter in der Soutane oder im Talar Vertrauen, vielleicht Ehrerbietung entgegengebracht haben und nun erleben müssen, wie dieses Vertrauen rücksichtslos ausgenutzt wird. Dieses missbräuchliche Verhalten von kirchlichen Funktionären ist, wie man oft hören kann, »systemisch bedingt«. Es liegt also nicht nur in der individuellen Verantwortung des Täters oder der Täterin (die dadurch allerdings keinesfalls gemindert wird!), sondern ist im System von Kirche und Amt begründet. Es sind nicht nur die unterdrückten und dann fehlgeleiteten sexuellen Bedürfnisse zölibatärer (oder im evangelischen Bereich oft verheirateter) Männer und Frauen, die sich im sexuellen Missbrauch Schutzbefohlener auf katastrophale Weise Bahn brechen. Es ist auch die unreflektiert und verantwortungslos ge- und damit missbrauchte Macht, die mit der Funktion innerhalb des Systems gegeben ist.

Noch schlimmer wird die Sache dadurch, dass den Kirchen offenkundig nicht allzu viel daran liegt, die Missbrauchsfälle schonungslos aufzuklären. Ich brauche das hier alles nicht detailliert aufzuführen, die Zeitungen waren und sind voll davon. Die schlimmste Form von Selbstrechtfertigung der Täter ist die sogenannte Täter-Opfer-Umkehr: Dem Opfer wird die Schuld zugeschoben, weil es den Täter gereizt haben soll oder ihm keinen offenen Widerstand entgegengebracht hat. Das perfideste Beispiel für solche Täter-Opfer-Umkehr habe ich in dem Podcast »Toxic Church«[3] gehört. Darin ist die Rede von dem Gründer einer pfingstlich-evangelikalen Freikirche in Neuseeland und Australien, der mehrere Kinder sexuell missbraucht hat. Als eines der Opfer Jahre nach der Tat es endlich wagt, sich seiner Mutter anzuvertrauen, verbietet diese ihm, darüber öffentlich zu sprechen. Kämen die Taten des Lead-Pastors ans Licht, so die Mutter, würden womöglich viele die Kirche verlassen und folglich des ewigen Heils verlustig gehen. Denn das Heil gibt es nur in dieser Kirche. Der vergewaltigte Junge wäre also schuld, wenn Menschen »seinetwegen« in die Hölle kommen. Welch ein Zynismus! Der Vergewaltiger wurde nie belangt, er starb hochbetagt, ohne dass er sich jemals hätte öffentlich für seine Taten rechtfertigen müssen. Heute, da die Verbrechen ans Licht gekommen sind, tut sich die Kirche immer noch äußerst schwer, Taten und Täter als das zu bezeichnen, was sie waren.

In der evangelischen Kirche kam zu den bisher genannten systemischen Aspekten bisweilen noch eine missverstandene »evangelische Freiheit«. Nicht nur, aber besonders in der Jugendarbeit, wo ohnehin ständiges Kuscheln angesagt war, wo sich alle immer in den Armen lagen, konnte es zu schlimmen Grenzüberschreitungen kommen.

Inzwischen ist Prävention von sexuellem Missbrauch Pflichtprogramm in allen kirchlichen Institutionen; doch selbst diese Tatsache kann nicht verhindern, dass es immer wieder zu Übergriffen kommt, bis heute.

Diese schlimme Form von Machtmissbrauch ist nur die Spitze des Eisbergs, die dank der Aufklärungsarbeit einiger mutiger Kirchenleute und einer kritischer gewordenen Öffentlichkeit sichtbar geworden ist. Auch unter der Oberfläche ist die Kirche an vielerlei Stellen mit dem Thema Macht und Machtmissbrauch konfrontiert, und das seit 1700 Jahren. In der sogenannten Konstantinischen Wende, genauer: Seitdem das Christentum im Jahr 380 n. Chr. zur einzig erlaubten Religion im Römischen Reich geworden war, gelangte die Kirche sehr rasch zu Macht. Die Kaiser protegierten die Kirche, im Gegenzug stützte die Kirche die kaiserliche Macht und partizipierte an ihr. Sie legte, wie Heinzpeter Hempelmann treffend formuliert, die »Konstantinische Rüstung«[4] an, sie wurde reich und mächtig und war genau da gelandet, wo Jesus seine Jüngerinnen und Jünger explizit nicht haben wollte. Aus dem prophetischen Haufen von armen Wanderradikalen wurde die staatstragende, priesterliche Amtskirche. Mit den entsprechenden Konsequenzen: Die Kirche ließ sich fortan von der Politik instrumentalisieren, rechtfertigte (und führte!) Kriege, segnete Waffen, verfolgte Andersgläubige. Viele, die mit dieser Entwicklung nicht einverstanden waren, brachen auf in die Wüste, um dort zunächst als Einsiedler, später in Gruppen zusammenzuleben. So entstand das christliche Mönchtum – dazu mehr im nächsten Kapitel.

Im Grunde hängt so gut wie alles, was den Kirchen heute vorgeworfen wird, mit diesem Anlegen der Konstantinischen Rüstung zusammen: Religionskriege, Kreuzzüge, Inquisition und Verfolgung von Mystikerinnen und »Ketzern« – also Christinnen und Christen, die eine abweichende Lehre pflegten und sich häufig mehr am urchristlichen Ideal orientierten –, Ausrottung der europäisch-indigenen, weiblichen Weisheit durch die Verfolgung von »Hexen«, die Rechtfertigung von Verbrechen gegen amerikanische, afrikanische und asiatische Indigene im Zuge von Kolonialisierung und Sklaverei, die Abwertung und Verfolgung von Menschen mit queerer Orientierung und – last not least – die Pogrome und Exzesse gegen die Juden, die sich mit grausamer Regelmäßigkeit durch die Jahrhunderte ziehen. Die Liste ließe sich fortsetzen.

Für viele Menschen heute haben die Kirchen damit jegliche Glaubwürdigkeit verspielt, vor allem in moralischen Fragen. Wie kann eine Institution, die ethisch und moralisch so sehr versagt und gegen die eigenen hehren Grundprinzipien verstoßen hat, anderen Vorschriften zu ihrer Lebensführung machen?

Schuldbekenntnisse

Das Mindeste, was erwartet wird, ist, dass die Kirche zu der Schuld steht, die sie in all den Jahrhunderten auf sich geladen hat.

Ansätze dazu gibt es tatsächlich. Im Oktober 1945 verabschiedete der Rat der neu gegründeten Evangelischen Kirche in Deutschland (EKD) die sogenannte Stuttgarter Schulderklärung. Darin heißt es unter anderem: »Wohl haben wir lange Jahre hindurch im Namen Jesu Christi gegen den Geist gekämpft, der im nationalsozialistischen Gewaltregiment seinen furchtbaren Ausdruck gefunden hat; aber wir klagen uns an, dass wir nicht mutiger bekannt, nicht treuer gebetet, nicht fröhlicher geglaubt und nicht brennender geliebt haben.«[5] Im Nachkriegsdeutschland wurde diese Erklärung teils wütend kritisiert, weil sie etwas ausspricht, das viele Deutsche zu dem Zeitpunkt noch vehement ablehnten: dass sie nämlich Mitschuld tragen an den Verbrechen der Nationalsozialisten. Es handle sich um eine »Entwürdigung unseres Volkes«, hieß es damals.

Heute kommt die Kritik eher aus der anderen Richtung. Angesichts der Bereitwilligkeit, mit der viele Christen und Kirchenleute sich »gleichschalten« ließen und für den »Führer« beteten, erscheint die Feststellung, man habe den nationalsozialistischen Geist bekämpft, als Schönfärberei. Auch der »Bekennenden Kirche« sei es im Wesentlichen um Selbsterhaltung der Kirche gegangen[6]. Die Worte »... nicht mutiger bekannt, nicht treuer gebetet, nicht fröhlicher geglaubt und nicht brennender geliebt ...« seien nichtssagend, verallgemeinernd und damit verharmlosend. Vor allem die Shoah, die planmäßige Vernichtung der jüdischen Menschen, wurde mit keinem Wort erwähnt; das geschah dann erst mit dem »Wort zur Schuld an Israel«, das im April 1950 auf der Synode in Berlin-Weißensee beschlossen wurde. Fünf Jahre nach dem Ende der Naziherrschaft bekannte sich die EKD erstmals zu einer Mitschuld an den nationalsozialistischen Verbrechen gegen Jüdinnen und Juden.

Im »heiligen Jahr« 2000 war es dann Papst Johannes Paul II., der ein Schuldbekenntnis und eine Bitte um Vergebung für die Sünden von Katholiken in der Geschichte aussprach. Im Namen der Römischen Kirche bat er vor Gott um Vergebung für Fehlleistungen von Gläubigen gegen Toleranz und Ökumene, gegen Frieden und Menschenrechte, gegen die Würde der Frauen und gegen die Juden. Auch dieses Schuldbekenntnis wurde von binnenkirchlicher Seite kritisiert: Ein »Mea Culpa« könnte ja so verstanden werden, dass manche Lehrentscheidungen der »unfehlbaren« Kirche falsch gewesen seien.[7] Dabei wäre genau dieses Eingeständnis erst die Voraussetzung für eine glaubwürdige Bitte um Vergebung.

Mag der Papst sein Schuldeingeständnis auch ehrlich gemeint haben – solange eine Kirche von ihrer eigenen Unfehlbarkeit überzeugt ist, besteht die Gefahr, dass die Fehlbarkeit ihres Personals verschwiegen und verleugnet werden muss. Die Täter werden geschützt, um die Kirche zu schützen. Hier liegt einer der systemischen Gründe dafür, dass sich die katholische Kirche so schwertut mit der Aufklärung der Missbrauchsfälle, dass bis heute Schuld auf allen Hierarchieebenen unter den Teppich gekehrt und nicht klar benannt wird. Auch die evangelische Seite tut sich nicht gerade mit übertriebenem Aufklärungswillen hervor. Und auf ein öffentliches Schuldeingeständnis der Kirchen in Bezug auf sexuellen Missbrauch Schutzbefohlener durch Kirchenleute wartet die Welt bis heute vergeblich.

Das Versagen der Behördenkirche

Auch wo es nicht um Verbrechen wie Missbrauch, Sklaverei oder Kollaboration mit Unrechtsregimen geht, sind die Kirchen ihren Mitgliedern und der Welt vieles schuldig geblieben. Die evangelische Theologin Sandra Bils stellt unter Bezug auf die letzte Kirchenmitgliedschaftsuntersuchung fest: Mit dem Wort »Kirche« assoziieren die meisten Befragten Gottesdienste, Kirchengebäude und Pfarrpersonen. Sie erklären Kirche natürlich von dem, was sie kennen, vom Vertrauten und Vorfindlichen. Aber von den Befragten »kam nichts, was darüber hinausgeht und beispielweise auch für die Inhalte steht. Man könnte ja auch sagen: Kirche, das ist der Laden mit der Gnade. Da ist die Liebe Gottes. Da muss ich mir nix verdienen.«[8] Die meisten Menschen assoziieren Kirche also mit ihren Strukturen, nicht mit ihrer Verkündigung. Das heißt doch anscheinend, dass die Kirche die Botschaft, die ihr aufgetragen ist, nicht unter die Menschen bringt – die Botschaft von der bedingungslosen Liebe Gottes, dem unbedingten Ja zu jedem einzelnen Menschen, die Gewissheit, dass in jedem Scheitern ein Neuanfang möglich, ja dass selbst der Tod nicht das Ende ist. Vielleicht ist dies die größte Schuld der Kirchen, dass sie es offenbar nicht geschafft haben, ihre grundlegendsten Inhalte, den Kern ihrer Botschaft so weiterzusagen, dass sie den Menschen in Kopf und Herz präsent sind.

Die »Konstantinische Rüstung« hat dazu geführt, dass sich die Kirche von den Menschen entfernt hat. Aus einer Bewegung von Menschen, die ganz einfach Jesus nachfolgen und seine befreiende, lebensspendende Botschaft weitersagen wollten, wurde eine vom Staat legitimierte und mit Macht ausgestattete Behörde. Eine Behörde, die meint, den Segen Gottes verwalten zu können, zu dürfen oder zu müssen, damit er auch ja nicht den Falschen zugutekommt. Eine Behörde, die diesen Segen Gottes bestimmten Menschen vorenthält, nur weil sie beispielsweise anders lieben, als die kirchliche Norm es jahrtausendelang vorgesehen hat und (im Fall der katholischen Kirche) immer noch vorsieht. Eine Behörde, deren Regeln sich die Menschen anpassen müssen – statt umgekehrt. Eine Behörde, die sich und ihre Traditionen in den Mittelpunkt stellt, statt sich vorbehaltlos und unbedingt auf die Menschen einzulassen, weil ihre Mitte der menschenfreundliche Gott ist.

Auch den Menschen, die anderen Milieus angehören als dem traditionellen und dem postmateriellen, ist die Kirche vieles schuldig geblieben – diese Feststellung trifft die evangelischen Kirchen mehr als die katholische. Aus den meisten Milieus hat sich die Kirche »exkulturiert«. Schon in der Zeit der Aufklärung hat sie viele Intellektuelle, Philosophen und Wissenschaftler verloren, im 19. Jahrhundert dann die Arbeiterklasse – eben durch ihre Verheiratung mit der staatlichen Macht. Heute können viele Menschen anderer soziokultureller Milieus, etwa »Konsummaterialisten« und »Hedonisten«, mit dem bildungsbürgerlichen Habitus der Kirche und ihrer Vertreter nichts anfangen; der »Elite« ist sie dagegen zu kleinbürgerlich. Die babylonische Gefangenschaft der Kirche, wiederum vor allem der evangelischen, in der Mittelschicht hat Angehörige aller anderen Milieus weitgehend ausgeschlossen.

Nicht nur gegenüber Schwarzen, Indigenen und People of Color, nicht nur gegenüber queeren Menschen aller Couleur, auch gegenüber den vielen Mitgliedern, denen sie aufgrund ihrer Milieuverengung nicht gerecht geworden ist, wäre ein Schuldeingeständnis fällig. Und eine Neuausrichtung.

Vor allem aber wäre es an der Zeit, dass die Kirche sich selbst ein Bußschweigen auferlegt. Vielleicht sollte die Kirche selbst einmal schweigen und sich an ihren Taten messen lassen, nicht mehr an ihren Worten. Ihre Taten haben so deutlich, so oft und so lange ihren Worten widersprochen, dass sie die Menschen mit Worten kaum mehr erreichen kann.

Demut und Buße

Ich weiß nicht, wie viele der Christinnen und Christen von morgen sich gründlich beschäftigt haben mit den Sünden und Verfehlungen der Kirchen, von denen ich in diesem Kapitel spreche, und ob sie ihr Tun und Denken an diesen Erkenntnissen ausrichten. Alle jedoch, denen ich begegnet bin oder über die ich gelesen habe, legen diese gewisse demütige Haltung an den Tag. Es geht ihnen nicht darum, selbst groß herauszukommen. Das Ziel ist nicht, möglichst viele Mitglieder zu gewinnen oder häufig in den Medien präsent zu sein. Bewusst oder unbewusst – viele Christinnen und Christen von morgen leben so, als hätten sie sich das Bußschweigen vorgenommen, das der Kirche gut anstünde: Sie verkünden ihren Glauben überwiegend mit Taten, getreu dem Aphorismus, der meistens (fälschlich) Franz von Assisi zugeschrieben wird: »Predige das Evangelium. Falls notwendig, gebrauche Worte.«

Rund 75 Prozent aller FreshX haben im Kern ein diakonisches Angebot[9], und so gut wie alles, was ich an unabhängigen Neugründungen und Initiativen überblicke, ebenfalls. Die »Grundvollzüge« sind bei ihnen in ein neues Verhältnis geraten. Während die Leiturgia, die öffentliche Versammlung, in den Hintergrund tritt, treten Koinonia und Diakonia nach vorn. Die Martyria, das »Zeugnis«, praktizieren sie eher nonverbal. Statt den Gottesdienst mit seinen vielen Worten an die erste Stelle zu rücken, stellen sie den Dienst in die Mitte. Das Englische – wir erinnern uns: die Bewegung der Fresh Expressions of Church stammt aus der englischen Kirche – hat dafür, wie für so vieles, wunderbar kurze und prägnante Ausdrücke parat. Das Christentum von morgen ist auf einer *»serving first journey«*, einem Weg, auf dem das Handeln oberste Priorität genießt. Das Gegenstück dazu wäre die *»worship first journey«*, ein Weg also, bei dem es zuerst um den Gottesdienst geht. Diesen Weg gehen beispielsweise die großen pfingstlichen und/oder evangelikalen Kirchen wie Hillsong und ICF sowie die sogenannten Megachurches wie Willow Creek oder Saddleback in den USA. Den Titel Megachurch (Megakirche) erhält eine Gemeinde, die mehr als 2.000 Menschen pro Sonntag in ihre Gottesdienste zieht. Und auch wenn etwa Willow Creek ein ausgeprägtes diakonisches Programm hat, sind doch Gottesdienst, Predigt und Evangelisation die Kerninhalte.

Das Christentum von morgen ist auf einen anderen Weg abgebogen. Es »tut Buße«. Das klingt fremd und manche Leserin, mancher Leser wird diesen Ausdruck erst einmal gar nicht mit dem in Deckung bringen, was ich bisher geschrieben habe. Deswegen möchte ich den Begriff »Buße tun« kurz erläutern, anhand der prominentesten Bibelstelle, in der er vorkommt, der Zusammenfassung der Predigt Jesu zu Beginn des Markusevangeliums. »Jesus kam nach Galiläa und predigte das Evangelium Gottes und sprach: Die Zeit ist erfüllt, und das Reich Gottes ist nahe herbeigekommen. Tut Buße und glaubt an das Evangelium!« (Markus 1,14f.) Im griechischen Originaltext steht hier das Wort *metanoeite,* das wörtlich so viel bedeutet wie: Denkt um, ändert euren Sinn – oder ganz postmodern: Transformiert euer Bewusstsein! Es hat also nichts zu tun mit Sack und Asche, mit freudloser »Büßermiene« und Selbstgeißelung. Es geht darum, die Richtung zu ändern.

Häufig steht in moderneren Übersetzungen an dieser Stelle: Kehrt um! Aber auch das ist nicht ganz treffend. Es muss keine 180-Grad-Kehre sein; das wäre mir auch etwas zu theatralisch. Buße tun heißt ganz einfach: einen anderen Weg einschlagen, einen Weg, der dem Vertrauen auf die gute Botschaft von Gottes grenzenloser, unbedingter Liebe entspricht. Und das ist genau der Weg, den die Christinnen und Christen von morgen gehen. Christinnen und Christen von morgen leben von der eigenen Hände Arbeit oder von Spenden; sie nutzen keine prachtvollen Kirchengebäude, sie ehren die Vielfalt und das Leben. Sie machen keine großen Worte, sondern sind einfach da, wo es nötig ist. Sie suchen die Gemeinschaft untereinander und mit allen möglichen und »unmöglichen« Menschen. Sie sind unterwegs auf dem Pfad des *»serving first«*, der das Handeln den Worten vorordnet. Und sie tun das alles aus einem fröhlichen Vertrauen auf den menschgewordenen Gott, der ihnen begegnet in den »Geringsten unter den Geschwistern« (Matthäus 25,40).

13. Das Christentum von morgen hat keine missionarische Agenda – Aber es lebt einen glaubwürdigen Lebensstil

Die These dieses Kapitels scheint auf den ersten Blick alles andere als plausibel. Geht nicht die Entwicklung aller Fresh Expressions of Church gerade zurück auf einen Synodenbericht mit dem Titel »Mission Shaped Church«, in der deutschen Übersetzung: »Mission bringt Gemeinde in Form«[1]? Und ist »missional« nicht eines der vier Grundmerkmale jeder FreshX? Tragen die bayerischen MUT-Initiativen die Mission nicht im Titel, in dem das »M« für »missional« steht? Dieses Adjektiv findet sich auch bei den Charakteristika der Erprobungsräume im Rheinland – sie »eröffnen Menschen ohne (positiven) Bezug zur Kirche/zum christlichen Glauben Zugänge zum Evangelium und laden sie zur Nachfolge ein (missional – martyria).«[2] Und schließlich: Haben Christinnen und Christen nicht den ausdrücklichen Auftrag von Jesus: »Geht hin in alle Welt, macht zu Jüngern alle Völker …« (Matthäus 28,20)? Ist Mission nicht eine grundlegende Aufgabe der Kirche und aller Christinnen und Christen?

Ich möchte dieser Frage nachgehen, indem ich vier Begriffe betrachte, die sehr ähnlich klingen, aber doch Unterschiedliches meinen: Mission und missionarisch auf der einen Seite, missional und Missio Dei auf der anderen.

Mission

Unter *Mission* verstehe ich die klassische Zielsetzung der Kirchen, anderen Menschen das Evangelium zu bringen, sie zum Glauben an Jesus Christus zu motivieren. Dazu werden *missionarische* Aktivitäten ergriffen. Die Grundhaltung dabei ist ungefähr so zu beschreiben: Wir haben zum Glauben an Jesus Christus gefunden und wissen uns nun gerettet und erlöst. Diese Errettung und Erlösung wollen wir anderen Menschen bringen – so vielen wie möglich. Denn wenn sie diesen Glauben nicht kennenlernen und für sich annehmen, wenn sie nicht von Gottes Heilstat in Jesus Christus hören und darauf zu vertrauen lernen, sind sie verloren in Ewigkeit.

Diese Haltung steht etwa hinter den Bemühungen vieler evangelikaler und pfingstlicher Freikirchen, die große Anstrengungen unternehmen, um möglichst viele Menschen anzuziehen und von ihrem Glauben zu überzeugen. Diese Haltung stand auch von Anfang an hinter dem Missionsverständnis der Kirche – angefangen von den Aposteln, von Petrus, Philippus oder Paulus, bis hin zu den Missionsgesellschaften vor allem des 18. und 19. Jahrhunderts, die nach Indien, Papua-Neuguinea oder in verschiedene Länder Afrikas, Lateinamerikas und Asiens gingen, um den »Heiden« das Evangelium von Jesus Christus zu predigen.

Heute wird dieses Missionsverständnis vehement kritisiert und infrage gestellt. Denn es wird – zu Recht – mit Eurozentrismus und Kolonialismus in Zusammenhang gesehen. Die *weißen*,

»fortschrittlichen« europäischen Christen brachten den »Heiden« das Evangelium, so wie die Kolonialherren das europäische Wirtschafts- und Bildungssystem und europäische Lebensweise in die Kolonien exportierten. Die Menschen in den außereuropäischen Ländern wurden als »unterentwickelt« betrachtet, ihre Kultur als »rückständig«. Altbewährte soziale, politische und religiöse Strukturen, ja auch ganze Hochkulturen wurden ohne Rücksicht auf Verluste zerstört, um Platz zu machen für die »moderne«, »aufgeklärte« europäische Lebensweise. Auf politischem Gebiet führte das zu teilweise schrecklichen Kriegen gegen die indigene Bevölkerung, zu Massakern und Genozid – wie etwa zu dem Völkermord an den Herero und Nama im heutigen Namibia durch die deutsche Kolonialarmee zu Anfang des 20. Jahrhunderts.

Ich vermute, die wenigsten Missionare aus dem globalen Norden haben diese mörderischen Exzesse gutgeheißen. Aber sie haben wohl überwiegend die überhebliche Haltung, die hinter dem Kolonialismus stand, geteilt. Es ist die Erzählung von der überlegenen Kultur, der die angeblich überlegene Religion entspricht. Diese vermeintlich überlegene Religion wird nun betrachtet als etwas Gegebenes, im Wesentlichen Unveränderliches, das an einen Ort gebracht wird, wo es bisher nicht zu finden war, etwa wie ein Schatz, den »wir« haben und den wir mit den »Heiden« teilen. Zugespitzt könnte man auch sagen: Gott wird zu Menschen gebracht, die Gott bisher nicht kannten – oder, noch etwas plakativer: Gott wird an Orte gebracht, wo Gott bisher nicht zu finden war.

Dieses Verständnis von Mission kann heute nicht mehr funktionieren. Es geht von falschen Voraussetzungen aus. Diese Haltung verkennt, dass das Evangelium nicht ein monolithischer Block ist, der unverändert durch die Zeiten und Räume transportiert werden kann. Wir können doch nicht ernsthaft annehmen, dass unser (in meinem Fall) fränkisch-lutherisch geprägtes Christentum genau und unverfälscht dem entspricht, was Jesus wollte, sagte und tat. Allein schon der Vergleich dieses spröden Luthertums mit, beispielsweise, dem lebensfrohen rheinischen Katholizismus oder der nüchternen friesischen reformierten Kirchlichkeit zeigt schon, dass jede Form des real existierenden Christentums von der Geschichte und von vielfältigen Kontexten geprägt und modifiziert ist. Wir glauben anders als zu Luthers Zeiten, anders als zu Zeiten eines Anselm von Canterbury oder des Kaisers Konstantin – und sicher ganz anders als die Fischer und Bäuerinnen, die mit Jesus durch Galiläa gezogen sind. Unser europäisches Christentum stammt aus jüdischen Wurzeln, wurde geprägt von neuplatonischer Philosophie, römisch-juristischem Denken, germanischem Lehenswesen, preußischem Kantianismus und vielen, vielen anderen Einflüssen. Wenn wir von »Kontextuellen Theologien« sprechen, dürfen wir nicht nur an die lateinamerikanische Theologie der Befreiung oder die koreanische Minjung-Theologie denken; zuallererst müssen wir sehen, dass und wie sehr unsere eigene Theologie kontextuell geprägt ist.

Allein schon deshalb kann Mission heute nicht mehr so funktionieren, dass »wir« hinausgehen und sagen: Wir haben hier einen Schatz, den wir euch weitergeben wollen. Das war zu Zeiten der Apostel vielleicht noch möglich – doch sehen wir schon in der Apostelgeschichte und in den Paulusbriefen, vor allem dem Galaterbrief, dass auch damals verschiedene Versionen des einen Evangeliums existierten.

Heute, im 21. Jahrhundert, ist ein solches Verständnis von Mission noch aus einem anderen Grund völlig ungeeignet. Nicht nur hat sich die Botschaft durch zwei Jahrtausende Kirchengeschichte laufend entwickelt, sie wurde auch vielfältig missbraucht, wie wir im letzten Kapitel gesehen haben. Wie können Europäer mit ihrer kolonialen Vergangenheit den Anspruch erheben, sie hätten Menschen in anderen Teilen der Welt überhaupt noch etwas zu sagen?

Die ehemaligen Missionsgesellschaften und Missionswerke in Deutschland haben sich daher längst ganz anders ausgerichtet. Sie verstehen sich als Partnerinnen und Partner der Kirchen, mit denen sie weltweit zusammenarbeiten. Kirchen in Nord und Süd begegnen sich dort auf Augenhöhe, sie lernen voneinander, tauschen sich aus, und zwar in verschiedenen Richtungen: Süd – Nord, Nord – Süd und Süd – Süd. Hinzu kommt, dass es kaum noch Weltgegenden gibt, in denen das Christentum völlig unbekannt ist. Folgerichtig sagen viele, dass die eigentlichen Missionsgebiete gar nicht mehr im globalen Süden zu finden seien, sondern in den säkularisierten und entchristlichten Ländern des Nordens.

Missio Dei

Die *missionalen* Bestrebungen des Christentums von morgen stehen auf einer ganz anderen Grundlage, nämlich auf der Basis einer Theologie der Missio Dei, der Mission Gottes. Diese Theologie geht davon aus, dass Gott selbst Subjekt der Mission ist. Gott ist kein Objekt, wie es einem beim Blick auf die alte »Mission« vorkommen mag – zumindest legt die Sprache dieses Verständnis nahe: wenn die Mission meint, Gott (Akkusativ-Objekt) an einen bisher gottfreien Ort zu bringen.

Die *missionale* Einstellung geht anders an die Sache heran. Der brasilianische Befreiungstheologe Leonardo Boff formuliert prägnant: »Gott kommt früher als der Missionar.«[3] Gott ist schon da, wenn wir kommen. Wir müssen Gott nicht erst bringen. Und die Menschen, zu denen wir unterwegs sind, haben oft bereits ihre ganz eigenen Erfahrungen mit Gott gemacht. Diese Erfahrungen mögen anders sein als unsere, ungewohnt, fremd. Möglicherweise stellen sie unsere eigene Gotteserfahrung infrage. Sie könnten uns aber auch durchaus bereichern, wenn wir sie ernst nehmen und würdigen. Das vordringliche Ziel ist es dann nicht mehr, möglichst viele Menschen zu *unserem* Glauben zu bekehren. Denn die Christenheit von morgen geht nicht mehr davon aus, dass sie exklusiv über die allein selig machende Wahrheit verfügt, die sie den anderen nur noch mitzuteilen hätte.

Ein gelungenes Beispiel für diese Haltung sehe ich in dem Kurs »Geloven voor Doorstarters« (Glauben für Durchstarter), der in der niederländischen reformierten Gemeinde De Ark in Hendrik-Ido-Ambacht nahe Rotterdam durchgeführt wird. Es handelt sich um fünf Abende, ausdrücklich »kein Glaubenskurs für Anfänger«, sondern für Menschen, die ihre Erfahrungen mit der Kirche gemacht, sich vielleicht abgewendet haben und nun neu Kontakt suchen. Der Leiter, Piet van Veldhuizen, versteht sich nicht als Referent, der einen einführenden Vortrag hält. Vielmehr steht jeder der fünf Abende unter einer offen gestellten Frage, die die teilnehmenden Personen in der Runde miteinander besprechen:

1. Abend: Was willst du aufgeben, was behalten?
2. Abend: Willst du »irgendwo dazugehören«, oder ist es für dich eine ganz persönliche Reise? Merke: Beides kann gut sein!
3. Abend: Ist Gott jemand oder eher »etwas«?
4. Abend: Wann ist für dich etwas »wahr«? Was sind deine Ankerpunkte? Spielt die Bibel oder ein anderes Buch eine Rolle?
5. Abend: Wie denkst du über Leben und Tod?[4]

Martyria bedeutet bei einem solchen Projekt, dass der Leiter als Gleichberechtigter seine Überzeugungen, seine Erfahrungen und auch seine eigenen Fragen auf Augenhöhe mit den anderen einbringt.

Aber gibt es da nicht das Jesus-Wort in Johannes 14,6: »Ich bin der Weg, die Wahrheit und das Leben. Niemand kommt zum Vater denn durch mich«? Oftmals wird dieses Wort dazu verwendet, den eigenen Glauben als exklusiv und alternativlos darzustellen. Die Christenheit von morgen aber versteht diesen Satz so: Weg, Wahrheit und Leben ist Jesus Christus – nicht unsere spezifische Lehre, nicht unsere Interpretation der Bibel. Christus ist immer so viel größer als das, was wir über ihn zu wissen meinen. Deswegen kann Christus uns auch in ganz anderen Kulturen und Religionen begegnen.

Dieses Denken setzt einen grundlegenden theologischen Wandel voraus. Statt fundamentalistisch an dem festzuhalten, was man selbst als die Wahrheit erkannt zu haben glaubt, geht die Theologie der Missio Dei davon aus, dass Gott immer auch anders, in jedem Fall immer weiter ist als unser enges Verständnis. An die Stelle einer behaupteten absoluten Wahrheit tritt die Erkenntnis der eigenen Relativität.

So sind es nicht »wir«, die Mission betreiben, und Mission besteht nicht unbedingt darin, Menschen hereinzuholen in unsere Gruppe oder Gemeinde. Der dreieinige Gott ist es, der missioniert. Wenn Gott selbst in Jesus Christus zur Welt gekommen ist, sich inkarniert hat, bedeutet das, »dass sich Gott dadurch ganz in die Lebenswirklichkeit seiner Schöpfung und Geschöpfe hineinbegeben hat«[5]. Erweitern wir diesen Gedanken etwas und sprechen vom Kosmischen Christus, der sich nicht erst im Stall von Bethlehem inkarniert hat, sondern dessen Inkarnation im Schöpfungsakt, im Urknall begonnen hat[6], dann wird vollends deutlich, dass Christus schon anwesend ist, wo immer wir hinkommen. So können wir seine Gegenwart auch in anderen Religionen oder bei ganz religionsfernen Menschen erahnen oder annehmen. Wir sind damit ganz nah bei dem Gleichnis vom Weltgericht (Matthäus 25,31–46).

Die »Schafe«, die in die ewige Freude eingelassen werden, wissen noch nicht einmal, wann und wie ihnen Christus begegnet ist. An einer anderen Stelle, in der Bergpredigt, sagt Jesus: »Es werden nicht alle, die zu mir sagen: ›Herr, Herr!‹, in das Himmelreich kommen, sondern die den Willen meines Vaters im Himmel tun« (Matthäus 7,21). Den Willen des Vaters im Himmel tun kann auch jemand, der den Vater im Himmel gar nicht unter diesem Namen kennt und anbetet, sondern der ganz einfach anpackt und das tut, was die Menschlichkeit gebietet: Hungrige speisen, Durstige tränken, Nackte kleiden, Kranke und Gefangene besuchen.

So gibt die missionale Einstellung dem Begriff Mission eine vollkommen neue Bedeutung. Missionales Handeln ergibt nicht erst dann Sinn, wenn die Menschen im Gottesdienst oder in der Gemeindeversammlung auftauchen. Vielmehr kommt missionales Handeln dann an sein Ziel, wenn Beziehungen zu Menschen geknüpft werden, wenn Menschen miteinander darüber ins Gespräch kommen, was sie brauchen, wer sie sind, welche Erfahrungen sie geprägt haben, welchen Sinn sie ihrem Leben geben. Wenn Menschen geholfen wird, und zwar nicht in erster Linie in religiöser Hinsicht, sondern ganz handfest in ihren psychosozialen Zusammenhängen. Wenn sie durch das, was sie mit Christinnen und Christen erleben, etwas mehr an Tiefe in ihrem Leben entdecken. Wenn sie von Gott hören auf eine Weise, die sie nicht erwartet hätten – ohne Druck, ohne Zwang und so gar nicht langweilig. Natürlich können Christinnen und Christen ihren eigenen Glauben ins Gespräch einbringen, wenn es sich anbietet. Sie müssen das aber nicht ununterbrochen tun. Es geht ihnen darum, »nicht *für* die Menschen, sondern *mit* den Menschen auf der Suche zu sein. Ihnen keine aufgebrühten Antworten zu präsentieren, sondern die gleiche Sehnsucht zu spüren, die auch sie auf die Suche schickt. Die Sehnsucht nach Sinn. Nach dem Heiligen. Nach dem Geheimnis vom schönen Leben. Und nach Menschen, mit denen sie all das teilen können.«[7]

Vor allem aber müssen Christinnen und Christen von morgen nicht mehr Verkündigung und Nächstenliebe gegeneinander ausspielen. So erkläre ich mir, dass sehr viele der Initiativen und Gemeinschaften, die ich zum Christentum von morgen zähle, sich in punkto Wortverkündigung bewusst eher zurückhalten, dafür aber sozialdiakonisch aktiv werden.

Der »Grundvollzug« der Martyria wird also nicht mehr so verstanden, dass eine Evangelistin oder ein Missionar das Evangelium als eine feststehende Größe »verkündigt«. Vielmehr werden Lebens- und Glaubensthemen in Frageform angegangen, oft verbunden mit der Erwartung, dass mir möglicherweise gerade bei diesem Menschen, mit dem ich gerade ins Gespräch komme, Gott in einer Gestalt begegnet, in der ich Gott bisher nicht wahrgenommen, vielleicht nicht einmal vermutet hätte.

Lebensstil

Eine missionale Haltung drückt sich auch und besonders in einem einladenden und glaubwürdigen Lebensstil aus. Christinnen und Christen von morgen leben nach überzeugenden Werten, die natürlich nicht exklusiv christlich sind, bei ihnen aber besondere Beachtung und Wertschätzung finden. Mehr als durch schöne, kluge oder gehaltvolle Worte werden Menschen dadurch angesprochen, wie andere leben. Kommt jemand zu dem Schluss, dass das Gegenüber tatsächlich *lebt,* was er oder sie glaubt, wird neben den gelebten Werten möglicherweise auch der Glaube interessant. Die Polylux-Gemeinschaft etwa schreibt: »In den letzten Jahren sind uns immer öfter neue Fragen begegnet. Leute aus unserem Viertel kamen auf uns zu und wollten wissen: ›Wie ist das Gefühl, wenn Gott bei dir ist?‹, oder auch: ›Warum ändert Gott nichts an meinen Sorgen?‹«[8] Auf dem Datzeberg in Neubrandenburg ist einfach seit Jahren bekannt, dass die Polylux-Leute Christinnen und Christen sind, auch wenn sie ihr Christsein nicht ständig vor sich hertragen. Sie halten damit aber auch nicht hinter dem Berg, und die Art, wie sie leben, bringt andere Menschen ins Fragen nach dem Glauben und nach den Werten, die der Gemeinschaft zugrunde liegen.

Einige dieser Werte möchte ich kurz anführen, wobei ich mir durchaus bewusst bin, dass in der Realität nicht immer alles so ideal abläuft, wie ich es hier entwerfe.

Gastfreundschaft

Eines der kennzeichnendsten Merkmale der Initiativen des Christentums von morgen ist ein offenes Haus, Brot und Butter auf dem Tisch und guter Kaffee. Essen, Trinken und Gemeinschaft stehen oft im Zentrum, sei es am Bauwagen auf dem Dorfanger, in der Café-Ecke im Social Coworking-Space, am langen Tisch im FreiRaum oder aus der Thermoskanne bei der Spielplatzaktion.

Hilfsbereitschaft

Oft sind es nur kleine Gesten, in denen sich das große Wort Nächstenliebe verwirklicht. Ob eine Initiative das Helfen ausdrücklich zum Ziel hat, wie etwa beim Sprachkurs für Geflüchtete, oder ob Christinnen und Christen einfach gute Nachbarn sind, die mit Rat und Tat zur Stelle sind, wo es nötig ist – Christinnen und Christen legen Wert darauf, ansprechbar zu sein oder von sich aus Hilfe anzubieten, wo es nötig erscheint.

Wertschätzung

Ein respektvoller Umgang zeigt dem Gegenüber, dass es ernst genommen und in seiner Würde geachtet wird. In Zeiten, in denen die Umgangsformen zum guten Teil durch Social Media mit ihrem oft rüden Ton geprägt sind, tut es gut zu erleben, dass ich nicht nach Aussehen oder Leistung beurteilt, sondern »einfach so« in meinem Menschsein angenommen werde und etwas gelten darf.

Zuhören

Oft brauchen Menschen gar keine tatkräftige Unterstützung, sondern »nur« ein offenes Ohr. Wie erleichternd es sein kann, wenn einem ein Mensch aufmerksam und zugewandt zuhört, ohne gleich mit Kritik, Ratschlägen oder Rezepten zu kommen, konnte ich während meiner Zeit in der Krisen- und Lebensberatung täglich erleben. Aber dazu braucht es nicht unbedingt eine professionelle Beratungsstelle. Die Christinnen und Christen von morgen üben sich im wertfreien, nicht urteilenden Zuhören und schaffen Gelegenheiten für ihre Mitmenschen, sich auszusprechen.

Liebevolle Gemeinschaft

Im 2. Jahrhundert nach Christus schreibt der christliche Theologe Tertullian, die Christen seien von ihrer Umwelt sehr geachtet. »Seht, wie sie einander lieben!«, werde über sie gesagt. Was könnte es Anziehenderes geben als eine Gemeinschaft von Menschen, über die ihre Nachbarn so etwas sagen? Dabei geht es nicht um eine künstliche Harmonie. Wie etwa mit Konflikten umgegangen wird, sagt sehr viel aus über eine Gemeinschaft. Nehmen sich die Menschen als Kontrahenten oder gar als Feinde wahr? Oder bleiben sie in der Tiefe einander verbunden? In diesem Fall kann ein Streit hart in der Sache ausgetragen werden, ohne dabei jedoch die andere Seite zu verletzen oder geringzuschätzen.

Ökologische Verantwortung

Viele Christinnen und Christen von morgen haben ein tiefes Bewusstsein der Verantwortung für die Schöpfung, in, mit und von der wir leben. Sie sorgen sich um das Klima und versuchen, ihren CO_2-Ausstoß zu minimieren. Viele ernähren sich vegetarisch oder vegan, zum einen, weil sie die Tiere als Mitgeschöpfe achten wollen, zum anderen, weil sie wissen, wie umweltschädlich die Fleischproduktion durch Massentierhaltung ist. Sie kaufen, wenn möglich, regional ein und sind Genossinnen und Genossen bei einer Solawi[9]. Sie achten bei Gütern, die sie kaufen, auf faire Handelsbedingungen, verzichten auf überflüssige Flugreisen, nutzen Carsharing oder teilen sich in der Gruppe ein Auto und zwei Lastenfahrräder.

Fehlerfreundlichkeit

Irren ist menschlich und Fehler gehören zum Leben. Leider bleibt diese Erkenntnis oft nur schöne Theorie. Wem ein Schnitzer unterlaufen ist, wird allzu oft mit Hohn und Spott überschüttet. Das führt dazu, dass viele Menschen ihre Fehler und Irrtümer sorgsam verbergen; das Lernpotenzial, das in jedem Fehler steckt, bleibt ungenutzt. Christinnen und Christen leben aus der Gewissheit der Vergebung – das große Wort heruntergebrochen in handhabbare Dimensionen bedeutet: Es ist in Ordnung, wenn du etwas falsch gemacht hast. Du darfst es noch einmal versuchen, und wenn ein zweiter Versuch nicht möglich ist, mag das ärgerlich, schmerzhaft oder schlimm sein, es nimmt dir aber nichts von deiner Würde. Christinnen und Christen vertrauen darauf, dass Gott ihnen ihre Fehler nicht vorhält, deshalb verzichten sie darauf, andere auf ihre Fehler festzunageln.

Fazit: Auch Christinnen und Christen sind Menschen, wie sollte es anders sein. Leben aus der Vergebung bedeutet auch, sich dessen bewusst zu sein, dass wir fehlbar sind. Die beschriebenen Werte sind in der Realität oft eher Leuchtfeuer, nach denen Einzelpersonen und Gemeinschaften ihr Leben ausrichten. Doch auch wenn sie selbst immer wieder an ihren Zielen und Werten scheitern, sind Einzelne und Gruppen, die sich an diesen Werten orientieren, überlebenswichtig für die gesamte Gesellschaft. Das Wissen um die eigene Fehlerhaftigkeit kann sie davor bewahren, in Bigotterie zu verfallen und nach außen Werte hochzuhalten, nach denen sie das eigene Leben gar nicht auszurichten gedenken.

Neue monastische Ansätze

Besonders spannend finde ich in diesem Zusammenhang die »klösterlich inspirierten Lebensgemeinschaften«[10], die hier und da entstehen. Schon genannt habe ich die Communität Don Camillo, den Refo-Konvent in Berlin-Moabit sowie Polylux in Neubrandenburg und Lampion in Iserlohn. Zusätzlich haben sich den in letzten 15 Jahren im Umfeld des Masterstudiengangs Transformationsstudien an der CVJM-Hochschule Kassel an die 30 weitere, ähnliche Lebensgemeinschaften gebildet, die sich an den neuen, alten monastischen Ideen ausrichteten. Die meisten von ihnen existierten zwischen fünf und zehn Jahre, andere bestehen bis heute. Zu Letzteren zählt etwa Anorak 21, eine Community, die sich bewusst »nicht als Kirche [versteht], sondern als nicht konfessionsgebundenes Projekt, das sich ›fröhlich‹, ›friedlich‹ und ›anspruchslos‹ in die bestehende Kirchenlandschaft einreiht.«[11]

Diese Gemeinschaften haben überwiegend einen freikirchlich-evangelikalen Hintergrund, haben aber einen tiefgehenden Prozess der Dekonstruktion der hergebrachten Glaubensinhalte durchlaufen. Geblieben ist ihnen die Liebe zu Jesus und zu den Menschen sowie eine Bereitschaft zur Verbindlichkeit – nicht notwendig lebenslang, aber treu und intensiv.

Solche Lebensgemeinschaften können zum Labor für ein neues Zusammenleben werden. Ein nachhaltiger, enkeltauglicher Lebensstil lässt sich in einer Gemeinschaft eher erproben und leben, als wenn Einzelne, Paare oder Kleinfamilien sich auf den Weg machen. Diese Erkenntnis stand Patin auch bei anderen Lebensgemeinschaften, die schon länger bestehen, etwa die Basisgemeinde Wulfshagenerhütten, deren Anfänge auf das Jahr 1975 zurückgehen[12], oder die Diakonische Basisgemeinschaft Brot & Rosen in Hamburg (seit 1996)[13]. Hier leben die Impulse aus der Ökologie- und Friedensbewegung stark fort. Der Philadelphia-Verein in Ditzingen betreibt auf konfessionell freier christlicher Basis einen Bioland-Bauernhof.[14] Auf dem Mehrgenerationenhof Burtschütz in Sachsen-Anhalt leben Christinnen und Christen mit Menschen anderer weltanschaulicher Orientierung zusammen unter dem Motto »Gemeinschaft leben. Gutes tun. Glauben wagen.«[15] Die Kommunität Grimnitz im Nordosten Brandenburgs versteht sich als »Begegnungsort für Frieden durch Gerechtigkeit zur Bewahrung der Schöpfung, Spiritualität und soziale Kunst«[16].

Verwandt mit diesen Lebensgemeinschaften sind die sogenannten Ökodörfer und ökologisch orientierten Kommunen, von denen es weltweit an die 12.000 gibt. In Deutschland beläuft sich ihre Zahl nach Schätzungen der Sozialwissenschaftlerin Iris Kunze auf mehrere Hundert.[17] Ein guter Teil dieser Kommunen und Lebensgemeinschaften bezieht sich auf spirituelle Werte, als explizit christlich verstehen sich allerdings nur wenige.

Dabei könnte genau dies eine Konsequenz aus dem christlichen Glauben sein: einen anderen Umgang mit der Schöpfung und mit den Mitmenschen pflegen, Modelle schaffen für ein konsequentes Leben aus dem Glauben an den dreieinen Gott, der sich in diese Welt inkarniert hat und sie als heilige Geistkraft durchweht und belebt.

Der Kommunikationswissenschaftler und Kontemplationslehrer Claus Eurich hat vor 30 Jahren diesen Gedanken ausgearbeitet und zur Gründung eines neuen Ordens aufgerufen[18], und zwar explizit angesichts der sich auch damals schon lange abzeichnenden ökologischen Katastrophe. Er erstellte eine Regel als eine Art Dach, unter dem sich Menschen in unterschiedlichsten Lebenssituationen finden konnten, angefangen von Kommunitäten über Familien oder Paare bis hin zu Einzelpersonen. Die Regel interpretiert die »Evangelischen Räte« Armut, Ehelosigkeit und Gehorsam neu als Einfachheit, Gewissensorientierung, Geist des Nicht-Verletzens sowie Geschwisterlichkeit mit der ganzen Schöpfung.[19] Bis heute gibt es ein Netzwerk von Menschen und kleinen Gruppen, die sich an diesen Grundsätzen orientieren und unauffällig, je an ihrem Ort, versuchen, danach zu leben.

Die Notwendigkeit und die Chance, einen nachhaltigen Lebensstil zu entwickeln und zu pflegen, sehen auch die neueren klösterlich inspirierten Lebensgemeinschaften. So heißt es bei der Communität Don Camillo ausdrücklich: »In den alltäglichen Besorgungen, beim Bauen, beim Reisen und im beruflichen Leben versuchen wir, möglichst umweltverträgliche Wege zu gehen«, und: »Wir sehen Materialismus und Konsumwut kritisch, nicht nur wegen ihrer Folgen für die Umwelt. Darum üben wir den Verzicht, wo immer er angezeigt ist.«[20] Der Refo-Konvent in Moabit formuliert in seinen Grundsätzen: »Wir engagieren uns für Frieden, Gerechtigkeit und die Bewahrung der Schöpfung – in unserem Kiez, unserer Stadt und in der Welt.«[21] Insgesamt versuchen die Mitglieder dieser Gemeinschaften, ihren ökologischen Fußabdruck so gering wie möglich zu halten.

Vorreiter eines nachhaltigen Lebensstils?

Dennoch bleiben bei mir Fragen offen, zunächst eine kritische Frage an mich selbst und meine Generation: Ich bin mit den Ideen der Ökologie- und Anti-Atomkraftbewegung der 1970er- und 80er-Jahre aufgewachsen. Der 1973 erschienene Bericht des Club of Rome über »Die Grenzen des Wachstums« wurde als mögliches Thema für den Besinnungsaufsatz im Deutsch-Abitur gehandelt. Als Studierende haben wir endlos über Umweltschutz diskutiert. In der Evangelischen Studierendengemeinde Heidelberg gab es zu meiner Zeit einen Arbeitskreis »CLoPS – Christlicher Lebensstil, ökologische Probleme, Strukturwandel«. Ein Problembewusstsein war also durchaus vorhanden. Weshalb ist daraus in meiner Generation so wenig konkretes Engagement erwachsen? Wie kommt es, dass ausgerechnet diese Generation es ist, die die Welt an den Rand des Abgrunds gefahren hat, und weshalb konnten Christinnen und Christen das nicht verhindern?

Im Blick auf das Christentum von morgen verschärfen sich die Fragen womöglich noch: Ist es nicht noch dringender zu einem zeichenhaft-prophetischen Leben gerufen? Könnten Christinnen und Christen nicht die Vorreiter eines bewussten, einfachen und ökologisch verantwortlichen Lebens sein? Konkret gefragt: Wieso gibt es nicht in jedem Landkreis zwei christliche Ökodörfer? Und grundsätzlicher: Wie politisch kann – muss – eine christliche Lebensgemeinschaft heute und morgen sein? »Politisch« meine ich dabei nicht im Sinne von Parteipolitik. Vielmehr sind wir alle Bürgerinnen und Bürger einer globalen »Polis«, eines Gemeinwesens, für dessen Wohlergehen wir alle mitverantwortlich sind. Politisch zu empfinden, zu denken und zu handeln würde demnach in diesem Zusammenhang bedeuten, den Horizont der gesamten Schöpfung im Auge zu behalten. Es würde bedeuten, durch das eigene Leben und Handeln so wenig wie möglich beizutragen zur fortschreitenden Zerstörung der Lebensgrundlagen kommender Generationen – und zwar nicht nur durch Verzicht auf Flugreisen und Fleischverzehr, sondern radikal und revolutionär[22] in dem Sinn, dass wir, gerade als Christen, einen wirklich enkeltauglichen Lebensstil entwickeln, pflegen und propagieren. Wieso ist davon bisher so wenig zu sehen?

Ich möchte einen vorsichtigen Antwortversuch wagen. Zum einen wurden gerade die neueren christlichen Lebensgemeinschaften überwiegend in einem urbanen Kontext und von eher akademisch gebildeten Menschen gegründet. Landwirtschaft und ökologisches Bauen (etwa von Strohballenhäusern wie im Ökodorf Sieben Linden) liegt da nicht so nahe; immerhin tun die Lebensgemeinschaften, was sie in ihrem Rahmen tun können.

Zum anderen vermute ich aber auch einen theologischen Hintergrund. Die Botschaft von der Auferstehung Jesu und von einem neuen Himmel und einer neuen Erde (Offenbarung 21,1) kann die

Hoffnung und den Glauben wecken, dass auch nach der ultimativen Katastrophe ein neuer Anfang möglich ist. Es könnte sein, dass ein solcher Glaube den radikalen Impuls bremst, die Erde als Lebensraum für Menschen und Tiere unbedingt zu erhalten. »There is no planet B«, lautete einer der bekanntesten Slogans von Fridays for Future. Ist der Glaube an einen neuen Himmel und eine neue Erde vielleicht doch so etwas wie die Hoffnung auf einen Planeten B? Überwiegt also die eschatologische Hoffnung – wie unbewusst auch immer – den Schöpfungsauftrag, die Erde zu bebauen *und zu bewahren*? Ist uns immer noch viel zu wenig bewusst, dass die Schöpfung, die die Menschheit gerade ruiniert, der inkarnierte Leib des Kosmischen Christus ist?[23]

Vielleicht dringt dieser radikale Inkarnationsglaube allmählich tiefer ein in das Bewusstsein des Christentums von morgen. Vielleicht werden dann die neu entstandenen und weiterhin entstehenden klösterlich inspirierten Lebensgemeinschaften zu Kondensationskernen, an denen sich die kleinen Wassertropfen bilden, aus denen der große Regen des Neuanfangs kommen kann. Vielleicht machen diese Gemeinschaften Schule, tun sich zusammen mit Ökodörfern. Vielleicht schaffen sie es, einen wirklich nachhaltigen Lebensstil zu entwickeln.

Komm und sieh!

Das ginge nicht ohne eine tiefgehende Entwicklung im Bewusstsein. Denn das ist auch eine Erfahrung der Postmoderne, dass aufgesetztes Bemühen ohne dazu stimmige innere Überzeugung nicht weiterführt. Das Stichwort dafür ist Authentizität, das heißt die Übereinstimmung von innerer Haltung und konkretem Handeln.

Authentizität ist ein hoher Wert im Christentum von morgen. Um nach den großen Fragen nach der ökologischen Verantwortung noch einmal zur missionalen Haltung zurückzukommen: Um andere Menschen zu erreichen, ist es zwar wichtig, deren Sprache zu sprechen. Das darf aber nichts mit Verstellung zu tun haben. Wer kennt nicht den anbiedernden Erwachsenen, der versucht, mit Jugendlichen in deren Sprache zu sprechen, und meistens danebenliegt, weil die Jugendsprache sich viel zu schnell verändert. Wer dann im Bemühen, den richtigen Tonfall zu treffen, in die Wörterkiste vom vergangenen Jahr greift, ist nicht *cool*, sondern einfach nur *cringe* – das war das Jugendwort des Jahres 2021, heißt so viel wie peinlich und ist vermutlich schon längst wieder out.

Natürlich muss, wer eine bestimmte Zielgruppe ansprechen will – etwa Kinder –, seine Sprache entsprechend anpassen. Kinder merken es aber sehr schnell, wenn jemand nicht authentisch ist. Sie finden eine solche Person »komisch«. Die eigene Sprache vereinfachen, um verstanden zu werden, ist etwas anderes als der Versuch, sich in einer Sprache auszudrücken, die nicht die eigene ist.

Angewandt auf die missionale Haltung bedeutet das: Die Christinnen und Christen von morgen gehen auf Menschen zu, kommen in Kontakt und bleiben dabei sie selbst. Auch wenn das bedeutet, dass sie eben nicht zu *allen* in Kontakt kommen. Wie oben am Ende von Kapitel 5 schon angesprochen, kann das zu einer gewissen Milieuverengung bei den einzelnen Initiativen führen, was sich aber durch die große Zahl solcher kleinen Anfänge wieder ausgleichen kann.

Kommt aber ein Kontakt zustande, ist authentisches Leben die allerbeste Einladung. Im Johannesevangelium, Kapitel 1, wird erzählt, wie zwei Jünger Johannes des Täufers Jesus ansprechen: »Meister, wo wohnst du?«, und Jesus antwortet einfach: »Kommt und seht!« Sie gehen mit und sind binnen Kurzem davon überzeugt, den Messias gefunden zu haben (Johannes 1,37–41). Und sie geben die Einladung weiter: »Komm und sieh!«, sagt einer der neuen Jesusjünger fast wortgleich zu einem skeptischen Freund (Johannes 1,45–47). Die gemeinsam verbrachte Zeit im ganz normalen persönlichen Umfeld kann überzeugender wirken als die mitreißendste Predigt. Zu Hause kann man sich am wenigsten verstellen; das ist einer der Gründe, weshalb Hauskreise so wichtig sind. Auch wenn es sich nicht um das persönliche Zuhause handelt, sondern um einen Projektraum, ein Ladencafé, ein Coworking-Space oder die Hauskapelle einer Community, spricht das räumliche Umfeld Bände: Wie willkommen sind Gäste? Wie liebevoll – oder wie nachlässig – wird der Raum gepflegt? Fühlen sich die Betreiber selbst in ihren Räumen wohl?

Wenn das eigene Leben eine andere Sprache spricht als die schönen Worte, die jemand macht, ist jeglicher Versuch, die eigene Überzeugung weiterzugeben, vergeblich.

Authentisch einfach da sein, das war für viele christliche Initiativen der erste Schritt, und dieser Schritt durfte teilweise mehrere Monate dauern, bevor erste Aktivitäten geplant wurden. Wahrnehmen, spüren, was die Menschen im Kiez bewegt, ansprechbar sein, nicht auf alles sofort eine Antwort wissen, eher zuhören als reden, all das gehört zu dem überzeugenden Lebensstil, den das Christentum von morgen lebt. So werden Christinnen und Christen Teil der Missio Dei, der Reise Gottes hin zu seinen Menschen und des Lebens Gottes mitten unter ihnen.

14.
Das Christentum von morgen übt sich in der Arkandisziplin: Es betet und tut das Gerechte

Ende Mai 1944 wurde Dietrich Wilhelm Rüdiger Bethge getauft, Sohn von Renate und Eberhard Bethge. Sein Patenonkel konnte allerdings bei der Taufe nicht anwesend sein, denn er saß im Gestapo-Gefängnis in Berlin-Tegel ein. Immerhin konnte er einige »Gedanken zum Tauftag« verfassen und den Eltern des kleinen Dietrich schicken. Darin finden sich einige der berühmtesten theologischen Sätze des 20. Jahrhunderts. Denn der Taufpate war kein Geringerer als der Theologe und Widerstandskämpfer Dietrich Bonhoeffer. Weniger als ein Jahr später, am 9. April 1945, wurde er hingerichtet – vier Wochen vor dem Ende der Nazi-Herrschaft. Doch die Gedanken, die Bonhoeffer in seinen Briefen aus Tegel skizzierte, entfalteten eine bis heute anhaltende Wirkung.

Die Kirche – und er meint damit nicht nur die Deutschen Christen, sondern auch und gerade die Bekennende Kirche, der er selbst angehörte! – habe »in diesen Jahren nur um ihre Selbsterhaltung gekämpft«. Deswegen sei sie »unfähig, Träger des versöhnenden und erhaltenden Wortes für die Menschen und für die Welt zu sein«. Und nun folgen die berühmten Worte: »Darum müssen die früheren Worte kraftlos werden und verstummen, und unser Christsein wird heute nur in Zweierlei bestehen: Im Beten und im Tun des Gerechten unter den Menschen.«[1]

Überhaupt sei es, so Bonhoeffer, an der Zeit für ein »religionsloses Christentum«. Am 30. April 1944 schreibt er in einem Brief an seinen Freund Eberhard Bethge: »Was mich unablässig bewegt, ist die Frage, was das Christentum oder auch wer Christus für uns heute eigentlich ist. Die Zeit, in der man das den Menschen durch Worte – seien es theologische oder fromme Worte – sagen konnte, ist vorüber; ebenso die Zeit der Innerlichkeit und des Gewissens, und d.h. eben die Zeit der Religion überhaupt. Wir gehen einer völlig religionslosen Zeit entgegen; die Menschen können einfach, so wie sie nun einmal sind, nicht mehr religiös sein.«[2]

Diese Diagnose Bonhoeffers stammt aus dem Jahr 1944 und bezieht sich auf das Dritte Reich, das Leben im Krieg sowie auf die gleichgeschaltete Kirche – und auch auf die Bekennende Kirche! Manches daran klingt für heutige Zeitgenossen vertraut, zum Beispiel die Rede von einer religionslosen Zeit. Denn die Mehrheit der Deutschen kann mit einem Glauben an Gott nichts mehr anfangen, und auch viele Menschen mit einer spirituellen Praxis bezeichnen sich als zwar spirituell, aber nicht religiös. Natürlich kann man die Situation von 1944 nicht mit der von heute gleichsetzen, die Art der Religionslosigkeit und die Gründe dafür unterscheiden sich deutlich. Trotzdem möchte ich mich an Bonhoeffers Worte anschließen. Heute wie damals gilt: Es ist nicht mehr die Zeit für große Worte. Es ist die Zeit für die »serving first journey«, wie am Ende von Kapitel 12 beschrieben. Die großen Worte würden sich gegen die Kirche selbst richten, weil sie sich hat korrumpieren lassen durch Macht und Geld und Anpassung an die Herrschenden, sei es aus Überzeugung, sei es aus Angst, ihre Privilegien zu verlieren. Diese Warnung vor den großen Worten bezieht ihre Kraft heute nicht mehr ausschließlich aus der Schuld der Kirchen in der Nazizeit, die nicht gegen den Krieg protestiert und wenig bis gar nichts für ihre jüdischen Mitmenschen getan haben. Wir müssen heute die gesamte Geschichte einer Kirche in Konstantinischer Rüstung in die Diagnose einbeziehen.

Es ist an der Zeit für Taten statt Worte. Und ich finde dazu eine gute Weisung des Meisters Jesus in der Bergpredigt: »Ihr seid das Licht der Welt. Es kann die Stadt, die auf einem Berge liegt, nicht verborgen sein ... So lasst euer Licht leuchten vor den Leuten, damit sie eure guten Werke sehen und euren Vater im Himmel preisen« (Matthäus 5,14 und 16). Licht der Welt sind die Christen nicht durch große Worte. Die Menschen sollen ihre *guten Werke* sehen, das ist der wahre missionale Auftrag. Wenn die Menschen sehen, dass Christinnen und Christen aus Liebe zu den Armen, Verlorenen, Bedrängten und Gefangenen handeln, werden sie zu Gott geführt, denn Gott ist die Liebe.

Ein Vierteljahr nach den »Gedanken zum Tauftag«, am 3. August 1944, schreibt Bonhoeffer im »Entwurf einer Arbeit« – einer Arbeit, die er leider nicht vollenden konnte; sie hätte womöglich Theologie und Kirche revolutioniert: »Die Kirche ist nur Kirche, wenn sie für andere da ist. Um einen Anfang zu machen, muß sie alles Eigentum den Notleidenden schenken. Die Pfarrer müssen ausschließlich von den freiwilligen Gaben der Gemeinden leben, evtl. einen weltlichen Beruf ausüben. Sie muß an den weltlichen Aufgaben des menschlichen Gemeinschaftslebens teilnehmen, nicht herrschend, sondern helfend und dienend ... Nicht durch Begriffe, sondern durch ›Vorbild‹ bekommt ihr Wort Nachdruck und Kraft.«[3]

Radikal klingen diese Worte, und die Kirche als Institution hat diese Vision bisher nicht umsetzen können oder wollen. Doch in der Christenheit von morgen, wie sie sich heute schon abzeichnet, wird sie Stück für Stück Wirklichkeit. Wie wir gesehen haben, erhebt das Christentum von morgen keine Steuern und verfügt über keine massiven finanziellen Ressourcen und damit über keine Macht, es hat keine hauptamtlichen, fest angestellten Pfarrpersonen und ist auf den Dienst an den »weltlichen Aufgaben des Gemeinschaftslebens« hin ausgerichtet.

Arkandisziplin

Das hat auch Konsequenzen für die Art, wie Christen Gottesdienst feiern oder ihr gemeinsames Gebet gestalten. Die alte Kirche pflegte die Arkandisziplin (vom lateinischen *arcanum* = Geheimnis). Das bedeutet, dass zum Gottesdienst, besonders aber zur Feier der Eucharistie nur getaufte Gemeindemitglieder zugelassen waren. Taufbewerber und Interessierte mussten erst gründlich vorbereitet werden, bevor sie am »Geheimnis des Glaubens« teilnehmen durften. Bonhoeffer spricht an zwei Stellen in seinen Briefen davon, dass die Arkandisziplin erneuert werden müsse.[4] Dies sei notwendig, damit »die Geheimnisse des christlichen Glaubens vor Profanisierung behütet werden«[5]. Die Unverfügbarkeit Gottes soll so gewahrt bleiben. Zu verstehen ist das auch vor dem Hintergrund der nationalsozialistischen Ideologie, die sich ausgiebig mit quasi-religiöser Symbolik schmückte und Jesus als germanischen Helden darstellte.

Wenn ich hier im Zusammenhang mit dem Christentum von morgen das Stichwort Arkandisziplin einführe, setze ich damit einen etwas anderen Akzent: Ich beobachte, dass für viele Gemeinschaften und Projekt-Teams das Gebet, der gemeinsame Gottesdienst, die Feier des Abendmahls eine zentrale Rolle spielen. Die Gruppen und Initiativen gehen damit aber nicht hausieren und richten sich nicht an die große Öffentlichkeit. »Anbetung und Lob Gottes praktizieren die Christen im Verborgenen und nicht als Demonstration der religiösen Macht in der Öffentlichkeit.«[6] Sie pflegen die spirituelle Übung, um sich immer wieder an die Quellen ihres Glaubens anzuschließen, das gemeinsame Gebet wird zur geistlichen »Tankstelle«[7] für die Mitarbeitenden. Dabei ist die Öffentlichkeit nicht ausgeschlossen, wie im frühen Christentum und wie es Bonhoeffer zu seiner Zeit möglicherweise im Sinn hatte. Gäste sind jederzeit willkommen. Aber es gibt keine Werbung, vielleicht nicht einmal einen Aushang, keine ausdrückliche Einladung zu Gebet und gottesdienstlicher Feier.

»Laßt uns lernen, eine Zeitlang ohne Worte das Rechte zu tun«, schreibt Dietrich Bonhoeffer an anderer Stelle.[8] Ohne Worte, das heißt für ihn aber nicht, dass er auf das Gebet verzichtet hätte, im Gegenteil. Gerade das gemeinsame Gebet war Bonhoeffer ein zentrales Anliegen. Es geht um das *öffentliche* Wort, vor allem um moralische Anweisungen oder Vorschriften, aber auch um autoritative Angebote der Weltdeutung, auf die die Christinnen und Christen von morgen gerne verzichten.

Im Zentrum: der Dienst an den Menschen

Das Herzstück der Christenheit von morgen bildet also nicht der Gottesdienst. Sie unterscheidet sich hierin deutlich von der Kirche von heute, und zwar gleichermaßen von den herkömmlichen Kirchen wie auch von den neueren, von Willow Creek oder der Hillsong-Church beeinflussten und geprägten Gründungen mit ihrer effektvollen Musik, mitreißenden Predigt und einem Welcome-Team, das die Erstbesucher so herzlich empfängt, dass diese gerne wiederkommen. Bei diesen pfingstlich und/oder evangelikal orientierten Kirchen von heute fließt ein großer Teil der finanziellen wie personellen Ressourcen in den Gottesdienst, denn dieser ist hier tatsächlich das Zentrum der Gemeinde. Bezeichnenderweise werden diese Gottesdienste oft als »konzertähnlich« beschrieben. Wie beim »normalen« Sonntagsgottesdienst sind die, die am Sonntag kommen, nicht wirklich Teilnehmende, sondern eher Besucher, fast möchte man sagen: Zuschauer. Nur die Show ist ansprechender und darauf angelegt, möglichst viele Menschen an die Gemeinde zu binden, um sie zum Glauben zu führen.

Stephan Jütte, einer der beiden Hosts des »ausgeglaubt«-Podcasts, schmiedet in diesem Zusammenhang einen treffenden Vergleich. Unter Bezug auf das Bild von der Gemeinde als einem Körper mit unterschiedlichen Gliedern (1 Korinther 12) sagt er: Die missionarischen Freikirchen »haben wahnsinnig starke Arme und einen mega-leistungsfähigen Kopf, und die sehen super aus. Nur leider machen sie immer das Falsche. Sie feiern nämlich einfach ständig Gottesdienst. Was würde jetzt passieren, wenn man diese starken Arme, diesen klugen Kopf und all das Schöne an ihnen nehmen würde und sagen würde: Wir bauen uns nicht ein Nest, wo wir den schönsten Gottesdienst feiern, der euch ganz emotional kickt, ... sondern wenn die sagen würden: Wir sind ein Netzwerk, das sich gegenseitig bestärkt und in der Welt draußen einen Unterschied macht.«[9]

Als Beispiel für Letzteres nennt Jütte die Gemeinschaft von Sant' Egidio, 1968 in Rom gegründet, eine Gemeinschaft, die sich den Armen zuwendet und sich für Frieden in der Welt einsetzt. Die Gemeinschaft ist inzwischen weltweit verbreitet, auf ihrer Website sind 74 Standorte verzeichnet, vier davon in Deutschland.[10] Armen Menschen wird ganz handfest geholfen durch Lebensmittel- und Medikamentenausgabe, Hausaufgabenhilfe für Kinder aus unterprivilegierten Verhältnissen in nachmittäglichen »Friedensschulen«, häusliche Versorgung von alten Menschen oder Integrationsbestrebungen für geflüchtete Menschen. Außerdem setzt sich die Gemeinschaft auf weltpolitischer Ebene mit teils beachtlichem Erfolg für Friedensverhandlungen in Krisengebieten ein. Das Herzstück der Arbeit aber ist das tägliche gemeinsame Gebet. Dazu braucht es allerdings keine Band und keinen Beamer, kein Welcome-Team und keinen sonstigen großen Aufwand. Vielmehr handelt es sich um ein einfaches liturgisches Gebet in römisch-katholischer Tradition. Die Gemeinschaft von Sant' Egidio verwendet bewährte, seit alters geprägte liturgische Formen, die die Vorbereitung und Durchführung des gemeinsamen Gebets mit geringen Ressourcen ermöglichen.

Das Beispiel, das für viele andere steht, zeigt: Für die Christinnen und Christen von morgen ist der Gottesdienst nicht missionarische Aktion, die möglichst viele Menschen anziehen soll. Gottesdienst ist für sie in erster Linie eine Kraftquelle, ein Ort der Vergewisserung, der Verständigung über die gemeinsamen Werte und ein Ort der Begegnung untereinander, ohne eine Unmenge an Ressourcen zu verschlingen. Das, was nach außen ausstrahlt, ist der Dienst an den Menschen.

So war es in der Gemeindegründung Cornerstone Church in Cranbrook, Exeter (siehe Kapitel 5). Mark Gilborson, der Pfarrer, baute nicht als Erstes eine Kirche, rief nicht ein Gottesdienstteam zusammen, sammelte nicht für eine Orgel respektive Bandausrüstung und Lichtanlage. Vielmehr betete er »einfach« regelmäßig zu Hause zusammen mit seiner Frau. Nach außen zu denen, die er als künftige Gemeindeglieder ansprechen wollte, ging er mit seinen Stofftaschen, die einen Busfahrplan und ein Päckchen Kekse enthielten.

Die beymeister der ersten Generation feierten jede Woche am Freitagmorgen miteinander Abendmahl. Nicht als öffentliche Veranstaltung, aber auch nicht heimlich. Die Gründerpersonen Miriam Hoffmann und Sebastian Baer-Henney wussten einfach, dass sie diese Kraftquelle für sich brauchten, und verwehrten natürlich niemandem, teilzunehmen.

Selbst für eine Initiative wie die aus Helsinki stammende ThomasMesse, bei der es hauptsächlich um eine neue Form des Gottesdienstes ging, war das Wichtigste nicht die Außenwirkung, nicht die missionarische Anziehung. Als wir in München die ersten ThomasMessen vorbereiteten, wiederholte ich im Team immer wieder diesen Gedanken: Selbst, wenn außer uns, den Teammitgliedern, keine Menschenseele zum Gottesdienst kommen sollte, ist unser Unterfangen nicht vergeblich – im Gegenteil. Wir feiern Gottesdienst für uns, miteinander und mit Gott. Und wer dazustoßen will, ist herzlich willkommen.

Die Münchner ThomasMesse wurde 18 Jahre lang jeden ersten Sonntag im Monat gefeiert. Dass ihr – anders als der »Mutter-ThomasMesse« in Helsinki – nach dieser Zeit allmählich »die Luft ausgegangen« war, führe ich heute auch darauf zurück, dass sich aus dem Gottesdienst heraus keine sozialen oder diakonischen Aktivitäten entwickelten. Wir haben, um noch einmal Stephan Jütte zu zitieren, ausschließlich in die »Tankstelle« investiert.

Denn das ist wesentlich für das Christsein von morgen: das Beten und das *Tun des Gerechten*. Dieses Gerechte kann sehr unterschiedlich aussehen. Es kann ein Eltern-Kind-Café sein, ein sozialer Coworking-Space, eine Jugendtheatergruppe, eine Spielplatzaktion, eine Suppenküche, ein Begegnungsort für Menschen unterschiedlicher Herkunft, ein Bildungsprojekt mit Nachhilfe und Unterstützung bei den Hausaufgaben, die Förderung eines Hilfsprojekts in Malawi oder Ecuador, ein Bauwagen als Kristallisationspunkt für Kommunikation im Dorf oder im Viertel, ein Lastenfahrrad mit Kaffeemaschine am Badesee, ein Gesprächskreis unter Hundefreundinnen beim gemeinsamen Gassigehen, ein Repair-Café, ein regelmäßiger Besuchsdienst unter der Brücke bei den Menschen ohne Obdach und unendlich viel anderes, das den konkreten Menschen vor Ort dient und ihnen hilft, ein etwas besseres Leben zu führen.

Wieder Sprache finden

Doch der Verzicht auf das öffentliche Wort ist kein Selbstzweck auf Dauer. In den Gedanken zum Tauftag seines Patensohns fährt Dietrich Bonhoeffer nach der Formel vom »Beten und Tun des Gerechten unter den Menschen« fort: »Es ist nicht unsere Sache, den Tag vorauszusagen – aber der Tag wird kommen –, an dem wieder Menschen berufen werden, das Wort Gottes so auszusprechen, dass sich die Welt darunter verändert und erneuert. Es wird eine neue Sprache sein, vielleicht ganz unreligiös, aber befreiend und erlösend, wie die Sprache Jesu, dass sich die Menschen über sie entsetzen und doch von ihrer Gewalt überwunden werden, die Sprache einer neuen Gerechtigkeit und Wahrheit, die Sprache, die den Frieden Gottes mit den Menschen und das Nahen seines Reiches verkündigt.«[11]

Ich möchte versuchen, auf Anfänge einer solchen neuen Sprache zu lauschen. Es geht dabei nicht unbedingt um zeitgemäße, »hippe« Vokabeln, sondern darum, welche Inhalte wir mit unserer Sprache transportieren. Wieder beginne ich mit der kürzest möglichen Zusammenfassung der Predigt Jesu in Markus 1,15 – in meiner eigenen, interpretierenden Übertragung: »Die neue Welt Gottes ist im Anbrechen. Ändert die Richtung eures Denkens und Lebens und vertraut auf diese gute Botschaft.«

Die gute Botschaft besteht darin, dass die neue Welt Gottes im Anbrechen ist, hier und jetzt, in der Person Jesu, in seinem Sprechen und Handeln. In seiner »Antrittspredigt« in der Synagoge von Nazareth konkretisiert sich das. Jesus liest eine Stelle aus dem Buch Jesaja: »Der Geist des Herrn ruht auf mir, denn der Herr hat mich gesalbt. Er hat mich gesandt mit dem Auftrag, den Armen gute Botschaft zu bringen, den Gefangenen zu verkünden, dass sie frei sein sollen, und den Blinden, dass sie sehen werden, den Unterdrückten die Freiheit zu bringen und ein Jahr der Gnade des Herrn auszuzurufen« (Lukas 4,18f. NGÜ). Seine Auslegung dieser Bibelstelle besteht nach dem Lukasevangelium aus wenigen Worten: »Heute hat sich dieses Schriftwort erfüllt. Ihr seid Zeugen« (Lukas 4,21).

Befreiung

Und das heißt konkret: Was Menschen in unguter Weise bindet und abhängig macht, wird gelöst. Was Menschen klein macht und niederdrückt, wird aufgehoben. Menschen werden aufgerichtet, ein neuer Anfang ist jederzeit möglich. Gott ist nicht der strafende Richter, sondern er »lässt seine Sonne aufgehen über Böse und Gute und lässt regnen über Gerechte und Ungerechte« (Matthäus 5,45). Das Fest hat begonnen. Und schließlich: Der Tod ist besiegt; damit ist der tiefste Grund für Angst und Sorge genommen.

Vergebung

Wie oft spricht Jesus von Vergebung! Zu dem Gelähmten, der von seinen Freunden durchs Dach heruntergelassen und ihm vor die Füße gelegt wird, sagt er: »Dir ist deine Sünde vergeben« – ohne irgendeine Vorbedingung. Jesus verlangt kein Sündenbekenntnis, er verlangt von dem Kranken nicht einmal Glauben – er anerkennt den Glauben der Freunde! Über die Frau, die nur als »Sünderin« vorgestellt wird, sagt er: »Ihre vielen Sünden sind vergeben, denn sie hat viel geliebt; wem aber wenig vergeben wird, der liebt wenig« (Lukas 7,47). Weil wir jederzeit einen neuen Anfang machen können – denn nichts anderes meint ja der Zuspruch der Vergebung –, dürfen und sollen wir anderen einen neuen Anfang ermöglichen. Hier kann es tatsächlich sinnvoll sein, auf die geprägten Vokabeln zu verzichten. Denn dieses Wort »Vergebung«, mehr noch das Wort »Sünde« weckt womöglich, gerade im Mund von Christen, Assoziationen an eine kirchliche Praxis, die nichts Lösendes an sich hat, sondern den Akzent auf die Verfehlungen legt statt auf die Befreiung. Wenn dagegen von einem neuen Anfang die Rede ist, unbelastet von der Vergangenheit, offen für das Neue, hört sich das für viele sicher leichter und zugänglicher an.

»Fürchte dich nicht!«

Jesus bringt den Menschen Gott ganz nah. Und er ermutigt seine Mitmenschen, sich Gott ohne Furcht zu nähern. Das Heilige wird von Rudolf Otto treffend beschrieben in seiner doppelten Gestalt: Es ist zugleich faszinierend und furchterregend. Die Begegnung mit dem Heiligen, Übermächtigen, mit Gott löst Furcht aus. Doch häufig, wenn die Freundinnen und Freunde Jesu in Tuchfühlung mit dem Heiligen geraten, fällt der Satz: »Fürchtet euch nicht!« oder »Fürchte dich nicht!« Ob bei der Begegnung mit einem Engel, der die Geburt ankündigt (Lukas 1,30) oder die Auferstehung proklamiert (Matthäus 28,5) oder bei Jesus selbst, wenn er in göttlicher Vollmacht erscheint, etwa bei der Verklärung auf dem Berg (Matthäus 17,7), bei der Auferweckung eines toten Mädchens (Lukas 8,50) oder beim »Seewandel« (Markus 6,50): Immer beruhigt Jesus die Menschen. Ja, in ihm begegnet das Heilige, das Göttliche, aber das Göttliche ist wie er, der Mensch Jesus: nahbar, zugewandt, heilend.

»Fürchte dich nicht!«, sagt Jesus. Das traditionelle Motiv des Mysterium tremendum hebt Jesus damit auf. Der natürlichen Scheu vor dem Andersartigen, Erhabenen setzt er das Bild entgegen, dass wir *Kinder* dieses Andersartigen, Erhabenen sind. Wir stammen von Gott ab und müssen uns daher vor Gott nicht fürchten.

Dabei verspricht Jesus nicht, dass alles immer glattgeht. Er verheißt denen, die ihm folgen, kein leichtes Leben ohne Schwierigkeiten, ohne Leiden. Im Gegenteil – insgesamt siebenmal in den Evangelien wird in Varianten der Satz überliefert, der nach Matthäus 16,24 so lautet: »Will mir jemand nachfolgen, der verleugne sich selbst und nehme sein Kreuz auf sich und folge mir.« Doch selbst »wenn euch die Menschen um meinetwillen schmähen und verfolgen und allerlei Böses gegen euch reden und dabei lügen«, gilt: »Seid fröhlich und jubelt; es wird euch im Himmel reichlich belohnt werden« (Matthäus 5,11). Die Botschaft von seiner Auferstehung bekräftigt diese Aussage ultimativ.

In diese Richtung könnte meines Erachtens eine »neue Sprache« gehen. Eine solche Sprache nimmt ernst, dass das Evangelium alle Menschen ohne Ausnahme meint. Sie droht nicht mit Hölle und Verdammnis, sie drückt nicht nieder und macht keine Angst, sondern sie richtet auf, tröstet und weckt Hoffnung. Sie ist »vielleicht ganz unreligiös«, weil sie auf altbekannte Formeln verzichtet. Menschen werden sich »über sie entsetzen«, weil sie die Liebe Gottes – das heißt: das unendliche Recht jedes einzelnen Menschen auf Leben und Liebe – kompromisslos ansagt und sich dafür einsetzt, dass dieses Recht geachtet wird. So verkündigt sie auf befreiend und erlösende Weise »den Frieden Gottes mit den Menschen und das Nahen seines Reiches«.

15.
Das Christentum von morgen schert sich nicht um Konfessionsgrenzen

Wenn wir in »meiner« Kirchengemeinde St. Lukas Abendmahl feierten, sagte ich zu Beginn der Austeilung meist Folgendes: »Ihr seid alle eingeladen, unabhängig von eurer Konfession. Denn nicht wir als evangelische Kirche laden ein, sondern Jesus Christus lädt uns ein. Und Jesus war bekanntlich weder evangelisch noch katholisch. Er war gar kein Christ, er war Jude. Darum kommt alle, die ihr die Einladung in eurem Herzen hört.«

Es ist ja wahr: Jesus war kein Christ, er war Jude. Die christliche Kirche ist in einem längeren Prozess der Abtrennung vom Judentum erst einige Zeit nach seinem Tod und seiner Auferstehung entstanden. Allerdings kümmerte sich Jesus schon um die »Konfessionen« seiner Zeit herzlich wenig. Immer wieder spielen in seinem Umfeld beispielsweise Samaritaner eine Rolle – einmal stellt er einen von ihnen als Vorbild hin (Lukas 10,25–37), einmal ist ein Samaritaner der Einzige von zehn geheilten Leprakranken, der zu Jesus zurückkehrt und sich bedankt (Lukas 17,11–19). Samaritaner, das waren die Bewohner des Berglands zwischen Galiläa und Jerusalem. Sie glaubten wie die Juden an den einen Gott Israels, doch galt bei ihnen nur der

Pentateuch, die fünf Bücher Mose, als heilige Schrift. Außerdem verehrten sie Gott nicht auf dem Berg Zion, im Tempel von Jerusalem, sondern auf einem anderen Berg namens Garizim. Beides machte sie in den Augen frommer Juden »unrein«; man durfte sich mit ihnen nicht abgeben. Ein klassischer konfessioneller Streit.

Jesus scheint das alles nicht groß zu kümmern. Das Johannesevangelium erzählt von einem Gespräch Jesu mit einer samaritanischen Frau an einem Brunnen in Samaria, womit er sich doppelt unmöglich macht: Als frommer Jude hätte er mit Samaritanern überhaupt keinen Umgang haben dürfen, und schon gar nicht mit einer samaritanischen Frau. In diesem Gespräch fällt ein Satz, der die Haltung Jesu zu konfessionellen Unterschieden deutlich macht. »Die Frau sagt zu Jesus: ›Unsere Väter haben auf diesem Berge angebetet, und ihr [Juden] sagt, in Jerusalem sei die Stätte, wo man anbeten soll.‹ Jesus spricht zu ihr: ›Glaube mir, Frau, es kommt die Zeit, dass ihr weder auf diesem Berge noch in Jerusalem den Vater anbeten werdet ... Es kommt die Stunde und ist schon jetzt, dass die wahren Anbeter den Vater anbeten werden im Geist und in der Wahrheit; denn auch der Vater will solche Anbeter haben. Gott ist Geist, und die ihn anbeten, die müssen ihn im Geist und in der Wahrheit anbeten‹« (Johannes 4,20f. und 23f.).

Jesus betont, dass konfessionelle Unterschiede keine Rolle spielen, wenn Gott »im Geist und in der Wahrheit« angebetet wird. Zion oder Garizim – die entscheidende, trennende Frage zwischen Juden und Samaritanern wischt Jesus einfach beiseite.

Das fügt sich gut ein in das Bild, das die Evangelien insgesamt von Jesus zeichnen: Grenzen, die die Menschen aufgerichtet haben, ignoriert er. Etikettierungen, mit denen Menschen einander ausgrenzen – »Zöllner«, »Sünderin«, »unrein« und so fort – sind ihm gleichgültig. Es geht ihm darum, »zu suchen und zu retten, was verloren ist« (Lukas 19,10).

Doch noch einmal zurück nach St. Lukas. Die so inklusiv formulierte Einladung zum Abendmahl war nicht meine eigene Erfindung. Anfang der 1990er-Jahre lernte ich auf einer Studienreise nach Helsinki die ThomasMesse kennen, eine sehr besondere Form von Gottesdienst, und »importierte« sie nach München. Die ThomasMesse hat eine interessante Gründungsgeschichte.[1] Olli Valtonen und Miikka Ruokanen, zwei Theologen aus Helsinki, waren auf der Suche nach einer Gottesdienstform, in der sie selbst ein geistliches Zuhause finden und zu der sie ihre Freunde einladen konnten, »ohne rot zu werden«. Um einen solchen Gottesdienst zu entwickeln, luden sie Vertreterinnen und Vertreter der unterschiedlichsten kirchlichen Richtungen ein: Taizé-Anhänger, konservative Lutheraner, Leute aus der charismatischen Bewegung. Katholiken waren allein deshalb nicht eingeladen, weil es in ganz Finnland nur insgesamt etwa 3.000 Menschen katholischer Konfession gibt. Sie fragten alle Anwesenden, welches Element oder welche Elemente ein Gottesdienst enthalten müsse, damit sie ihn als »ihren« Gottesdienst erleben und von Herzen mitfeiern konnten. Heraus kam der »erfolgreichste« Gottesdienst Finnlands, der über die Jahrzehnte bis heute jeden Sonntag mehrere hundert, manchmal tausend Menschen in die größte Kirche Helsinkis lockt. Für die Lutheraner gibt es eine sorgfältig ausgearbeitete Predigt, für die Charismatiker eine Zeit der persönlichen Segnung, für die Taizé-Fahrerinnen genügend Stille. Alle können sich in diesem Gottesdienst wiederfinden, weil er wenigstens ein Element enthält, das in ihrer jeweiligen Tradition wichtig ist.

Dieses Konzept machte mir deutlich, was Ökumene bedeutet: Es geht nicht darum, die konfessionellen Unterschiede einzuebnen, sondern darum, den jeweils anderen Traditionen mit Wertschätzung zu begegnen. Wer es schafft, Unterschiede als Bereicherung anzuerkennen, muss sich nicht ängstlich oder überheblich gegen andere abgrenzen. Aus der gegenseitigen Wertschätzung folgt die Gastfreiheit: Selbstverständlich können wir einander an den Abendmahlstisch einladen, ungeachtet aller konfessionellen Unterschiede. Jesus selbst, unser aller Meister, hat schließlich genau diese einladende, nicht ausgrenzende Haltung vorgelebt.

Die theologischen Differenzen, die eine offizielle Abendmahlsgemeinschaft immer noch verhindern, sind zum größten Teil längst ausgeräumt. Schon Dietrich Bonhoeffer schrieb im »Entwurf einer Arbeit« aus dem Gefängnis im Jahr 1944 in notizzettelartiger Verkürzung: »Was *muss* ich glauben? Falsche Frage, überholte Kontroversfragen, speziell interkonfessionell; die lutherisch-reformierten – (teils auch katholischen) Gegensätze sind nicht mehr echt. Natürlich kann man sie jederzeit mit Pathos repristinieren, aber sie verfangen doch nicht mehr.«[2]

Heute, bald achtzig Jahre nach diesen Worten, verfangen die von Bonhoeffer angesprochenen Unterschiede noch viel weniger. Im Grunde gibt es auch nur noch ein einziges Gebiet, auf dem sich evangelische und katholische Theologen nicht einig sind: in der Frage nach dem Amt. Während in der katholischen Kirche bestimmte Aufgaben wie die Sakramentsverwaltung nur von geweihten Amtsträgern ausgeübt werden dürfen, gehen die evangelischen Kirchen davon aus, dass es keiner besonderen Weihe für ein Amt bedarf. Alle Glaubenden haben mit ihrer Taufe das Recht und die Möglichkeit erhalten, in der Kirche ein Amt auszuüben (siehe oben, Kapitel 4: Das allgemeine Priestertum aller Gläubigen). In allen anderen Streitfragen, die vor einem halben Jahrtausend zur Reformation geführt haben, ist man sich heute weitgehend einig.

Aber Gott sei Dank interessieren sich die allermeisten Aktiven an der Basis der Kirchen kein bisschen für die kontroverstheologischen Spitzfindigkeiten, die »die da oben« seit Jahrhunderten verhandeln. Sie verstehen die Fragen überhaupt nicht mehr. Stattdessen krempeln sie einfach die Ärmel hoch und packen miteinander an, ohne danach zu fragen, ob jemand katholisch, evangelisch, freikirchlich oder »nichts von alledem« ist.

An der Basis geht schon lange sehr vieles gemeinsam. Ich erinnere mich an den guten Pater Eckhart, einen Franziskaner von der katholischen Nachbargemeinde, der sich beim ökumenischen Gottesdienst in St. Lukas in den frühen 1980er-Jahren regelmäßig als Erster in den Abendmahlskreis stellte und so seinen Gemeindegliedern signalisierte, dass es in Ordnung ist, als Katholik am evangelischen Abendmahl teilzunehmen. Als Ordensmann hatte er allerdings mehr Freiheiten als die Diözesanpriester – auch so ein Unterschied, über den »normale« Christen von heute nur ratlos den Kopf schütteln.

Überall, wo Menschen ein gemeinsames Anliegen verfolgen, wo sie für andere Menschen da sind, wo sie die Liebe Gottes weitergeben (ob sie selbst es so nennen würden oder nicht) – überall da spielen konfessionelle Unterschiede keine Rolle. Es gilt einzig die Frage: Willst du mitmachen? Oder, mit missionaler Blickrichtung und einem Jesus-Zitat: »Was willst du, dass ich dir tun soll?«

Nicht nur die Konfessionen haben ihre trennende Wirkung eingebüßt, auch die Unterschiede zwischen den Religionen spielen mancherorts für die gemeinsamen Aktivitäten kaum mehr eine Rolle. Wenn eine Muslima oder ein Buddhist mitanpacken oder mitfeiern will – selbstverständlich gerne!

Identität

Aber ergibt das alles am Ende nicht ein einziges Kuddelmuddel? Brauchen Menschen nicht eine Identität? Brauchen sie nicht eine spirituelle Heimat? Die erste Frage beantworten Christinnen und

Christen von morgen etwa so: Wir sind Menschen. Wir sind Kinder Gottes, das ist unsere Identität. Was braucht es mehr? Und falls es mehr braucht, könnten sie – entsprechende christliche Sozialisation vorausgesetzt – hinzufügen: Unsere Identität ist die Identität Christi, des Wahren Menschen (*vere homo* für diejenigen, die sich auch noch die theologische Formel dazu wünschen).

Die zweite Frage beantwortet sich ebenso klar: Unsere Heimat, unsere spirituelle Herkunft ist wichtig, aber sie muss nichts Trennendes haben. Sie ist im Grunde so etwas wie unsere Muttersprache. Der eine spricht Bayerisch, die andere fühlt sich in der friesischen Mundart zu Hause. Dem einen geht das Herz auf, wenn er die Silhouette der Chiemgauer Alpen vor sich sieht; die andere wird so richtig lebendig, wenn ihr auf dem Deich eine steife Brise um die Nase weht. Und so können der einen die Tränen in die Augen steigen, wenn das katholische Lied »Meerstern, ich dich grüße« erklingt; für den anderen darf es eher der Worship-Schmachtfetzen »Oceans« von Hillsong UNITED sein. Und beide können miteinander ein glückliches Paar bilden und miteinander glückliche friesisch-bayerische Kinder großziehen, die möglicherweise reines Hochdeutsch sprechen, weil sie in Hannover aufwachsen.

Die allermeisten Menschen entscheiden sich nicht für ihre Religion. Sie werden in eine Familie hineingeboren, die katholisch, baptistisch, reformiert oder agnostisch ist – oder jüdisch, muslimisch, buddhistisch, was auch immer. Sie lernen die Inhalte der Religion und die darin gepflegten Feste, Riten und Rituale so, wie man – siehe oben – eine Sprache in einer bestimmten Mundart sprechen lernt. Nur wenige wählen später eine neue, eigene Konfession oder Religion, eher noch legen sie eines Tages ihre Tradition ab wie ein zu eng gewordenes Kleid und treten aus der Kirche aus.

Das sagt auch einiges über die Wahrheitsfrage aus. Nur weil ich zufällig in die »richtige« Konfession hineingeboren worden bin, nimmt Gott mich eher an als andere? Das wäre absurd und würde der Schöpfungsmacht Gottes und seiner Liebe zu allen Menschen Hohn sprechen.

Herkunft, Zugehörigkeit – und eben auch Konfessionen – sind wichtig und bereichern das Leben der Gemeinschaft, wenn man einander mit Respekt und Wertschätzung begegnet. Aber sie machen nicht die innerste Identität aus. Sie sind zufällig, nicht wesentlich. Das macht sie nicht unwichtig, aber sie müssen Menschen nicht trennen und daran hindern, gemeinsam zu leben, zu feiern und zu arbeiten.

Konkret in der Praxis

Viele der Initiativen und Gemeinschaften des Christentums von morgen weisen in ihrer Selbstdarstellung darauf hin, dass sie sich als überkonfessionell verstehen und Menschen jeder Herkunft willkommen heißen. Etwas anderes würde den meisten heute gar nicht mehr in den Sinn kommen. Und auch auf der organisatorischen Ebene tut sich einiges in Richtung praktizierte Ökumene. So ist der Verein Fresh X-Netzwerk e.V. ein Zusammenschluss aus Gruppen, Werken oder auch Kirchen unterschiedlicher Konfession. Ihm gehören beispielsweise die Katholische Kirche Steiermark und das Erzbistum Hamburg an, die Evangelisch-Lutherische Kirche Sachsens und die Evangelische Kirche im Rheinland, Baptisten und Mennoniten, der Gnadauer Verband und der CVJM, die Diakonie Leipziger Land und die in Hessen-Nassau sowie etliche weitere kirchliche Organisationen, Weiterbildungsstätten und Bewegungen.[3] Erneut zeigt sich: Wer gemeinsam etwas bewegen will, muss sich durch Konfessionsgrenzen nicht aufhalten lassen.

Nach allem, was ich in diesem Buch bisher über die postmoderne Welthaltung, über Fluidität und agile Strukturen verhandelt habe, kann es auch gar nicht anders sein. Die Konfessionen funktionieren nach der Logik von Vereinen mit Mitgliedschaft, Beiträgen und klaren Hierarchien. Das alles ist den meisten Christinnen und Christen von morgen mit ihrer Bereitschaft zur intensiven, aber temporären Verbindlichkeit fremd. Und das entspricht auch einem gesamtgesellschaftlichen Trend. Vereine und Organisationen, vom Roten Kreuz über Sportvereine bis zum Technischen Hilfswerk, klagen seit einigen Jahren zunehmend über Mitgliederschwund. Die Menschen in unserer Gesellschaft sind immer weniger bereit, sich auf Dauer irgendwo zu binden, schon gar nicht an eine bestimmte Organisation, die sich durch Abgrenzung gegenüber verwandten Organisationen definiert.

Auch vom missionalen Grundgedanken her verbietet sich ein Denken in konfessionellen Strukturen. Denn nach dieser Logik geht es ja nicht darum, einen bestimmten Inhalt den Menschen »da draußen« zu vermitteln mit dem Ziel, sie für die eigene Organisation zu rekrutieren. Vielmehr geht es darum, sich mit den Menschen vor Ort gemeinsam auf die Reise zu machen und zu entdecken, was hier und jetzt, konkret vor Ort »dran« ist. Diese Menschen brauchen vielleicht eine Heimat (auf Zeit), sie brauchen aber nicht unbedingt eine konfessionelle Identität. Die meisten wissen ja kaum, worum es beim Christsein überhaupt geht, und werden wenig Verständnis aufbringen für kontroverstheologische Differenzierungen. Kurz: Eine Gruppe von Christinnen und Christen, denen es darum geht, den Menschen in ihrem nahen oder weiteren Umfeld zu dienen, braucht keine einheitliche konfessionelle Ausrichtung. Wenn sie gemeinsam Gottesdienst feiern, kann es sein, dass sie das an einem Sonntag nach dem römisch-katholischen Messformular tun, weil unter ihnen ein katholischer Priester ist. Vierzehn Tage später besuchen sie vielleicht gemeinsam die Worship-Night der Freikirche, aus der manche stammen, oder sie veranstalten gemeinsam ein Taizé-Gebet.

Unter einem Dach

Das Christentum von morgen besteht zum größten Teil aus Bewegungen mit geringem Organisationsgrad.[4] Die institutionellen Strukturen der Großkirchen spielen hier keine Rolle. Hierarchien sind meist flach oder kaum ausgeprägt. Sie haben die volkskirchliche Logik hinter sich gelassen. Doch das bedeutet nicht, dass kein Kontakt mit den konfessionell geprägten Volkskirchen bestünde.

Die Konfessionen finden Gestalt in konkreten Organisationen: von Landeskirchen, Diözesen, Werken und Verbänden bis zu Kirchengemeinden und lokalen Einrichtungen. Wo es möglich ist und sich anbietet, lassen sich christliche Initiativen gern auf Kooperationen mit Kirchengemeinden oder Diakonischen Werken ein. Manche Projekte entstehen aus einer Gemeinde heraus, andere schließen sich nach einer Zeit der Selbstständigkeit einer Kirchengemeinde an. So versteht sich beispielsweise die Lampion-Community als Teil der Evangelischen Versöhnungs-Kirchengemeinde Iserlohn. Stellvertretend für vieles möchte ich hier die Selbstbeschreibung des Stadtklosters Prenzlauer Berg zitieren: »Auch wenn die Mitglieder aus verschiedenen Kirchen kommen, gehört das Stadtkloster zur evangelischen Landeskirche in Berlin. Das hindert den Konvent aber nicht daran, aus allen möglichen christlichen Quellen zu schöpfen.«[5] Alles fügt sich nahtlos zusammen: verschiedene kirchliche Hintergründe, Mitgliedschaft in einer konkreten Landeskirche und das Schöpfen aus unterschiedlichen christlichen

Traditionen. Ebenso ungezwungen finden sich etliche christliche Aufbrüche etwa unter dem Dach der Berliner Stadtmission oder einer anderen diakonischen Institution irgendwo in Deutschland oder Europa.

So ein Dach für Initiativen des Christseins von morgen können Kirchengemeinden, diakonische Werke oder Diözesen bereitstellen, wenn beide Seiten an einem Strang ziehen. Betrachten die bestehenden volkskirchlichen Einrichtungen die lebendigen, teilweise wenig organisierten Aufbrüche nicht als Störung oder als Konkurrenz, sondern freuen sich über das Leben, das sich in diesen abspielt, können beide Seiten profitieren. So kann etwa ein Projekt die Räumlichkeiten der Gemeinde nutzen, dafür gestalten dessen Mitglieder alle acht Wochen eine »Kirche kunterbunt« für die Familien in der Gemeinde. Gottesdienste zu bestimmten Anlässen und regelmäßige Gebete, Aktionen in der Nachbarschaft vom Müllsammeln über Lebensmittelausgabe bis hin zu Besuchen bei alten oder immobilen Menschen oder auch Straßenfeste könnten sich gemeinsam organisieren lassen. Entscheidend für die Zusammenarbeit ist natürlich gegenseitiges Wohlwollen, Neugier auf die jeweils anderen und der Wille, gemeinsam »etwas Schönes zu machen«. Wenn eine Gemeinde oder ein kirchliches Werk sich gastfrei zeigt und die Entwicklungen der Initiativen, die bei ihnen zu Gast sind, neidlos und wohlwollend begleitet, kann das auch auf die Gemeinde und das Werk zurückstrahlen. Es kann Gemeindeleitungen, Pfarrpersonen und Kirchenvorstände dazu inspirieren, selbst einen Schritt heraus aus der oft erstarrten volkskirchlichen Struktur zu wagen, sich mehr als bisher als »Heimat auf Zeit« für manche Menschen zu begreifen und insgesamt an Flexibilität und Spontaneität hinzugewinnen.

16.
Das Christentum von übermorgen wird möglicherweise wieder ganz anders aussehen als das Christentum von morgen

Es mag verwegen klingen, wenn ich hier Aussagen über das Christentum von übermorgen ankündige, wo doch schon das Morgen ungewiss ist. Ich denke aber, einige Linien lassen sich durchaus ausziehen, mit aller gebührenden Vorsicht.

Ein erstes Motiv, das sich in fast allem wiederfindet, was mir im Verlauf meiner Recherchen zum Christsein von morgen begegnet ist, ist das Fehlen einer »Ewigkeitsperspektive«. Das hängt zum einen daran, dass etliche hier dargestellte Initiativen Projektcharakter haben, das heißt, eine Landeskirche, eine Diözese oder ein anderer Träger stellt ihnen für einen bestimmten Projektzeitraum eine finanzielle Förderung zur Verfügung. Nach Auslaufen dieser Förderung werden sie häufig wieder eingestellt – so geschehen beispielsweise beim Raumschiff Ruhr, beim FreiRaum Prenzlauer Berg oder beim Mehrgenerationenhof Burtschütz, der gerade, während ich diese Zeilen schreibe, auf seiner Website das Mobile Spiele-Café zum Kauf anbietet, weil der Erprobungsraum ausläuft.[1]

Ein zweiter Grund ist in der DNA der Fresh Expressions of Church verankert, zu deren Grundsätzen das Prinzip »Start again« gehört. FreshX und vergleichbare Initiativen legen Wert auf Kontextualität, der missionale Blick richtet sich ausdrücklich auf die Bedürfnisse der Menschen vor Ort zum gegebenen Zeitpunkt. Kontexte können sich ändern, manchmal überraschend schnell. So haben die beymeister in Köln-Mülheim in dem Moment, da die Stellen der Mitarbeitenden verstetigt wurden, das bis dato verfolgte Konzept über Bord geworfen, weil sich der Kiez und seine Bevölkerung in den sieben Jahren Laufzeit schon stark verändert hatten. Die neuen Hauptamtlichen beginnen den Prozess von Neuem – »start again«! – und machen sich erneut auf ins »Veedel«, um zu erspüren, was heute »dran« ist.

Ein dritter Aspekt: Viele der Neugründungen und Initiativen werden getragen von jungen Erwachsenen, deren Lebensplanung noch relativ offen ist. Irgendwann ziehen für das Projekt zentrale Personen vielleicht weiter, sie gründen eine Familie, wechseln den Arbeitsplatz oder nehmen eine Chance im Ausland wahr. So können persönliche Biografien auch die Entwicklung christlicher Initiativen beeinflussen.

Und viertens: Viele der Projekte und Aufbrüche haben von vornherein ausgesprochenen Experimentalcharakter. Manches davon bewährt sich für einen gewissen Zeitraum und verliert dann an Überzeugungs- und Bindungskraft. Manche Ideen stellen sich als nicht nachhaltig heraus, manche zünden nicht so richtig, weil sie zur falschen Zeit am falschen Ort ausprobiert werden.

Damit ist ein wichtiges Stichwort gefallen: ausprobieren. Wer aus einem jahrtausendealten, verkrusteten System aussteigt und vor den Mauern Neues aufbauen will, muss zwangsläufig ausprobieren. Die bewährten Methoden haben ausgedient, neue sind noch nicht eingespielt. So ist es unvermeidlich, dass Etliches, was teilweise mit großem persönlichem Einsatz aus der Taufe gehoben wurde, über kurz oder lang wieder aufgegeben werden muss – genauso wie im wirtschaftlichen Startup-Business. Für manche gute Idee fehlen die Ressourcen, manche Ressourcen werden für eine weniger gute Idee verbrannt.

Und das alles muss so sein.

Denn so geschieht Entwicklung.

Wenn ich mir den Stammbaum der Evolution vor Augen stelle, sehe ich da viele dicke und dünne Äste, die sich eine kurze, lange oder manchmal auch sehr lange Zeit nach einer Seite oder nach oben strecken und dann abbrechen. Wie viele »Versuche« hat die Evolution unternommen, bis ein lebensfähiger Tapir, ein tauchendes Säugetier wie der Blauwal oder ein Wesen wie der Mensch herauskam, das über sich selbst, über Gott, die Welt und die Evolution nachdenken kann! Kann man sagen, die Versuche, die irgendwann abgebrochen sind, waren vergeblich? Ganz bestimmt nicht! Sie gehören alle zum Spiel des Lebens, zum Spiel der Schöpfung. Ein Mensch, der in jungen Jahren stirbt, hat deswegen ja nicht umsonst gelebt. Und wenn ein Startup des Christentums von morgen nur drei Jahre lang läuft, hat es seinen Sinn gehabt. Menschen haben ihre Erfahrungen gesammelt, sie fanden Wertschätzung und Sinn, haben sich für eine Sache engagiert, für die ihr Herz brannte – was kann es Besseres geben? Vielleicht gehen sie weiter an einen anderen Ort, bringen ihre Erfahrungen in ein neues Projekt ein und stellen gemeinsam mit neuen Mitstreiterinnen eine neue Initiative auf die Beine. Vielleicht bleibt es bei dieser einen Erfahrung, die dann in der persönlichen Biografie dieser Menschen einen mehr oder weniger wichtigen Platz einnimmt. Auch dafür hat sich der Einsatz gelohnt.

Es braucht viele scheinbar vergebliche Versuche, bis sich eine neue, nachhaltige Form herausbildet. Das hat seine Richtigkeit und das sehen wir auf vielen Gebieten.

Und nach wie vor gilt: »Ecclesia semper reformanda« – die Kirche muss sich ständig erneuern. Ständig. Denn Gott hat keine Enkelkinder. Wir können versuchen, den nachfolgenden Generationen unseren Schatz weiterzureichen. Doch muss jede Generation für sich wieder die entsprechende Form finden, auch hier gilt natürlich der missionale Grundsatz der Kontextualität. In einer eher statischen Ständegesellschaft, wie sie bis zum Beginn der Industrialisierung in Europa herrschte, mögen die Kontexte über Generationen nahezu unverändert geblieben sein. Doch sehen wir auch in früheren Jahrhunderten, dass sich lebendige Aufbrüche verhärten, ihre Lebendigkeit verlieren und schon zu Lebzeiten der Gründerpersonen wieder reformbedürftig werden. Aus dem Aufbruch des Franziskus wurde ein päpstlich legitimierter (und damit reglementierter) Orden, der massenhaft weltlichen Besitz ansammelte. Aus Luthers Reformation wurde bald die »lutherische Orthodoxie«. Und aus dem bunten Haufen von Fischern, Bäuerinnen, Partisanen, Zöllnern, Huren und fortgelaufenen Hausfrauen, der mit Jesus durch Galiläa zog, wurde eine Staatskirche, die Ketzer verbrannte, Waffen segnete und weltliche Macht heiligsprach.

Im Christentum von morgen zeigt sich wie unter einem Brennglas die Notwendigkeit ständiger Reformation. Insofern ist es auch theologisch stimmig, wenn viele der Aufbrüche und Anfänge wieder enden, Platz machen für wiederum neue Ideen.

Zersplitterung

Manche beklagen, dass das ehemals große, monolithische Christentum sich aufsplittert in viele kleine und kleinste Einheiten. Wo gibt es da noch Gemeinsamkeit? Können diese kleinsten Einheiten noch das große gesellschaftlich relevante Narrativ wirksam vertreten, dass jede und jeder Einzelne zählt, einfach weil wir Menschen sind? Wer oder was kann der Ideologie und Praxis des neoliberalen Kapitalismus noch ein anderes, menschlicheres Bild gegenüberstellen? Wer kann für diese vielen kleinen und kleinsten Einheiten repräsentativ sprechen und ihre gemeinsame Grundüberzeugung zu Gehör bringen? Welche große Geschichte kann den Geist unserer Gesellschaft noch prägen, die sich einst aus der jüdisch-christlichen Tradition definiert hat, und wer kann diese Geschichte glaubwürdig erzählen?

Eine mögliche Antwort: Auch wenn die Diagnose auf »Kirche am Ende« lautet, wird die Institution noch lange nicht verschwunden sein. Die katholische Kirche als Weltkirche wird ohnehin von dem, was sich in Mitteleuropa abspielt, nur am Rande tangiert – wie man beim Umgang des Vatikans mit dem Synodalen Weg in Deutschland eindrücklich studieren konnte. Der Papst wird auch im nächsten Jahrhundert noch für die christliche Lehre stehen. Und auch die evangelischen Landeskirchen werden nicht einfach vom Erdboden verschluckt. Es wird weiterhin noch viele Jahrzehnte eine EKD (Evangelische Kirche in Deutschland) geben mit ihrem Rat und ihrer Ratsvorsitzenden, und der oder die Ratsvorsitzende oder die Synode wird sich weiterhin zu Wort melden. Auch wenn sich die Kirche aus der Fläche zurückziehen wird und die Gemeinden ausbluten, der Apparat wird noch geraume Zeit weiterlaufen.

Aber kann die Kirche von heute, können diese Institutionen auch noch für das Christentum von morgen sprechen? Die vielen kleinen Initiativen, Gruppen und Gemeinschaften sind zwar untereinander mehr oder auch weniger intensiv verbunden und interagieren zum Teil auch mit bestehenden volkskirchlichen Strukturen. Sie haben momentan allerdings keine große gemeinsame Plattform, die als gesellschaftliche Influencer-Größe auftreten könnte. Das kann man gut finden oder schlecht, es ist so.

Wir befinden uns damit in einer Lage, die in manchen Punkten mit der Situation der Urchristenheit vergleichbar ist. Im Römischen Reich zur Zeit des Kaisers Augustus war die griechisch-römische philosophische Klassik Vergangenheit, die römische Religion mit ihren Gottheiten wie Jupiter oder Minerva, mit Mars und Venus war verblasst und diente hauptsächlich als Kulisse für den Kaiserkult. Die Welt war – im damals bekannten Rahmen – globalisiert, die Handelswege reichten bis nach Indien. Mit den Waren aus anderen Weltgegenden wurden auch philosophische oder religiöse Ideen und Strömungen importiert. Mystische oder esoterische Kulte schossen wie Pilze aus dem Boden – als solch ein Kult wurde die Bewegung der Christusanhänger ursprünglich auch angesehen.

In diese Zeit sprach die Botschaft von Tod und Auferstehung Christi hinein. Es war auch die Botschaft, dass jedes einzelne Menschenleben unbedingten Wert hat, dass vor Gott alle gleich sind – Freie und Sklaven, Römer und Leute aus den Provinzen, Männer und Frauen. Es war die Botschaft der Nächstenliebe, die aus der Liebe Gottes zu jeder einzelnen menschlichen Person entspringt.

Die Bewegung, die unter Berufung auf den jüdischen Propheten aus der Provinz solche Lehren verbreitete, war keine einheitliche Größe. Das Neue Testament spiegelt eine große Diversität wider. Jedes der Evangelien steht für eine bestimmte theologische Richtung; es gab Matthäus-, Markus-, Lukas- und Johannesgemeinden, dazu solche, die sich am Thomasevangelium orientierten oder an anderen Schriften, die uns heute als apokryph gelten. Es gab gnostische Richtungen und mystische, die mit mehr oder weniger guten Gründen aus dem Mainstream der im Entstehen begriffenen Kirche ausgeschlossen wurden. Und nicht zuletzt zeigen die Paulusbriefe, dass schon wenige Jahre nach Tod und Auferstehung Jesu unterschiedliche Richtungen – fast möchte man sagen: Konfessionen –

existierten. Aus der Urgemeinde in Jerusalem kamen Abgesandte nach Galatien, um manche Lehren des Paulus zu revidieren. Im 1. Korintherbrief zählt Paulus neben sich noch andere Autoritäten auf: »Ich meine aber dies, dass unter euch der eine sagt: Ich gehöre zu Paulus, der andere: Ich zu Apollos, der Dritte: Ich zu Kephas [= Petrus], der Vierte: Ich zu Christus.« Die theologischen Differenzen, die mit diesen Namen verbunden sind, hatten auch Konsequenzen für die Gestalt der jeweiligen Gemeinden. Kurz: Es muss damals, ähnlich wie heute, ein ziemlich buntes und vielfältiges urchristliches Leben gegeben haben.

Es dauerte drei- bis vierhundert Jahre, bis die grundlegenden theologischen Aussagen besiegelt waren und die Kirche als einheitliche Größe auftreten konnte. Ob diese Entwicklung zur Einheitlichkeit eine besonders glückliche war, darf mit guten Gründen infrage gestellt werden – ich erinnere an das Bild der Konstantinischen Rüstung.

Was mir dieser kurze Ausflug in die Urgeschichte unserer Kirche zeigt, ist dies: Es gab eine große Vielfalt an Gemeindeformen und an theologischen Konzepten. Doch wurden mindestens fünf dieser Konzepte gleichberechtigt nebeneinander in den Kanon aufgenommen: die vier Evangelien und Paulus. Wenn man will, kann man die Palette um verschiedene nach- und pseudopaulinische Konzepte und das des Sehers Johannes erweitern. Irgendwann vereinigten sich die verschiedenen Wurzeln dann zu *einem* Stamm – der sich dann wieder aufspaltete in unterschiedliche Äste.

So glaube ich, dass jetzt erst einmal für längere Zeit eine große Vielfalt herrschen wird, die bunt und lebendig, manchmal auch chaotisch und desorientierend wirken mag. Ich kann mir vorstellen, dass diese Zeit mindestens eine Generation lang dauern kann, vielleicht auch länger. Während dieser Zeit werden sich immer wieder neue Vernetzungen ergeben, Plattformen, auf denen man sich begegnen und eventuell ein gemeinsames Vorgehen oder gemeinsame Stellungnahmen zu gesellschaftlichen Entwicklungen beschließen kann. Ob aus diesen vielen Netzwerken, Plattformen und losen Organisationen wieder eine regelmäßige Zusammenkunft, griechisch: Synode, entsteht, vielleicht gar so etwas wie eine große Kirche, hängt von zahlreichen Faktoren ab, nicht zuletzt von gesamtgesellschaftlichen Entwicklungen.

Vieles von dem eben Gesagten mag spekulativ sein – es ist uns nicht gegeben, in die Zukunft zu blicken. Deswegen ziehe ich dieses Fazit: Über das Christentum von übermorgen können wir nicht viel sicher sagen, nur eins: Es wird möglicherweise – nein: sicherlich – wieder ganz anders aussehen als das Christentum von morgen.

Ich beschließe dieses Kapitel und dieses Buch mit einem Satz, den ich bei Polylux Brandenburg gefunden habe: »Wie das Ganze in ein paar Monaten [ich ergänze: oder ein paar Jahren] aussieht? Keine Ahnung! Am besten finden wir das gemeinsam raus ...«[2]

Nachwort

Während des Studiums und noch kurz danach träumten wir, eine kleine Schar von Kommilitonen, von Freundinnen und Freunden, den Traum von einer grundlegenden Transformation der Kirche, die wir bewerkstelligen würden. Wir träumten von einer spirituellen, alternativen Gemeinschaft mit kommunitären Zügen, in der die heilige Geistkraft unmittelbar erlebt werden kann. Einer Gemeinschaft, die sich tatkräftig engagiert für die Benachteiligten, für Frieden und Gerechtigkeit. Die alles teilt, was sie hat, und verbindlich zusammenlebt – und das nicht irgendwo an einem abgeschiedenen Ort, sondern in und mit der Kirchengemeinde. Kaum waren wir aber in der Gemeindearbeit vor Ort gelandet, zerstoben diese Visionen nur allzu rasch. Unsere Vision hatte zwar viel Charme, aber wenig Kraft. Der Dienst in der real existierenden Kirche mit ihren Mechanismen, ihren eingefahrenen Abläufen, Ansprüchen und Zwängen machte ihr rasch den Garaus. Kein Wunder, dass die meisten, die diesen Traum damals intensiv geträumt haben, früher oder später aus dem Gemeindedienst ausgeschieden sind und sich ihre Nische in einem überparochialen Dienst gesucht haben, so wie ich selbst auch. Nach mehr als vierzig Jahren hauptamtlicher Mitarbeit in der Kirche habe ich persönlich keine große Hoffnung mehr, dass sie sich innerhalb der bestehenden Strukturen grundlegend transformieren lässt. Diese Kirche scheint am Ende zu sein.

Kirche am Ende – auch wenn die Diagnose ohne Wenn und Aber zutrifft, wenn die Volkskirchen am Ende sind und sterben, so geben dennoch die vielen kleinen Pflänzchen, die überall aus der Erde brechen, Anlass zur Hoffnung, dass die Kirche Jesu Christi damit noch lange nicht am Ende ist. Im Gegenteil: An vielen Orten entsteht neues, ungeahntes Leben, sprießen Ideen und Projekte, aufregende Ansätze, Modelle und Initiativen. Viele von ihnen haben gar nicht den Plan oder die Absicht, die Kirche zu reformieren oder gar zu retten. Es geht ihnen darum, die Botschaft vom Reich Gottes, den Glauben an den auferstandenen Christus und die Gotteskindschaft aller Menschen für die Gegenwart zugänglich zu machen und zu halten. In den bestehenden kirchlichen Strukturen können sie ihren Glauben, ihre Suche nach Gott, ihre Sehnsucht nach einer spirituellen Heimat nicht mehr leben. Aber sie warten nicht mehr darauf, dass »die Kirche« ihnen Heimat gibt. Sie brechen auf.

Gleichzeitig sehe ich aber auch eine Generation heranwachsen, die sich mit vielen frischen Ideen und großem Engagement innerhalb und am Rande der verfassten Kirchen engagiert. Es ist eine Generation, die mit Erprobungsräumen, FreshX und MUT neues Terrain für die alte Kirche erschließt. Vielleicht schafft es diese Generation der heute 30- bis 40-Jährigen, die sich weniger als wir damals von den unveränderbaren Verhältnissen der real existierenden Volkskirche beeindrucken und in Form pressen lassen. Vielleicht schaffen sie es, das Ruder herumzureißen, unter dem Druck der Verhältnisse und mit dem Schwung neuer, alter theologischer und ekklesiologischer Vorstellungen.

Kirche am Ende – vielleicht ist die Diagnose doch zu pessimistisch? Vielleicht verbinden sich die Quellen und Bächlein, von denen in der Einleitung die Rede war, mit den Flüssen und Seen der bestehenden kirchlichen Landschaft, vielleicht verhilft ihr frisches Wasser den umkippenden Seen zu neuem Leben?

Eine letzte offene Frage

Ein Punkt ist für mich bei all dem offengeblieben, was ich zusammengetragen und recherchiert habe. Die Aufbrüche, Initiativen und Projekte, von denen in diesem Buch die Rede ist, setzen viel Engagement voraus, die Bereitschaft, sich aktiv einzubringen und mitanzupacken. Was wird aber aus denen, die sich durchaus als Christen verstehen, aber nicht die Zeit, die Kraft oder auch die Bereitschaft zum intensiven, aktiven Engagement aufbringen? Denjenigen, die bislang mehr oder weniger regelmäßig zum Gottesdienst gehen, an Gemeindeveranstaltungen teilnehmen, zu Kirchen- und Katholikentagen fahren, ohne gleich ein Ehrenamt zu übernehmen? Der Übergang von der Versorgungs- zur Beteiligungskirche wird einige Verwerfungen mit sich bringen, vielleicht wird es sich als nötig herausstellen, bestimmte Formen von religiöser Versorgung weiterhin anzubieten oder neu aufzulegen. Vielleicht geschieht da auch schon viel mehr, als ich mit meiner sicher alles andere als vollständigen Darstellung erfasst habe.

In all dem bleiben die Hoffnung und das Vertrauen, dass die heilige Geistkraft Gottes die Sehnsucht nach dem Reich Gottes in den Herzen der Menschen wachhält und immer wieder zu neuen Formen von Gemeinschaft führt. Zur Gemeinschaft von Menschen, die die Stimme Gottes in ihrem Herzen vernehmen, die für ihre Mitmenschen da sein und die gute Botschaft vom unbedingten Wert jedes Menschen weitertragen wollen. Die die Liebe Gottes feiern und andere mithineinnehmen in die Bewegung des Lebens. Ob sich das dann Kirche nennt oder nicht.

Danksagung

Das erste Wort des Dankes ist ein Gedenken – an Andreas Ebert, den Kollegen und langjährigen Freund seit Studienzeiten. Was haben wir nicht über die alte Mutter Kirche diskutiert, uns an ihr gerieben und für sie gekämpft. Andreas ist im März 2022, wenige Tage nach seinem 70. Geburtstag, gestorben; dieses Buch ist teilweise auch eine späte Frucht unserer vielen Gespräche.

Zur Trauerfeier für Andreas kam auch unser gemeinsamer Freund und Kollege Linards Rozentāls aus Riga nach München. Mit ihm habe ich am Tag nach der Trauerfeier einen ausgedehnten Waldspaziergang unternommen, auf dem sich die ersten Ideen zu diesem Buch herauskristallisierten. Dank des beharrlichen Nachfragens meines Agenten Martin Brinkmann wurde tatsächlich ein Buchprojekt daraus, das im Austausch mit Diedrich Steen vom Gütersloher Verlagshaus Gestalt annahm. Letzterer hat auch das Manuskript mit seinen sachkundigen und wohlwollend kritischen Vorschlägen geglättet und verbessert. Gudrun Friederike Lehn hat die Entstehung des Buches wieder von Anfang an mit großem Interesse und viel Sympathie begleitet; in der Auseinandersetzung mit ihren Fragen und engagierten Kommentaren konnte ich manches konkreter fassen und auch manches verwerfen. All diesen Geburtshelfer*innen danke ich herzlich für ihre Ideen, ihre Begeisterung und für manche Kritik.

Im Lauf der Recherchen habe ich mit zahlreichen Expertinnen und Experten gesprochen, die mir unschätzbare Informationen bereitstellten und mit denen ich einzelne Thesen und Aspekte des entstehenden Buches diskutieren konnte. Namentlich nenne ich an dieser Stelle in alphabetischer Reihenfolge: Sebastian Baer-Henney, Claus Eurich, Tobias Faix, Chadidja Faye, Jonas Göbel, Gisela Haberer-Faye, Katharina Haubold, Miriam Hoffmann, Daniel Hufeisen, Markus Roll, Jonte Schlagner, Manuel Schmid, Sarah Vecera, Piet van Veldhuizen und Rebekka Wackler. Euch allen herzlichen Dank für eure Bereitschaft, einem (für die meisten) wildfremden Menschen Rede und Antwort zu stehen. Die Gespräche mit euch und eure Kommentare haben mich und das Buch sehr bereichert.

Viel profitiert habe ich für dieses Buch auch von verschiedenen Podcasts, allen voran vom Hossa-Talk mit Jay Friedrichs, Marco Michalzik und Gofi Müller, der FrischeTheke mit Katharina Haubold und Rolf Krüger sowie von »ausgeglaubt« mit Manuel Schmid und Stephan Jütte. Euch allen, ob wir persönlich ins Gespräch gekommen sind oder nicht, gebührt große Anerkennung und Dank für eure wichtige und erfrischende Arbeit!

Und zum Schluss geht mein Dank wie immer an Katja.

Für alles – und so viel mehr.

Anmerkungen

Einführung

1 Valentin Dessoy: Theologe und Psychologe, im Interview: www.jesus.de/glauben-leben/theologe-noch-fuenf-jahre-dann-kollabiert-das-system-kirche/

2 Der Fundamentaltheologe Joachim Negel, in: Publik-Forum 4/2023, S. 38

3 Markus Beile: Erneuern oder untergehen. Evangelische Kirchen vor der Entscheidung, Gütersloh 2021

4 Heinzpeter Hempelmann: 11 Gründe, warum die Kirche keine Zukunft hat, in: ders.: Die Kirche ist tot – es lebe die Kirche: Denkanstöße, wie die Kirche neue Zukunft gewinnen kann, Gießen 2023

5 Den Prozess beschreibt detailliert und sehr anschaulich Tobias Faix: Kirche zwischen Krise und Kairos, in: Futur 2. Zeitschrift für Strategie & Entwicklung in Gesellschaft und Kirche 02/2022; www.futur2.org/article/kirche-zwischen-krise-und-kairos/

6 www.freshexpresions.de

7 www.erprobungsraeume-ekm.de (Mitteldeutschland) und www.erprobungsraeume.de (Rheinland)

8 www.mut-elkb.de (Bayern)

9 https://www.erprobungsraeume-ekm.de/ueber-uns/

10 https://www.erprobungsraeume-ekm.de/allgemein/7-kennzeichen-von-erprobungsraeumen/

11 Siehe z.B. https://freshexpressions.de/fresh-x-netzwerk/was-ist-fresh-x/

1. Das Christentum von morgen zieht keine Steuer ein

1 https://de.statista.com/statistik/daten/studie/12520/umfrage/kirchensteuer-einnahmen-in-deutschland/

2 https://www.kirchenfinanzen.de/kirche_und_staat/kirchenfinanzierung_faq.html

3 https://www.kirchenfinanzen.de/kirche_und_staat/kirchenfinanzierung_faq.html, Unterpunkt 17

4 Erik Flügge/David Holte: Eine Kirche für viele. Statt heiligem Rest, Freiburg i.Br. 2018

5 Erik Flügge: Der Jargon der Betroffenheit. Wie die Kirche an ihrer Sprache verreckt, München [5]2018

6 Im Podcast »ausgeglaubt« mit Stephan Jütte und Manuel Schmid, https://ausgeglaubt.podigee.io/56-neue-episode, ab 31:30. Detaillierter jetzt in Heinzpeter Hempelmann: Die Kirche ist tot – es lebe die Kirche. Denkanstöße, wie die Kirche neue Zukunft gewinnen kann, Gießen 2023, S. 66ff.

7 Auch diese Zahlen sind seit den Lockdowns der Jahre 2020 und 2021 deutlich zurückgegangen!

8 www.freshexpressions.de

9 Die Verantwortlichen für die Erprobungsräume der Evangelischen Kirche in Mitteldeutschland (EKM) haben das offenbar begriffen und setzen die Erkenntnis wenigstens teilweise um: Projekte werden im Rahmen der Erprobungsräume nur gefördert, wenn sie 50 Prozent der Kosten selbst erwirtschaften oder entsprechende Drittmittel akquirieren.

10 https://polyluxev.de/

11 https://pixel-sozialwerk.de/

12 www.offene-tuer.net

13 Ein beeindruckendes Beispiel für akquirierte Fördergelder ist auf der Website des Pixel-Sozialwerks zu sehen: https://pixel-sozialwerk.de/, abgerufen am 15.02.2023

2. Das Christentum von morgen hat kein verbeamtetes Personal

1 Heinzpeter Hempelmann: Warum die Kirche keine Zukunft hat – 11 Provokationen, a.a.O., S. 11. PDF-Download unter: https://heinzpeter-hempelmann.de/manuskripte-zum-download/

2 Michel Herbst: Und sie dreht sich doch! Wie unsere Volkskirche wieder zu einer Kirche für das Volk wird, Asslar 2001, S. 46

3 Klaus Douglass: Die neue Reformation. 96 Thesen zur Zukunft der Kirche, Stuttgart 2002, S. 148

4 Kathrin Jütte: Gelebte Nächstenliebe. Geschichten aus der Nachbarschaft am Beispiel der Niederlande, Zeitzeichen 11/2022, S. 16f.

5 https://cafe-koenigskind.de/ abgerufen am 24.01.2022

6 Siehe z.B. https://www.fritz.tips/entwicklungsphasen-einer-organisation-nach-friedrich-glasl/

7 A.a.O., S. 157

8 Die Kirchenverfassungen der evangelischen Landeskirchen sehen zwar vor, dass die Verantwortung für das Gemeindeleben in den Händen des gewählten Kirchenvorstands, Presbyteriums oder Kirchgemeinderats liegt. Die Realität sieht jedoch in den allermeisten Fällen anders aus.

9 Marshall B. Rosenberg: Gewaltfreie Kommunikation, Paderborn [12]2016

10 1: »Ich« statt »man«, 2: Jeder und jede ist seine und ihre eigene Chairperson, 3: Störungen haben Vorrang; vgl. Mina Schneider-Landolf/Jochen Spielmann/Walter Zitterbarth (Hg.): Handbuch Themenzentrierte Interaktion (TZI). Mit einem Vorwort von Friedemann Schulz von Thun, Göttingen 2009

11 https://patterns-de.sociocracy30.org/

12 Brian J. Robertson: Holacracy. Ein revolutionäres Management-System für eine volatile Welt, München 2016

13 Frederic Laloux: Reinventing Organizations visuell. Ein illustrierter Leitfaden sinnstiftender Formen der Zusammenarbeit, München 2016 (die leichter zugängliche Version des Standardwerks)

14 http://tobiasfaix.de/2022/09/roadtrip-mit-gott-das-kirchliche-startup-und-marburg-geht-an-die-oeffentlichkeit/, abgerufen am 11.05.2023

3. Das Christentum von morgen ist nicht »Volkskirche«, sondern das Familientreffen der Kinder Gottes

1 Das bestätigen auch die Mitgliedschaftsuntersuchungen der EKD. Bei der letzten verfügbaren Untersuchung von 2014 (die nächste wird für 2024 erwartet) wurde auf die Frage »Was fällt Ihnen ein, wenn Sie ›Evangelische Kirche‹ hören?« am häufigsten der Gottesdienst genannt. Und bei der Frage nach Personen, die etwas mit Kirche zu tun haben, wurden überwiegend Pfarrpersonen genannt, oft die konkrete Pfarrerin am Ort oder der Gemeindepastor.

2 Weibliche Ordinierte gibt es allerdings noch nicht seit Kaiser Konstantin, sondern – in den evangelischen Kirchen – erst seit den 1960er-Jahren.

3 In jüngster Zeit gibt es allerdings gewisse Abweichungen von diesem Prinzip. So ermöglicht beispielsweise die Kirchenverfassung der Evangelisch-Lutherischen Landeskirche Hannovers sogenannte Personalgemeinden, der Mitglieder »nach anderen Kriterien als dem Wohnort« angehören können. https://www.kirchenrecht-evlka.de/document/44991/search/sprengel#s00000051

4 Miriam Hoffmann: Machtfragen. Anders über Macht denken, in: Maria Herrmann, Florian Karcher (Hg.): anders. denn Kirche hat Zukunft. Wie FreshX neue Wege gehen, Freiburg i.Br. 2022, S. 117-125, hier S. 119

5 https://frischetheke-podcast.de/34-daniel-hufeisen/

6 https://frischetheke-podcast.de/jele-mailaender/

7 https://frischetheke-podcast.de/61-pierre-veraendert-die-form-den-inhalt/

8 https://frischetheke-podcast.de/62-dave-sind-wir-wirklich-fuer-alle-da/; dieses offene Haus wurde 2022 aus wirtschaftlichen Gründen aufgegeben — eins der Projekte, die Projekt geblieben sind.

4. Das Christentum von morgen setzt nicht auf Versorgung, sondern auf Beteiligung

1 Dies gilt zumindest bis 2019. In den Jahren 2020 und 2021 waren wegen der pandemiebedingten Lockdowns Gottesdienste in den meisten Gemeinden nur im Freien möglich, wenn sie nicht ganz ausgefallen

sind, was zu deutlich geringeren Teilnahmezahlen geführt hat. Ob die Zahlen wieder auf Vor-Pandemie-Niveau steigen werden, ist zum gegenwärtigen Zeitpunkt (2023) noch offen.

2 Klaus Douglass: Die neue Reformation. 96 Thesen zur Zukunft der Kirche, Stuttgart 2002, S. 112. Allen, denen die Reform des Gemeindelebens am Herzen liegt und die noch an eine Reformierbarkeit der Kirche glauben, sei dieses Buch wärmstens empfohlen.

3 So nach dem Artikel 7 des Augsburger Bekenntnisses von 1530, kurz: CA VII

4 Ernst Käsemann: Amt und Gemeinde im Neuen Testament, in: ders.: Exegetische Versuche und Besinnungen, Erster Band, Göttingen 1960, S. 109–134

5 Zu den Begriffen Bewegung, Organisation und Institution siehe Uta Pohl-Patalong/Eberhard Hauschildt: Kirche verstehen, Sonderausgabe, Gütersloh 2020, S. 62-103

6 Der Begriff »Charismen« ist für manche nicht ganz unproblematisch, weil sie damit eine bestimmte kirchliche Erneuerungsbewegung assoziieren: die »Geistliche« oder »Charismatische Gemeindeerneuerung«, die sich in Deutschland etwa seit den siebziger Jahren verbreitet hat. In dieser wird viel Wert gelegt auf die sogenannten strahlenden Charismen wie Prophetie und Sprachengebet (Zungenrede oder Glossolalie). Diese »strahlenden« Charismen irritieren viele, die nicht dieser Bewegung angehören, doch ich halte sie nicht für essenziell – gerade das Sprachengebet wird von Paulus in 1 Korinther 14 deutlich relativiert, und unter »Prophetie« kann ich durchaus eine einfache christliche Zeitansage verstehen, die sich auf die Lektüre der Zeitung wie der Bibel stützt.

7 So Steve Rauhut, Gründungsmitglied von Refo Moabit, im Interview mit Tobias Faix, http://tobiasfaix.de/2015/05/das-wunder-von-moabit-wie-eine-leerstehende-kirche-zu-neuem-leben-erweckt-wurde-ein-interview-mit-steve-rauhut-ueber-den-langen-weg-zur-traumkirche/, abgerufen am 16.11.2022

5. Das Christentum von morgen lebt in einer bunten Vielfalt an Formen, die sich auch immer wieder ändern können

1 David Gutmann/Fabian Peters: #projektion 2060. Die Freiburger Studie zu Kirchenmitgliedschaft und Kirchensteuer. Analyse – Chancen – Vision, Neukirchen-Vluyn 2021, siehe oben Kapitel 1

2 A.a.O., ab 53:30

3 Vgl. Michael Schüßler: Liquid Church als Ereignis-Ekklesiologie, in: PThI, 34. Jg., 2014-2, S. 28: »Das Motto kann nicht mehr lauten: »One size fits all«, weshalb es viele andere pastorale Sozial- und Ereignisformen geben wird und nicht nur ein vereinskirchliches Christentum.«

4 Tobias Müller (Hg.): Gemeinde mit Verantwortung. Wie Gemeinde für ihr Umfeld relevant wird, mbs Trafo, Praxisreihe Tool 4, S. 48–57, PDF-Download unter https://mbs-akademie.de/programme/gemeindetransformation/werde-ein-gemeindebeweger/

5 https://frischetheke-podcast.de/34-daniel-hufeisen/, ca. 12:05

6 https://polyluxev.de/

7 Vgl. Sebastian Baer-Henney: FreshX live erlebt. Wie Kirche auch sein kann, Gießen 2015, S. 69ff.

8 www.hossa-talk.de; im Sommer 2022 verabschiedete sich Gofi Müller, für ihn stieg Marco Michalzik ein.

9 Zu diesem Begriff siehe Kapitel 8, S. 134-137

10 www.worthaus.org

11 Siehe z.B. https://www.fritz.tips/entwicklungsphasen-einer-organisation-nach-friedrich-glasl/

12 Ebd.

13 Anna und Erik Reppel: Beten und Businessplan. Unternehmerische Ansätze als Chance für FreshX und Kirche, in: anders, a.a.O., S. 225–233; siehe (höre) auch: https://frischetheke-podcast.de/37-pixel-sozialwerk/

14 Siehe das Interview mit Daniel Hufeisen zum Projekt FreiRaum Prenzlauer Berg, a.a.O., ab 18:05. Hufeisen erzählt in dem Interview, dass im FreiRaum ganz ungeplant Menschen aus den unterschiedlichsten Milieus zusammenkamen.

6. Das Christentum von morgen besitzt keine Immobilien

1 So der Liturgiewissenschaftler Albert Gerhards, https://www.katholisch.de/artikel/14773-kirchenabrisse-wir-stehen-erst-am-anfang, abgerufen am 18.01.2023

2 https://www.ekd.de/Spenden-Foerdern-und-Stiften-15570.htm, abgerufen am 18.01.2023

3 Reinhold Krebs, im Podcast »Frischetheke« Nr. 63, ca. 1:07:05

4 Siehe besonders Römer 12,1

5 https://www.focus.de/regional/thueringen/kirche-denkmal-soll-an-abgerissene-kirche-erinnern_id_6409261.html, abgerufen am 25.01.2023

6 https://www.tagesspiegel.de/gesellschaft/panorama/gesegnete-mahlzeit-6786889.html

7 https://www.refo-moabit.de/refo/refo-community/ abgerufen am 26.01.2023

8 Dieses und die folgenden Beispiele stellen zum größeren Teil Initiativen vor, die von bestehenden Kirchengemeinden oder Kirchenkreisen ausgehen. Sie können als Modell dienen für Ausgründungen oder eben Neugründungen außerhalb der verfassten Kirche. Die Schwachstelle der kirchlich getragenen Projekte besteht in der Finanzierung. Wie in Kapitel 2 skizziert, läuft bei Projekten der Förderzeitraum irgendwann aus, und wenn die Initiativen in die Regelförderung aufgenommen werden, konkurrieren sie mit den bestehenden Gemeinden und Diensten um die schwindenden Ressourcen. Dennoch findet sich im Bereich von FreshX, M.U.T., Erprobungsräume u.Ä. eine Fülle an vielversprechenden Ansätzen, die sich gut auf »freie« Initiativen übertragen lassen.

9 Sonntagsblatt. Evangelische Wochenzeitung für Bayern 47/2022, S. 15

10 https://www.domradio.de/artikel/auf-einer-der-groessten-baustellen-deutschlands-steht-eine-bauwagen-kirche, abgerufen am 29.01.2023

11 https://www.betterplace.org/de/projects/99979-kirche-komm-bauwagen, abgerufen am 30.01.2023

12 Für ostdeutsche Ohren klingt der Begriff »Pioniere« möglicherweise belastet. Der Ausdruck hat sich als Übersetzung des englischen *pioneers* in der FreshX-Bewegung eingebürgert für Menschen, die an einem Ort neues, zum jeweiligen Kontext passendes christliches Leben initiieren wollen.

13 https://projektkfreiham.wordpress.com/ abgerufen am 29.01.2023

14 http://munich-church-refresh.de/events/ abgerufen am 29.01.2023

15 Ebd.

16 Manuel Schmid berichtet über diese Zeit im Podcast Hossa-Talk #152, https://hossa-talk.de/152-gott-hat-keinen-plan-sie-hat-ein-ziel/ abgerufen am 31.01.2023

17 https://zellten.de/de/was-ist-zellten, abgerufen am 30.01.2023

7. Das Christentum von morgen kennt Verbindlichkeit (nur) auf Zeit

1 Das gilt für Männer; Frauen ist der Wiedereintritt verwehrt, wenn sie einmal »die Robe abgelegt« haben.

2 Praxishilfe Ehrenamt für Kirche & Diakonie im Raum der Evangelisch-Lutherischen Kirche in Bayern, »Selbstbestimmt in einem guten Rahmen arbeiten«, Nürnberg 2015, S. 35

3 Mündliche Mitteilung am 26.10.2022

4 »Ehrenamtliche Arbeit endet *durch vereinbarte Befristung*, Mitteilung der Ehrenamtlichen oder des Leitungsgremiums und mit einer Verabschiedung, ggf. einer Entpflichtung.« A.a.O., S. 59 (Hervorhebung TH)

5 https://doncamillo.org; abgerufen am 26.03.2023

8. Das Christentum von morgen ist theologisch klar, offen und weit

1 1 Timotheus 3,2: »Ein *Bischof* aber soll untadelig sein, Mann einer einzigen Frau ...« Dass dies von Gemeindeleitern verlangt wird, zeigt, dass die Monogamie unter den Gemeindegliedern nicht selbstverständlich war.

2 Vgl. Jay Friedrich in Hossa-Talk #173, ab ca. 1:17:10

3 Einen Sonderfall bilden aus meiner Sicht die Jesus-Freaks, eine der am stärksten wachsenden Missionsbewegungen in den 90er-Jahren, gegründet von Martin Dreyer, der durch seine Bekehrung zu Jesus von seiner Drogenabhängigkeit befreit wurde. So arbeiteten sie, jedenfalls ursprünglich, stark im Drogenmilieu. Der quasi dämonischen Macht der Droge setzen sie den Sieger Jesus gegenüber – im Kern geht es hier also um den Gegensatz zwischen Tod und Leben, Sucht und Freiheit, ähnlich wie schon in den 1960ern bei Teen Challenge. Um die Macht der Droge zu brechen, braucht es eine stärkere Gegenmacht, braucht es Eindeutigkeit, Entschiedenheit und klarste Orientierung – die Ingredienzien, aus denen sich eine evangelikale, fundamentalistische Orientierung zusammensetzt. Als kontextuelle Theologie und Praxis in diesem bestimmten sozialen Milieu halte ich das auch für angemessen. Vgl. Martin Dreyer: Jesus-Freak. Leben zwischen Kiez, Koks und Kirche, München 2012, sowie David Wilkerson: Das Kreuz und die Messerhelden, Erzhausen 1963

4 Meister Eckhart: Reden der Unterweisung, zitiert nach: https://www.meister-eckhart-erfurt.de/texte/reden-der-unterweisung, S. 10

5 Die Sühnetod-Theologie wird auch als »Satisfaktionslehre« bezeichnet. Satisfaktion heißt Genugtuung oder Befriedigung.

6 Vgl. Gisbert Greshake: Erlösung und Freiheit. Eine Neuinterpretation der Erlösungslehre Anselms von Canterbury, in: ders.: Gottes Heil – Glück des Menschen. Theologische Perspektiven, Freiburg i.Br. 1983, S. 80–104; den Hinweis auf diesen erhellenden Aufsatz zum Thema verdanke ich Manuel Schmid von Reflab in Zürich.

7 Hubertus Halbfas: Der Glaube. erschlossen und kommentiert, Ostfildern 2010

8 Klaus-Peter Jörns: Notwendige Abschiede. Auf dem Weg zu einem glaubwürdigen Christentum, Gütersloh [6]2004

9 Klaus-Peter Jörns: Lebensgaben Gottes feiern. Abschied vom Sühnopfermahl. Eine neue Liturgie, Gütersloh 2007

10 www.glaubensreform.de

11 Diese Sichtweise finde ich gut dargestellt von Gofi Müller in den beiden Hossa-Talk-Folgen zur Bergpredigt: www.hossa-talk.de/185-die-bergpredigt-mit-weichem-herzen-die-welt-veraendern-teil-1/ und www.hossa-talk.de/186-die-bergpredigt-eine-anleitung-zum-menschsein-teil-2/

12 Vgl. Tilmann Haberer: Von der Anmut der Welt. Entwurf einer integralen Theologie, Gütersloh 2021, S. 65ff.

13 Vgl. etwa John Philipp Newell: Dem Glauben Weite geben. Das Herz der Spiritualität neu finden, Freiburg i.Br. 2016

14 Richard Rohr: Der göttliche Tanz. Wie uns ein Leben im Einklang mit dem dreieinigen Gott zutiefst verändern kann, Asslar 2017; ders.: Alles trägt den einen Namen. Die Wiederentdeckung des Universalen Christus, Gütersloh 2019

15 Tilmann Haberer, Von der Anmut der Welt, a.a.O.; Marion Küstenmacher: Integrales Christentum. Einübung in eine neue spirituelle Intelligenz, Gütersloh 2018; Paul R. Smith: Integral Christianity. The Spirit's Call to Evolve, St. Paul/Minnesota 2012

16 Vgl. Tilmann Haberer: Von der Anmut der Welt, a.a.O., S. 172–176

9. Dem Christentum von morgen ist nichts heilig – dem Christentum von morgen ist alles heilig

1 Shane Claiborne: Ich muss verrückt sein, so zu leben. Kompromisslose Experimente in Sachen Nächstenliebe, Gießen [4]2010, S. 79 (Hervorhebung: TH)

2 Rudolf Otto: Das Heilige. Über das Irrationale in der Idee des Göttlichen und sein Verhältnis zum Rationalen, Breslau 1917; Neuausgabe mit einem Nachwort von Hans Joas, München 2014

3 Lat.: Schauder oder Furcht erzeugend

4 Lat.: anziehend

5 https://www.youtube.com/watch?v=6LGB2F6lRqM&t=463s, abgerufen am 17.04.2023

6 Ausführlicher gehe ich auf die Hintergründe des Abendmahls ein in meinem Buch über die Thomasmesse. Tilmann Haberer: Die ThomasMesse. Der Gottesdienst für Ungläubige, Zweifler und andere gute Christen, München [2]2002, S. 135–149

7 Jörg Zink: Das Offene Gastmahl, Gütersloh 2013

8 Das Pessach-Fest ist ein Familienfest. Frauen und Kinder gehören unbedingt und selbstverständlich dazu. Es ist für einen Juden kaum vorstellbar, dass 13 Männer ohne Familien gemeinsam das Pessach feiern. Es waren also sicherlich Frauen und Kinder beim letzten Abendmahl anwesend.

9 1 Korinther 11,23b–26; Matthäus 26,26–28; Markus 14,22–24; Lukas 22,19f.

10 Dies wird aus guten philologischen Gründen häufig – unter anderem im Eucharistischen Hochgebet der katholischen Kirche – gedeutet als »für alle Menschen«.

11 Dave Jäggi: Der Boden des Alltags heiligt dich, in: Maria Herrmann/Florian Karcher (Hg.): anders. Denn Kirche hat Zukunft. Wie FreshX neue Wege gehen, Freiburg i.Br. 2022, S.213–224, hier S. 213f.

12 Anna Elisabeth Scholz: Kirche als Kleinmarkthalle, in: Ferenc Herzig/Konstantin Sacher/Christoph Wiesinger (Hg.): Kirche der Zukunft – Zukunft der Kirche. 23 junge Pfarrerinnen und Pfarrer erzählen, Gütersloh 2021, S. 125–132, hier S. 130

13 Die Beschreibung steht in der Vergangenheitsform, weil die Gründerpersönlichkeiten sich 2021, nach sieben Jahren von den »beymeistern«, verabschiedet haben, getreu dem siebten Schritt der FreshX-Reise »Start again« – »neu anfangen«. S.o. S. 118

14 FrischeTheke Folge 16, https://frischetheke-podcast.de/16-beymeister/, ab ca. 37:00

15 Der Text wurde mir freundlicherweise von Sebastian Baer-Henney überlassen. Die Ziffern vor den Abschnitten bezeichnen jeweils die Person, die den entsprechenden Text spricht.

16 Klaus-Peter Jörns: Lebensgaben Gottes feiern, a.a.O. (Kapitel 8, Anm. 9)

17 Ein meditatives Abendgebet in der nur von Kerzen erhellten Lukaskirche, donnerstagabends um 22 Uhr, 30 Minuten lang

18 Apostelgeschichte 8,26–39

19 Markus 16,16

10. Die Christen von morgen leben mit den Armen ihrer Gesellschaft

1 Paul M. Zulehner: Wer in Gott eintaucht, taucht bei den Armen wieder auf. https://phaidra.univie.ac.at/detail/o:925795

2 Paul M. Zulehner, a.a.O., S. 4

3 Siehe z.B. https://www.abendblatt.de/hamburg/wandsbek/article108889522/25-Jahre-Kirchenkueche-in-Wandsbek.html

4 https://vesperkirche-nuernberg.de/ueber-uns/

5 https://www.sonntagsblatt.de/artikel/kirche/gemeinde-neufahrn-erste-vesperkirche-oberbayerns-startet-vorbereitungen

6 Zulehner, a.a.O., S. 2

7 Shane Claiborne: Ich muss verrückt sein, so zu leben, a.a.O. (Kapitel 9, Anm. 1), S. 45

8 Das englische Wort für »obdachlos« ist homeless, wörtlich: zuhauselos.

9 A.a.O., S. 46

10 Ebd., S. 49

11 Ebd., S. 63

12 Vgl. den Bericht von David Jäggi, s.o. Seite 153

13 Text: Phil Ochs 1963, Übersetzung von https://lyricstranslate.com

14 Tilmann Haberer, Von der Anmut der Welt, a.a.O. (Kapitel 8, Anm. 12), S. 280; auf S. 278–280 findet sich eine etwas ausführlichere Auslegung der biblischen Geschichte vom reichen Jüngling

15 https://frischetheke-podcast.de/57-jonte-viola-warum-macht-ihr-das/ Teaser-Text

16 Ebd. im Podcast, ca. 12:50

17 Jonte Schlagner: Gott hinterherstolpern. Von den alten Mönchen lernen, in: anders, a.a.O., S. 205

18 www.frohet-schaffen.de; siehe auch das Vorstellungsvideo: //www.youtube.com/channel/UCjjHwZGsAbPibZFB8ixR_Yg?app=desktop, ab ca. 0:58

19 www.jumpers.de/ueber-uns, Unterpunkt »Unsere Geschichte«; abgerufen am 27.04.2023

20 Hans Martin Golz: Frohe Zukunft Silberhöhe, in: Kirche der Zukunft – Zukunft der Kirche, a.a.O. (Kapitel 9, Anm. 12), S. 17–25, hier S. 19

21 Ebd. S. 18

22 Für die letzten drei Zitate: www.kirche-silberhoehe.de/bauwagen/, abgerufen am 26.04.2023

23 https://nebenan-in-der-platte.de/, abgerufen am 26.04.2023

24 www.central-richtsberg.de/, abgerufen am 26.04.2023

25 https://www.senfkorn-stadtteilmission.de/team/, abgerufen am 26.04.2023

26 www.stadtteilleben-gotha.com/wowirleben, abgerufen am 26.04.2023

27 Mit der in diesem Zusammenhang einschlägigen Geschichte von Jesus und dem reichen Jüngling setze ich mich in meinem Buch »Von der Anmut der Welt« ausführlich auseinander, wenn auch in einem etwas anderen Kontext; a.a.O. (Kapitel 8, Anm. 12), S. 278–282

11. Das Christentum von morgen ist m/w/d, es ist schwarz, weiß und bunt

1 Allgemein zum Lehrer-Schüler-Verhältnis im Judentum vgl. Martin Benz: Movecast Folge 16. movecast.podbean.com/e/movecast-16-warum-die-junger-jesu-teenager-waren/

2 Apostelgeschichte 16,14f.

3 Römer 16,7. Dass spätere Ausleger aus der Frau Junia den Mann Junias machten, ist eine bekannte, oft diskutierte Tatsache. Kurz zusammengefasst findet sich diese Diskussion in dem Wikipedia-Artikel Junia (Apostel): de.wikipedia.org/wiki/Junia_(Apostel), abgerufen am 03.05.2023

4 Vgl. https://www.humanresourcesmanager.de/arbeitsrecht/diese-rechte-haben-frauen-in-den-letzten-100-jahren-errungen/ abgerufen am 01.05.2023

5 https://hossa-talk.de/198-von-der-ausgrenzung-zur-umarmung-sonderfolge-m-david-gushee/, ab ca. 42:55

6 Grundlegend und ausführlich behandeln Thorsten Dietz und Siegfried Zimmer das Thema in ihren Worthaus-Beiträgen: worthaus.org/mediathek/homosexualitaet-und-die-bibel-12-4-1/ (Thorsten Dietz), und: worthaus.org/mediathek/die-schwule-frage-die-bibel-die-christen-und-das-homosexuelle-5-1-1/ (Siegfried Zimmer)

7 Thorsten Dietz, a.a.O., ab 43:30

8 Gräuel meint hier übrigens nicht einfach etwas »Gräuliches«, etwas, das Gott abstoßend findet, sondern steht für eine Handlung im Kontext anderer, und zwar »heidnischer« Religionen.

9 Z.B. www.huk.org/themen/umgang-mit-bibeltexten/111-brief-an-dr-laura, abgerufen am 02.05.2023

10 Weh euch, Schriftgelehrte und Pharisäer, ihr Heuchler, die ihr den Zehnten gebt von Minze, Dill und Kümmel und lasst das Wichtigste im Gesetz beiseite, nämlich das Recht, die Barmherzigkeit und den Glauben! Doch dies sollte man tun und jenes nicht lassen. Ihr blinden Führer, die ihr Mücken aussiebt, aber Kamele verschluckt! Weh euch, Schriftgelehrte und Pharisäer, ihr Heuchler, die ihr die Becher und Schüsseln außen reinigt, innen aber sind sie voller Raub und Gier! Du blinder Pharisäer, reinige zuerst das Innere des Bechers, damit auch das Äußere rein werde! Weh euch, Schriftgelehrte und Pharisäer, ihr Heuchler, die ihr seid wie die übertünchten Gräber, die von außen hübsch scheinen, aber innen sind sie voller Totengebeine und lauter Unrat! So auch ihr: Von außen scheint ihr vor den Menschen gerecht, aber innen seid ihr voller Heuchelei und missachtet das Gesetz [v.a. den zweiten Teil des höchsten Gebots: Liebe deinen Nächsten wie dich selbst, TH].

11 Dieses Motiv ist in dem Film »American Beauty« von 1999 verarbeitet. Frank, ein homophober, harter und gewaltsamer Armee-General, macht seinem Nachbarn Lester Burnham aufgrund eines Missverständnisses homosexuelle Avancen, die dieser jedoch zurückweist. Wohl um seine verdeckte, nicht ausgelebte und nicht eingestandene eigene Homosexualität zu kaschieren, erschießt Frank den nichts ahnenden Lester.

12 https://und-marburg.de/kennenlernen/#werte, Unterpunkt »Offen«, abgerufen am 03.05.2023

13 https://www.berlinprojekt.com/aktivitaeten/bp-vielfalt, abgerufen am 04.05.2023

14 https://www.instagram.com/p/CgBpaLQodV9/, abgerufen am 03.05.2023

15 Siehe oben, Anm. 6

16 #18: Katrin liebt Jesus und eine Frau, #19: Homosexualität – was steht wirklich in der Bibel?, #8[illegible]: Homosexualität und die Schöpfungsordnung, #169: Für mich war Jesus immer schwul

17 https://www.zwischenraum.net/das-sind-wir/, abgerufen am 04.05.2023

18 Ich gebe zu, dass ich mich mit diesem Thema schwertue, bin ich doch ein relativ alter, weißer, vielfach privilegierter Mann und lerne erst allmählich, meine privilegierte Lebenssituation als solche zu erkennen. Und obwohl ich in der engsten Familie Schwarze Menschen habe, ist es auch für mich schwer, den eigenen eingefleischten, unbewussten Rassismus zu erkennen. Ich habe diesen Abschnitt deswegen bewusst kurzgehalten und viele, auch längere Zitate eingebaut, um Menschen of Color selbst zur Sprache kommen zu lassen.

19 http://www.diversity-arts-culture.berlin/

20 Alice Hasters: Was weiße Menschen nicht über Rassismus hören wollen, aber wissen sollten, München 2019, S. 16

21 Alice Hasters, a.a.O., S. 133

22 Ebd., S. 27

23 Sarah Vecera: Wie ist Jesus weiß geworden. Mein Traum von einer Kirche ohne Rassismus, Ostfildern [3]2022, S. 167

24 A.a.O., S. 166

25 Tupodcast vom 15.11.2022, ab 41:45

26 Alice Hasters, a.a.O., S. 14

27 Sarah Vecera: Anders waren wir schon immer, in: anders, denn Kirche hat Zukunft, a.a.O., S. 129

28 Sarah Vecera, Wie ist Jesus weiß geworden, a.a.O., S. 64f.

29 Charlotte Eisenberg: This is my Utopia, in: Kirche der Zukunft – Zukunft der Kirche, a.a.O., S. 10–16; hier S. 15

12. Das Christentum von morgen ist demütig – Es tut Buße

1 Die Band »Genesis« hat diese Form des Christlichen schon 1991 in ihrem Song »Jesus He knows me« kritisch-ironisch aufgespießt.

2 https://www.feinschwarz.net/lassen-sie-mich-nicht-luegen/

3 Kyra Funk/Matern Böselager: Toxic Church. Die Hillsong-Story, Folge 7

4 Heinzpeter Hempelmann: Die Kirche ist tot – es lebe die Kirche, a.a.O. (Einführung, Anm. 4), S. 53–64

5 https://www.ekd.de/Stuttgarter-Schulderklaerung-11298.htm

6 So auch schon Dietrich Bonhoeffer, der Ende Mai 1944 in seinen »Gedanken zur Taufpredigt« für seinen Patensohn Dietrich Wilhelm Rüdiger Bethge schreibt: »Unsere Kirche, die in diesen Jahren nur um ihre Selbsterhaltung gekämpft hat, als sei sie ein Selbstzweck, ist unfähig, Träger des versöhnenden und erlösenden Wortes für die Menschen und für die Welt zu sein.« Zitiert nach: Dietrich Bonhoeffer: Theologische Briefe aus »Widerstand und Ergebung«, hg. und kommentiert v. Thorsten Dietz, Leipzig 2017, S. 40

7 https://www.katholisch.de/artikel/24813-als-der-papst-die-schuld-aus-2000-jahren-kirchengeschichte-eingestand

8 Sandra Bils: Koinonia – Die christliche Gemeinschaft im 21. Jahrhundert, Worthaus 12.8.1, ab 19:55

9 So Sandra Bils in: Koinonia, a.a.O., ab ca. 1:13:00

13. Das Christentum von morgen hat keine missionarische Agenda – Aber es lebt einen glaubwürdigen Lebensstil

1 Michael Herbst (Hg.): Mission bringt Gemeinde in Form. Gemeindepflanzungen und neue Ausdrucksformen gemeindlichen Lebens in einem sich wandelnden Kontext, Neukirchen-Vluyn [2]2007

2 https://erprobungsraeume.de/inhalt/was/

3 Zitiert nach Sandra Bils: Koinonia, a.a.O. (Kapitel 12, Anm. 8), ca. 54:30

4 https://www.dearkonline.nl/geloven-voor-doorstarters-in-juni/, abgerufen am 22.05.2023, übersetzt mit DeepL und leicht gekürzt

5 Aus einem Thesenpapier »Zwölf Thesen zur missionalen Theologie«: https://www.igw.edu/ch/ressourcen/downloads/publikationen/CHRE02_12_Thesen_Missionale_Theologie_IGW.php, S. 4

6 Vgl. Tilmann Haberer, Von der Anmut der Welt, a.a.O. (Kapitel 8, Anm. 12), S. 58; siehe auch ebd., S. 88

7 Janneke Botta in: Einsamkeit für mehr Gemeinsamkeit: https://freshexpressions.de/einsamkeit-fuer-mehr-gemeinsamkeit/, abgerufen am 20.05.2023 (Hervorhebungen TH)

8 https://polyluxev.de/kad/, abgerufen am 06.06.2023

9 Solawi (Solidarische Landwirtschaft) bezeichnet »ein Konzept, bei dem Verbraucher auf lokaler Ebene mit einem oder mehreren Partner-Landwirten kooperieren. Die Verbraucher geben eine Abnahmegarantie für Produkte und können im Gegenzug auf verschiedene Weise in die Produktion oder den Betrieb einbezogen werden. Es werden außerdem eine ökologische Wirtschaftsweise sowie ein ressourcenschonender Vertrieb verfolgt.« Quelle: https://de.wikipedia.org/wiki/Solidarische_Landwirtschaft, abgerufen am 03.06.2023

10 Vgl. Jonte Schlagner: Gott hinterherstolpern. Von den alten Mönchen lernen, in: anders – denn Kirche hat Zukunft, a.a.O. (Kapitel 3, Anm. 4), S. 203–212, hier S. 205

11 https://anorak21.de/projekte/community-com/, abgerufen am 03.06.2023

12 https://basisgemeinde.org/, abgerufen am 01.06.2023

13 http://www.brot-und-rosen.de/ueber-uns.2.0.html, abgerufen am 01.06.2023

14 https://www.philadelphia-bioland.de/, abgerufen am 03.06.2023

15 https://mehrgenerationenhof-burtschuetz.de/, abgerufen am 03.06.2023
16 http://kommunitaet-grimnitz.de/, abgerufen am 03.06.2023
17 https://www.deutschlandfunkkultur.de/die-rueckkehr-der-kommunen-leben-in-der-gemeinschaft-100.html, ab ca. 21:45
18 Claus Eurich: Aufruf zu einem neuen Orden. Gemeinsam für die Schöpfung – gegen Ohnmacht und Resignation, Stuttgart 1993
19 Ebd., S. 167–171
20 https://doncamillo.org/ueber-uns/, abgerufen am 02.06.2023
21 https://www.refo-moabit.de/refo/konvent/, abgerufen am 02.06.2023
22 Vgl. Jürgen Manemann: Revolutionäres Christentum. Ein Plädoyer, Bielefeld 2021
23 Vgl. Tilmann Haberer, Von der Anmut der Welt, a.a.O. (Kapitel 8, Anm. 12), S. 177–179

14. Das Christentum von morgen übt sich in der Arkandisziplin: Es betet und tut das Gerechte

1 Zitiert nach Dietrich Bonhoeffer: Theologische Briefe aus »Widerstand und Ergebung«, hg. und kommentiert v. Thorsten Dietz, Leipzig 2017, S. 39
2 Ebd., S. 34
3 Ebd., S. 67
4 Ebd., S. 36 und 39
5 Ebd., S. 39 und 155
6 Rainer Ebeling: Kirche für andere im Kontext transformatorischer Theologie. Rückfragen an Bonhoeffer, in: Tobias Faix/Johannes Reimer/Volker Brecht (Hg.): Die Welt verändern - Grundfragen einer Theologie der Transformation. Transformationsstudien 2, Marburg 2009, S. 222 – 237, hier S. 232
7 Vgl. Stephan Jütte in dem ausgeglaubt-Podcast »Toxic Church«, https://www.reflab.ch/special-toxic-church-wenn-kirche-krank-macht/, ca. 50:55
8 Bonhoeffer, a.a.O. (Kapitel 12, Anm. 6), S. 157
9 Stephan Jütte, Toxic Church, a.a.O., ab ca. 56:20
10 https://www.santegidio.org/pageID/30008/langID/de/DIE-GEMEINSCHAFT.html
11 A.a.O., S. 41

15. Das Christentum von morgen schert sich nicht um Konfessionsgrenzen

1 Vgl. Tilmann Haberer, Die ThomasMesse, a.a.O. (Kapitel 9, Anm. 6), S. 15–20
2 Ebd., S. 66
3 Siehe https://freshexpressions.de/fx-vernetzt/mitglieder/, abgerufen am 07.06.2023
4 Zur Unterscheidung zwischen Bewegung, Organisation und Institution vgl. Uta Pohl-Patalong/Eberhard Hauschildt: Kirche verstehen. Sonderausgabe, Gütersloh 2020, S. 63–103
5 https://stadtklostersegen.de/stadtkloster_konvent/, abgerufen am 08.06.2023

16. Das Christentum von übermorgen wird möglicherweise wieder ganz anders aussehen als das Christentum von morgen

1 https://mehrgenerationenhof-burtschuetz.de/2023/nachnutzer-fuer-mobiles-spiele-cafe-gesucht-bewerbung-bis-30-4/, abgerufen am 08.06.2023
2 https://polyluxev.de/kad/, abgerufen am 08.06.2023

Der Verlag behält sich die Verwertung des urheberrechtlich geschützten Inhalts dieses Werkes für Zwecke des Text- und Data-Minings nach § 44 b UrhG ausdrücklich vor. Jegliche unbefugte Nutzung ist hiermit ausgeschlossen.

Penguin Random House Verlagsgruppe FSC® N001967

1. Auflage
Copyright © 2023 Gütersloher Verlagshaus, Gütersloh,
in der Penguin Random House Verlagsgruppe GmbH,
Neumarkter Str. 28, 81673 München

Umschlagmotiv: © Vibe Images – Adobe Stock.com
Druck und Bindung: GGP Media GmbH, Pößneck
Printed in Germany
ISBN 978-3-579-07196-1
www.gtvh.de